Digital fotografieren einfach und verständlich

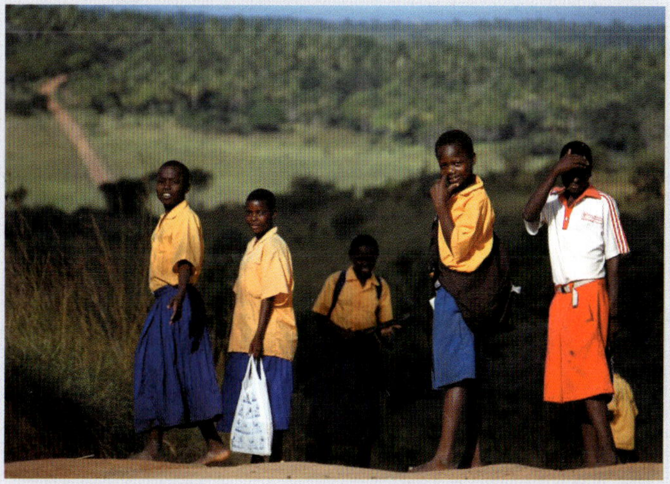

Digital fotografieren einfach und verständlich

Peter de Ruiter

Bassermann

Danksagung

Ich danke Edda Barleben von ganzem Herzen; Julia, Anne und Jeroen van der Beek; Jan Dirk van der Beek; Ron Bezemer; Ronald van den Boogaardt; Cees Bos; Job van Bunge; Vita, Julia, Wencke und Napoleon Coene; Joost van Daal; Floor; Herman Masthoff; Sabine Michielssen; Machteld von Oven und Jan Willem; Calidris Poorter; Esther van Ruiten; Savannah; André Valkenhoff; Frans Veraart; Boekhandel Verwijs; Robert van Weperen; Yanna. Mögen wir mit Ganesha sein.

Für Ron, der dieses Buch betreut und lektoriert hat

ISBN 978-3-8094-2072-9

Originaltitel: *Digitaal fotograferen zonder handleiding*

Umschlaggestaltung: Atelier Versen, Bad Aibling
Zusätzliche Fotos: Esther van Ruiten, Michel Schnater (info@michelschnater.nl), Robert van Weperen
Übersetzung: Marlies Ferber, Hagen
Redaktion: Nina Andres, München
Layout: Pam van Vliet, Harlingen
Satz: Elmar Publishers

Druck: Tesínská tiskárna, Cesky Tesín

Printed in the Czech Republic

817 2635 44

FSC
Mix
Produktgruppe aus vorbildlich bewirtschafteten Wäldern, kontrollierten Herkünften und Recyclingholz oder -fasern
Zert.-Nr. SGS-COC-004278
www.fsc.org
© 1996 Forest Stewardship Council

Verlagsgruppe Random House FSC-DEU-0100
Das für dieses Buch verwendete FSC-zertifizierte Papier Profisilk wird von Sappi im Werk Alfeld, Deutschland produziert.

Inhalt

VORWORT

So wird das Bild perfekt

Gebrauchsanleitungen kann ich nicht ausstehen. Technische Geräte sollten so logisch konstruiert sein, dass man sofort begreift, wie sie funktionieren. Aber auch was logisch ist, muss man zunächst einmal lernen. Das gilt auch für fotografische Begriffe und Symbole. Sei es nur, um zu wissen, wofür all die Knöpfe gut sind.
Wer fotografiert, denkt in Bildern. Es ist ihm zuwider, zuerst eine Gebrauchsanleitung zu lesen. In diesem Buch stehen deshalb die Bilder an erster Stelle. Der Text bezieht sich auf die Fotos. Anhand der Fotos erfahren Sie, was Sie mit einer Digitalkamera alles anfangen können. Nach und nach werden alle Prinzipien der (digitalen) Fotografie behandelt, damit das Bild vollständig wird.

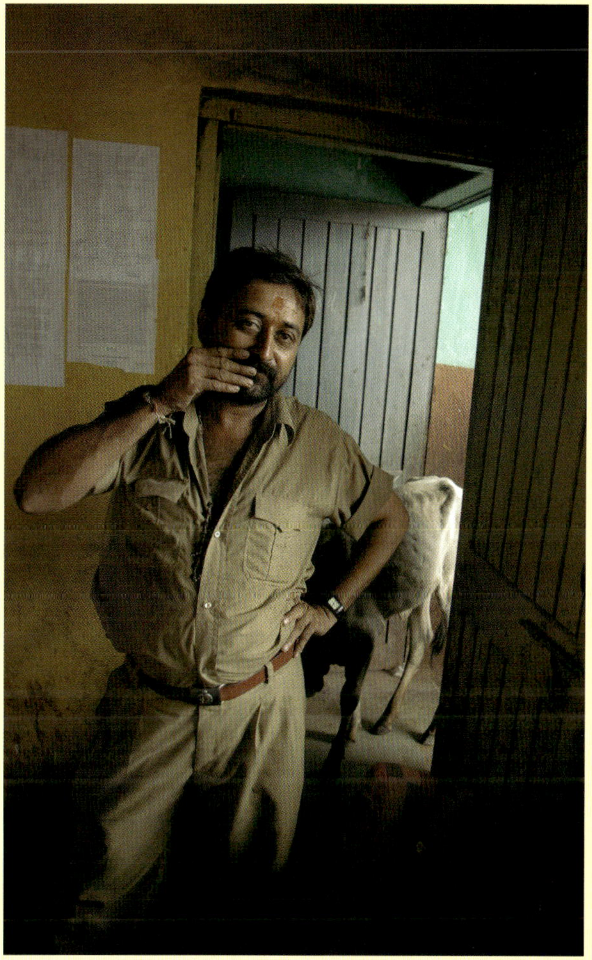

Ich hoffe, dass dies das erste Buch über Fotografie ist, das sich wie ein Krimi liest: Sie werden auf der ersten Seite in den Bann gezogen. Im zweiten und dritten Kapitel nehmen Sie eine kleine Hürde (hier wird es etwas technischer). Aber wenn Sie diese Hürde genommen haben, lesen Sie es in einem Zug zu Ende. Danach sind Sie mit der Kamera unterwegs und können wunderbare Fotos machen.

Ich hoffe auch, dass dieses Buch etwas von der Freude vermittelt, die ich selbst an der Digitalfotografie habe – ob ich eine digitale Spiegelreflexkamera in Händen halte oder ein Fotohandy. Technik sollte eine untergeordnete Rolle spielen, denn mit jeder Kamera können Sie schöne Fotos machen. Vielleicht werden Sie doch noch den einen oder anderen Blick in die Gebrauchsanleitung Ihrer Kamera werfen müssen, aber das wird dann kurz und zielgerichtet sein.

Dies ist die Botschaft dieses Buches: Fotografieren heißt sehen, sehen und schnell reagieren. Wie, das lernen Sie hier. Happy shooting!

PETER DE RUITER

Schnelle Tipps für schönere Fotos

Das Wie und Warum wird später in diesem Buch behandelt.

SCHLECHT

Blindlings fotografieren

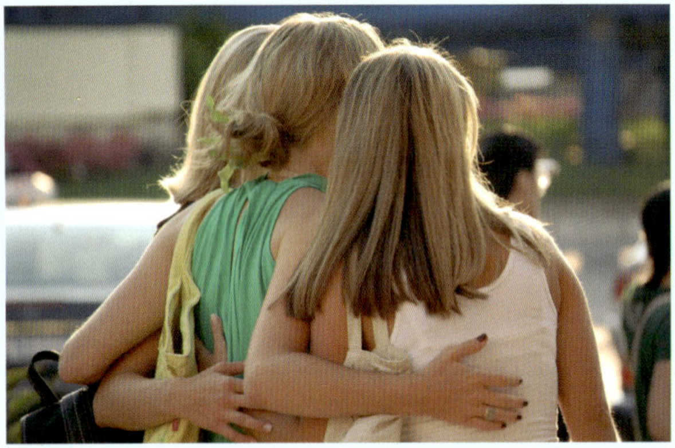

Wild drauflos knipsen

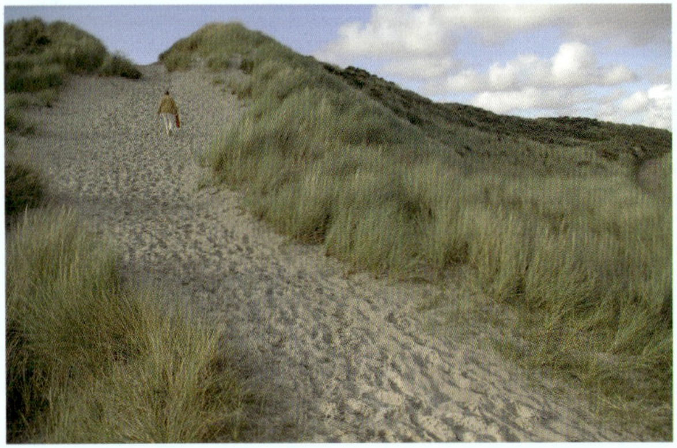

Ohne Sonnenlicht wirkt eine Landschaft trist.

BESSER

Genau ansehen, was man aufnimmt

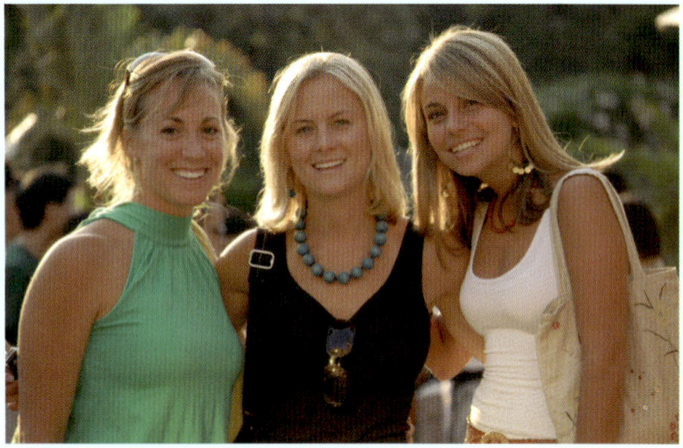

Es lohnt sich, auf die Sonne zu warten

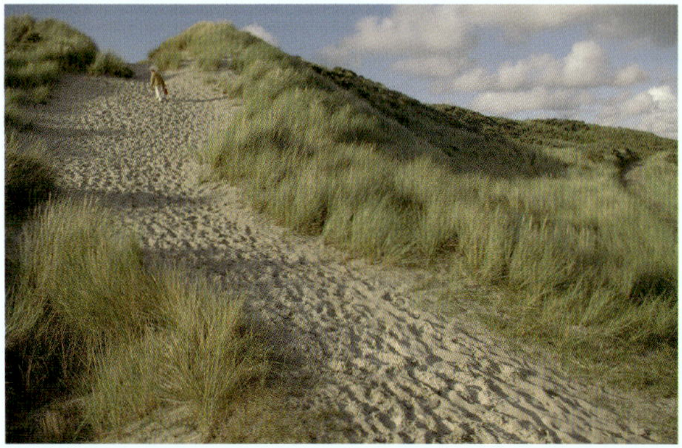

Sonnenlicht verleiht den Farben Brillanz, das Zusammenwirken von Licht und Schatten gibt dem Bild Tiefe.

Mit der Sonne im Rücken fotografieren

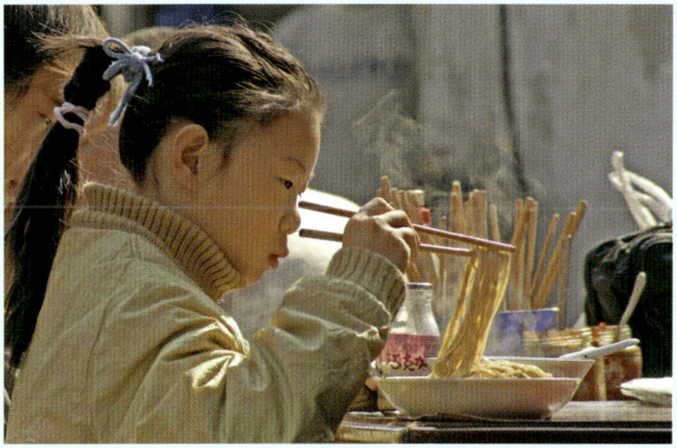

Die Sonne im Rücken ergibt eine flache Beleuchtung (hier künstlich erzeugt).

Gegenlichtaufnahmen machen

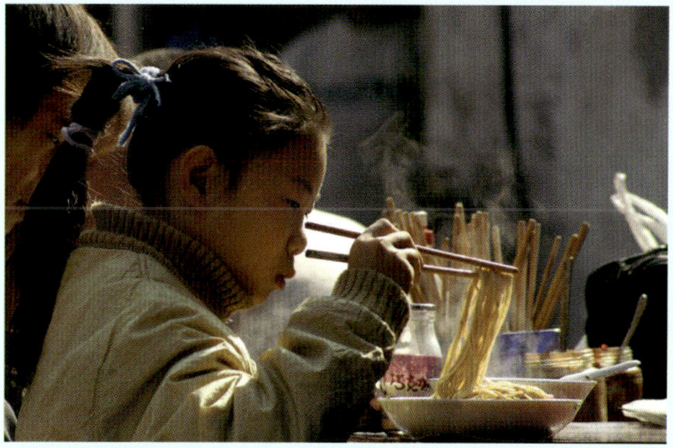

Ein Foto wird interessanter, wenn die Aufnahme halb oder (beinahe) ganz gegen die Sonne gemacht wird. Beachten Sie, wie sich die Nudeln durch das Gegenlicht aufhellen.

Den Blitz ständig benutzen

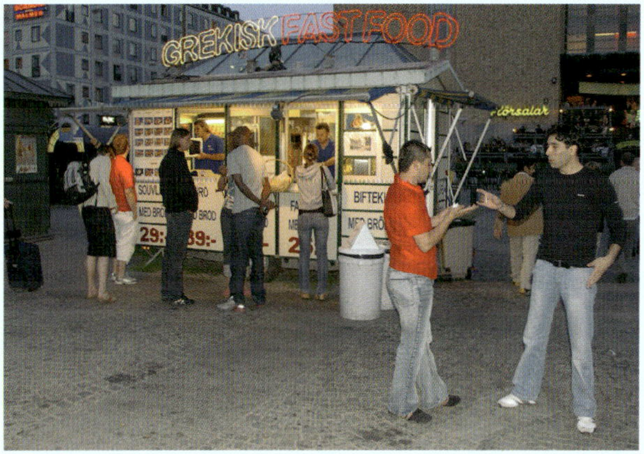

Das Blitzlicht schadet der Atmosphäre dieser griechischen Imbissbude mitten in Stockholm.

Auch abends ohne Blitz fotografieren

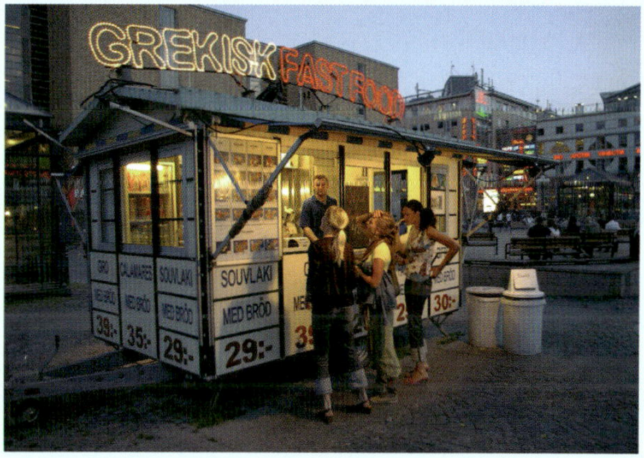

Ohne Blitz kommt diese ulkige Imbissbude richtig zur Geltung.

Einsatz des Aufhellblitzes

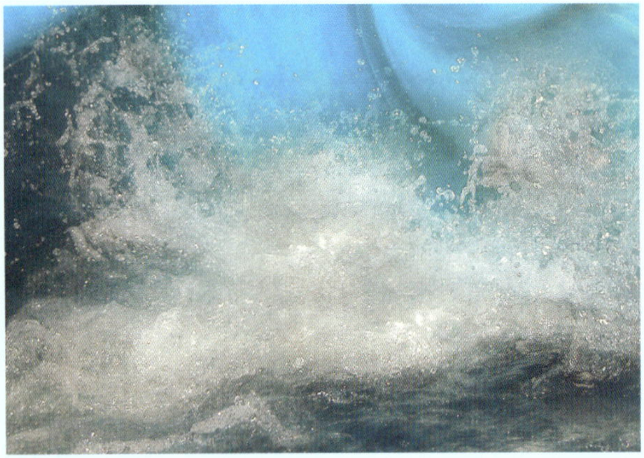

Der Aufhellblitz zur Vermeidung des Rote-Augen-Effekts blitzt, bevor mit dem Hauptblitz die Aufnahme gemacht wird. Dadurch ist man immer zu spät.

Den Hauptblitz verwenden

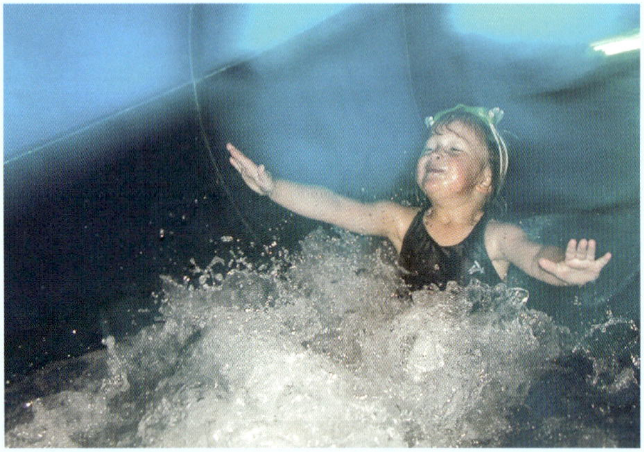

Benutzen Sie für bewegte Bilder den Hauptblitz. Rote Augen können Sie später entfernen; am Computer mit Bestell-software oder auf der Kamera selbst.

Menschen in »Positur« stellen

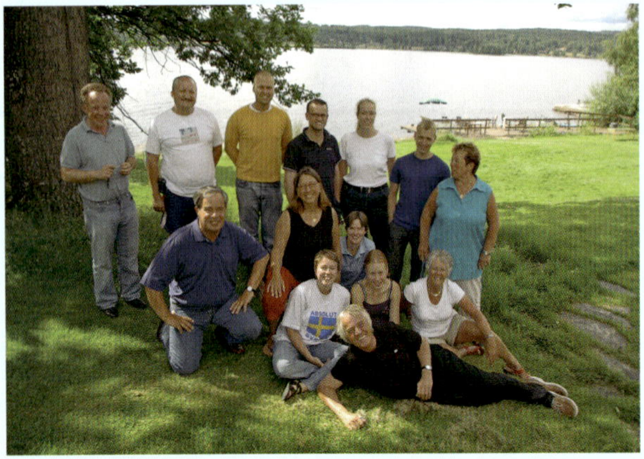

Es sei denn, es gelingt Ihnen wirklich gut.

Eine schöne Situation erkennen und schnell reagieren

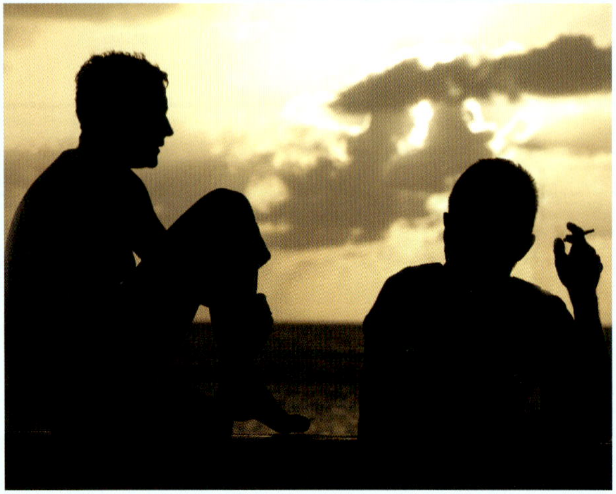

Die Menschen sollten das Bild bestimmen, nicht der Fotograf.

Hundert Fotos pro Sekunde

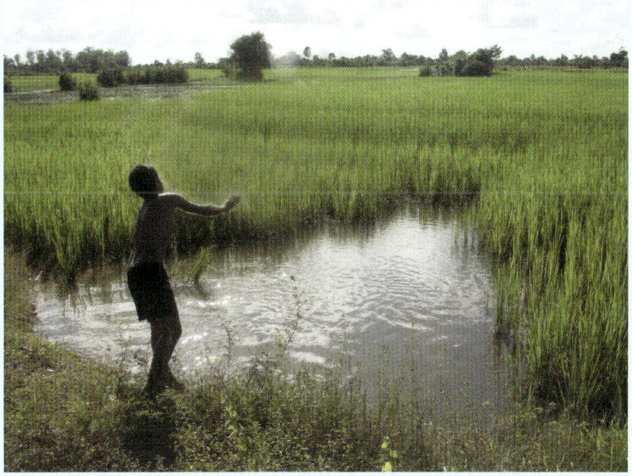

Den rechten Moment werden Sie trotzdem verpassen.

Konzentration auf den richtigen Moment

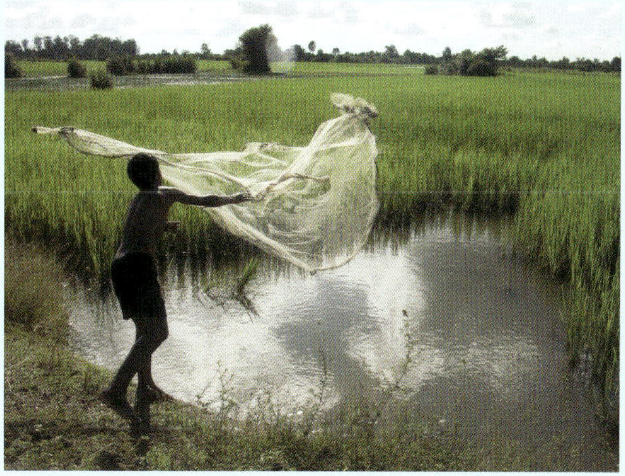

Ansonsten bitten Sie um Wiederholung.

Menschen in gestellter Position

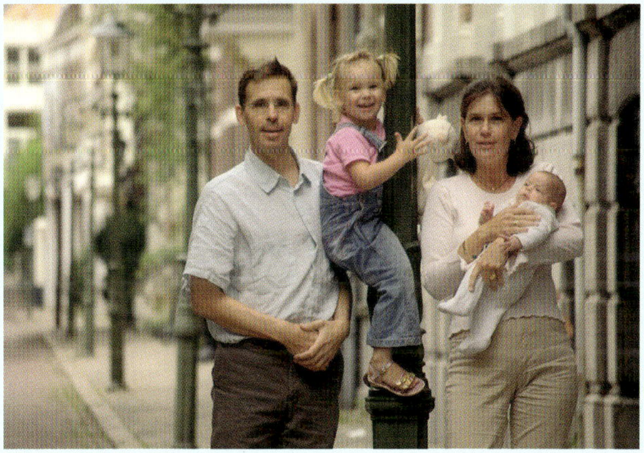

Das wirkt steif und statisch.

Lassen Sie die Menschen sich bewegen

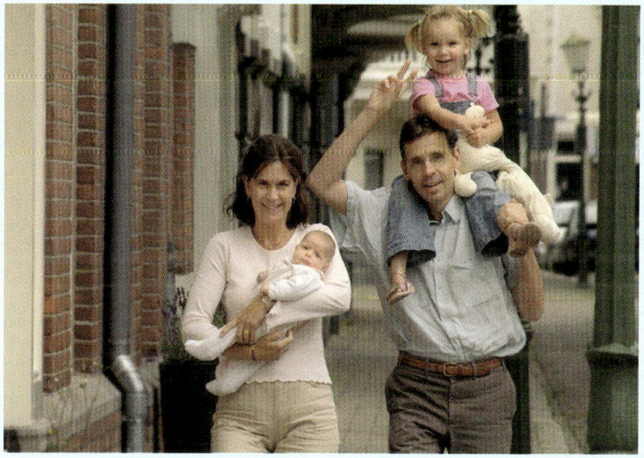

Sie wirken dann viel gelöster.

Aus zu großer Entfernung fotografieren

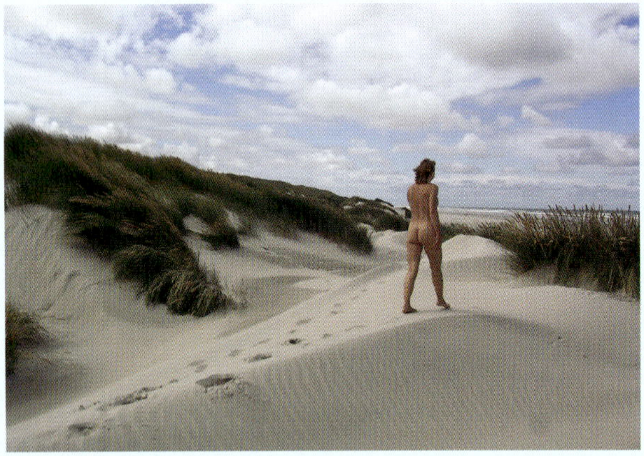

Es sei denn, Sie wollen dem Bild die Spannung erhalten.

Schön nah herangehen

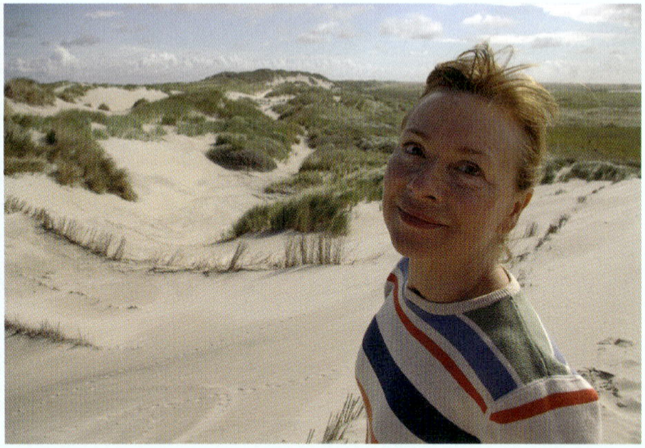

Dann sehen Sie es (sie) wenigstens gut.

Menschen von hinten fotografieren

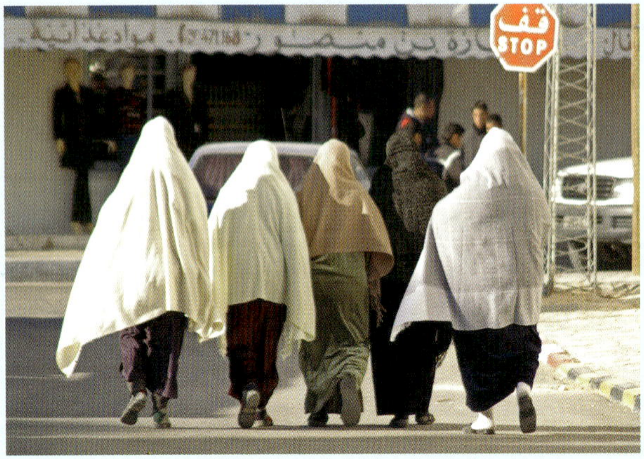

Es sei denn, Sie haben ein bestimmtes Ziel vor Augen.

Menschen von vorn fotografieren

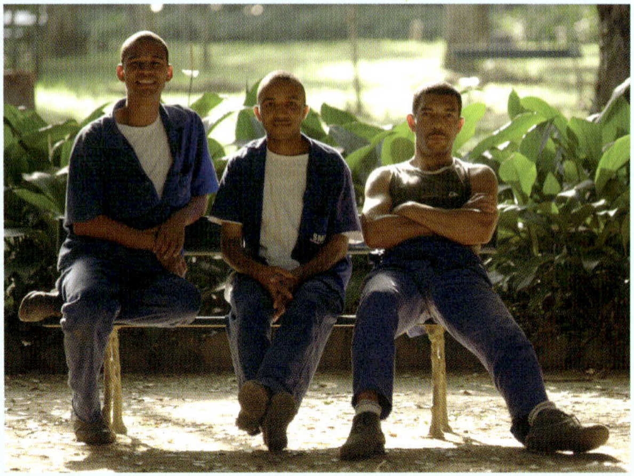

Bitten Sie einfach kurz um Erlaubnis.

Zu wenig Pixel

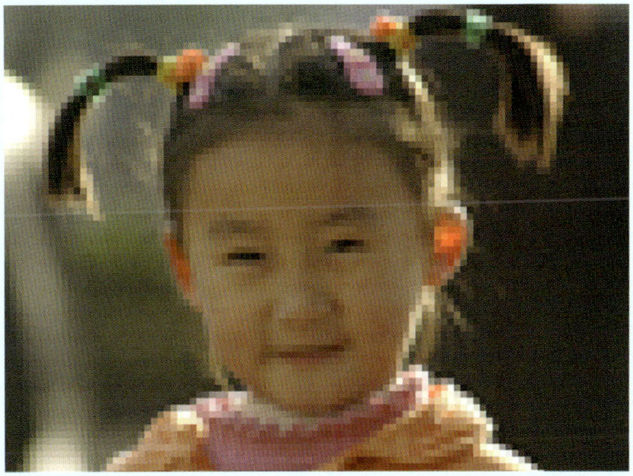

Mit der niedrigsten Pixeleinstellung können viele Fotos auf der Karte gespeichert werden, das hat jedoch den Nachteil, dass diese viel zu wenig Pixel haben, wie dieses Bild zeigt.

Die Pixeleinstellung anpassen

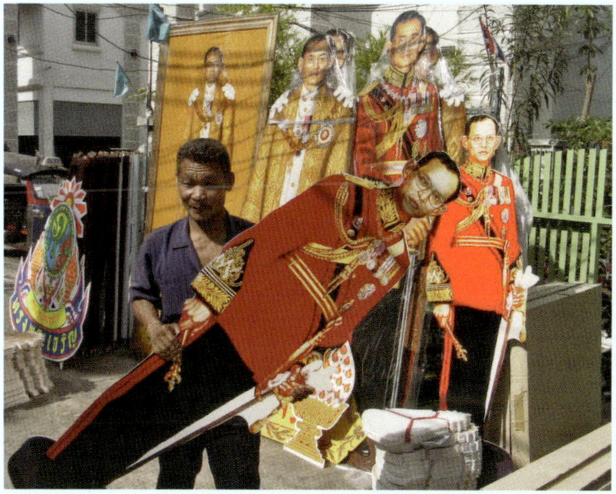

Begegnet Ihnen plötzlich der König von Thailand? Dann stellen Sie schnell die höchste Pixeleinstellung ein. Denn dieses Foto wollen Sie später sicher stark vergrößern.

Aus Faulheit das Zoom benutzen. Lieber näher herangehen

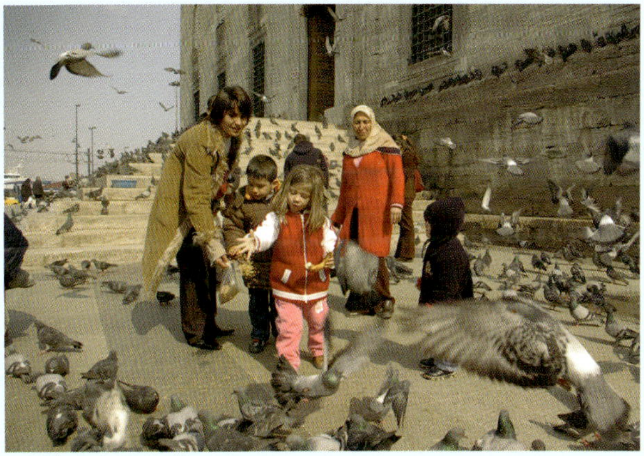

In neun von zehn Fällen entsteht so kein schönes Foto. Gezoomte Fotos können durch die Teleperspektive sogar einen größeren Abstand vermitteln. Fotos aus der Nähe sind lebendiger.

Das Zoom gezielt für fotografische Zwecke einsetzen

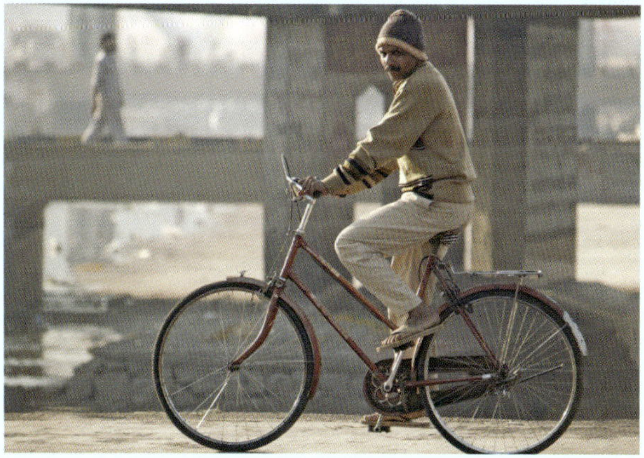

Setzen Sie das Zoom ein, wenn Sie nicht näher herankommen, einen bestimmten Effekt erzielen, ein Porträt machen oder nicht bemerkt werden wollen.

Eine Wand dicht hinter einer Person

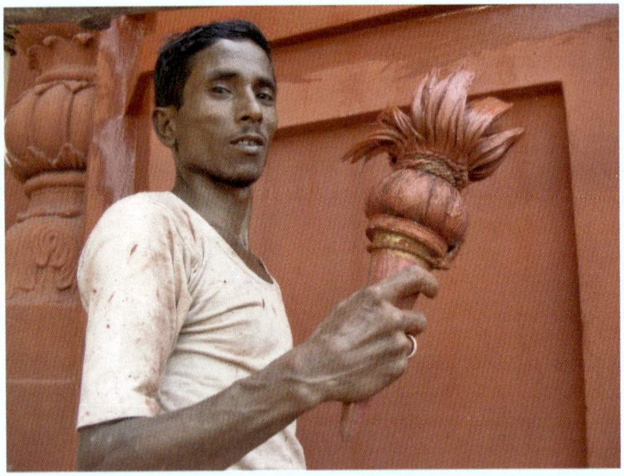

Die Wand wird oft zu scharf und zieht zu viel Aufmerksamkeit auf sich. Nur manchmal hat der Hintergrund eine Funktion und gehört zu diesem Bild, das in Kalkutta aufgenommen wurde.

Porträts mit Weitwinkel

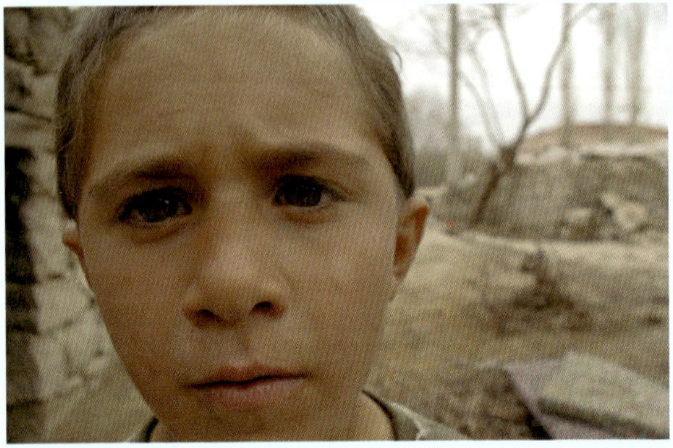

Wenn man mit eingefahrenem Zoom, also Weitwinkelperspektive, aus kürzester Entfernung fotografiert, bekommen Menschen durch den optischen Effekt einen Wasserkopf.

Porträtieren Sie Menschen »losgelöst« vom Hintergrund

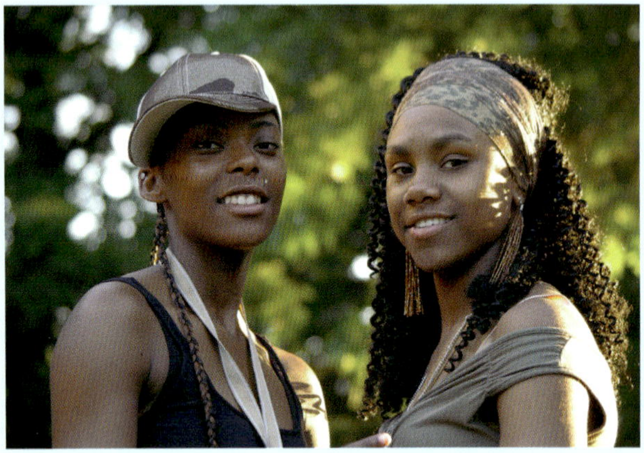

Mit dem Teleobjektiv (also ausgefahrenem Zoom) geht das sehr gut.

Porträts mit dem Zoom machen

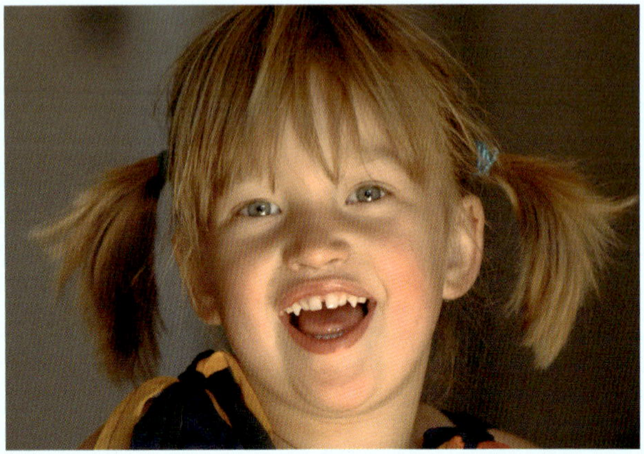

Aber es muss hell genug sein. Siehe nächste Seite.

Die Froschperspektive

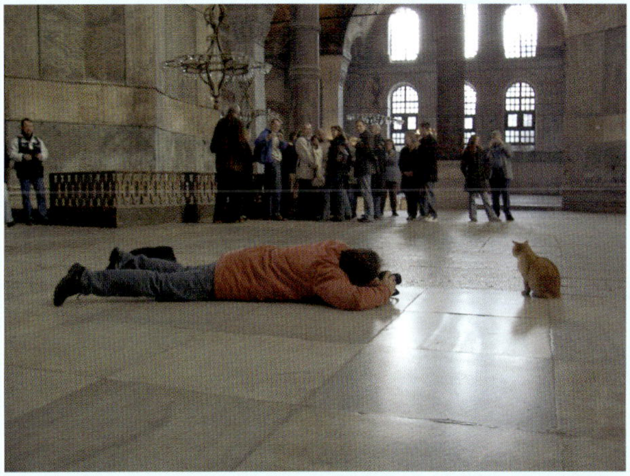

Es sei denn, Sie fotografieren Kinder (oder Katzen). Dicht am Boden sieht man nur, was dicht vor der Linse ist.

Aufrecht stehen

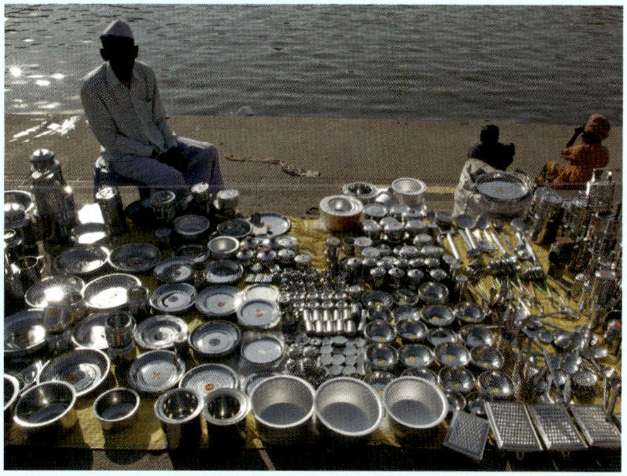

Aus einer tieferen Perspektive wäre diese Blechansammlung nicht gut sichtbar gewesen. Wenn Sie aufrecht stehen, haben Sie einen (in der Regel) besseren Blickwinkel.

Einzoomen bei wenig Licht

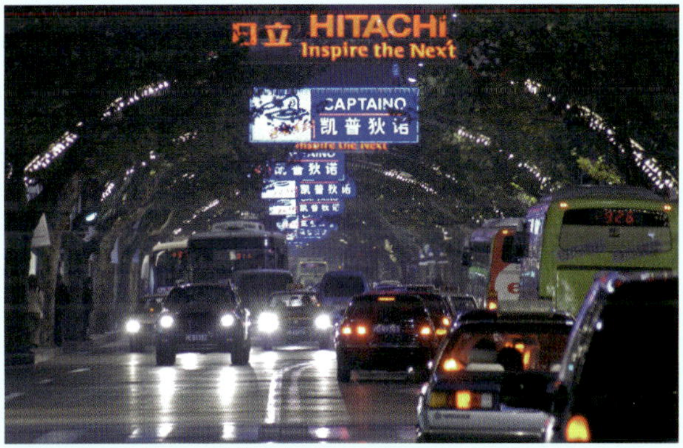

Das Zoom schluckt Licht, also muss sich die Linse für mehr Helligkeit länger öffnen. Bewegte Objekte werden unscharf. Bei unbewegten Objekten kann man ein Stativ verwenden.

Bei wenig Licht auszoomen

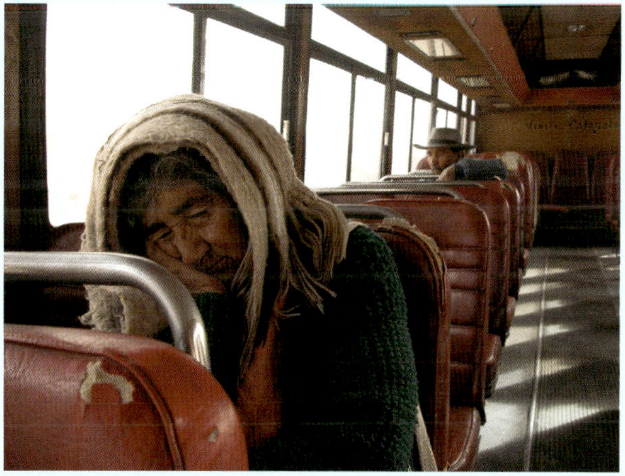

Ohne Zoom erhalten Sie keine verwackelten Bilder.

1 Fotografieren und die Kamera entdecken

EINSTEIGEN

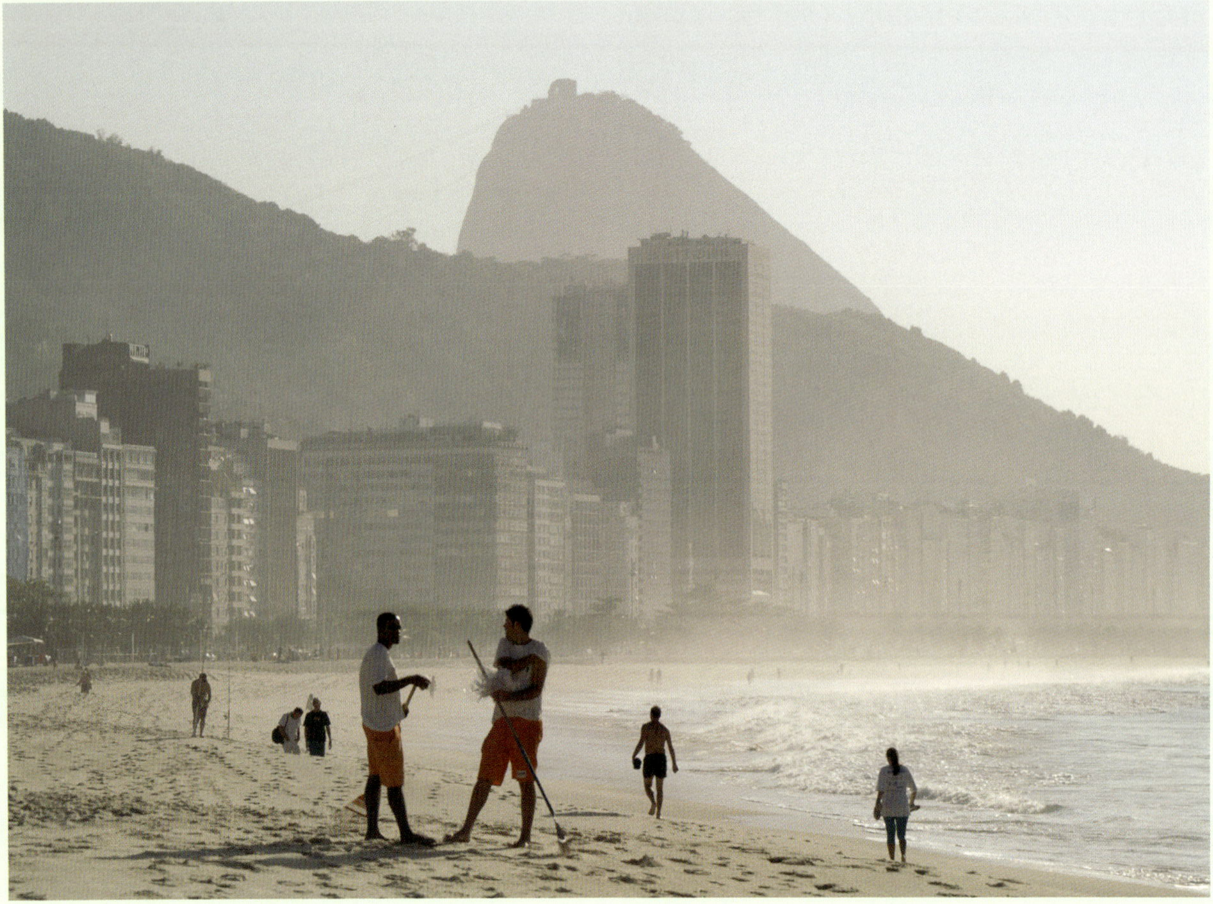

Einzoomen und Tiefe schaffen

▲ Der Strand von Copacabana in Rio de Janeiro. Das Teleobjektiv (eingezoomt) bringt Nah und Fern zueinander – der optische Effekt eines Teleobjektivs. Obwohl Vorder- und Hintergrund zusammenrücken, hat man das Gefühl, dass die Entfernung betont wird. Dies wird verstärkt durch den Nebel, der nur früh am Morgen über dem Strand liegt. Die beiden Personen im Vordergrund sind wichtig für diesen Effekt. Das verwendete Zoom ist 10-fach.

Gut AUTO Empfohlen

Automatik Unterschiedliche Kameras verwenden verschiedene Symbole für die Einstellung, bei der die Kamera die optimale Einstellung zum Fotografieren automatisch vornimmt. Manchmal ist es ein A, manchmal gibt es dafür gar kein Symbol, weil nur Automatik eingestellt werden kann.

Einzoomen Dies ist das Zoom-Symbol. Es befindet sich meist dicht neben dem Auslöser. Manchmal können Sie damit auch bereits gemachte Fotos heranzoomen, obwohl dafür auch oft das darunter zu sehende Symbol gebraucht wird.

Auszoomen Dies ist das S… Auszoomen, also mit Weitw… Es befindet sich fast immer … Symbol. Manchmal könne… ein bereits gemachtes Foto weiter weg… wenngleich dafür auch oft das Symbol darunter verwendet wird.

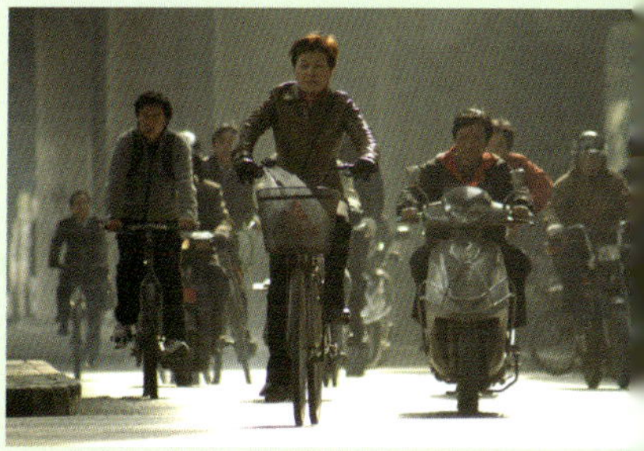

▶ Ein anderes Beispiel dafür, wie das Einzoomen alles zueinander führt, hier in Shanghai. Fahrrad- und Motorradfahrer scheinen wie in einer Angriffsformation dicht beieinander zu fahren. Der Hauch von Auspuffgasen und das seltsame Licht, das von oben kommt, vervollkommnen den bedrohlichen Eindruck.

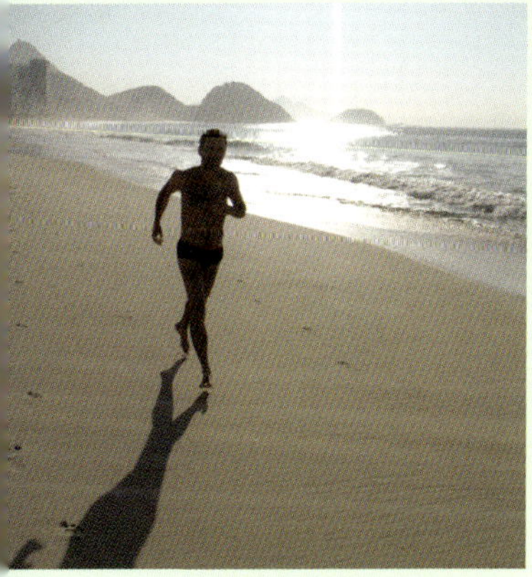

◀ Derselbe Strand zur gleichen Zeit, aber jetzt ausgezoomt, also mit Weitwinkelperspektive. Die vom Meer reflektierte Sonne konnte nicht vermieden werden. Mit Teleperspektive hätten Sie darüber größere Kontrolle. Die dunstigen Berge sind noch zu sehen, spielen aber keine große Rolle. Auch hier entsteht Tiefenwirkung, weil die Weitwinkellinse die Abstände vergrößert.

Gut AUTO Empfohlen

Einzoomen trennt das Objekt vom Hintergrund

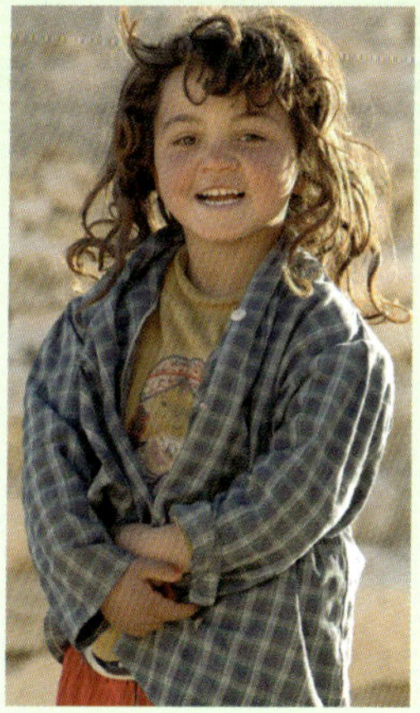

▶ Dieses Mädchen hebt sich vom Hintergrund schön ab. Durch das Einzoomen/Teleobjektiv wird nämlich das Gebiet, das scharf wird, kleiner. Dies nennt man Schärfentiefe. Siehe Kapitel 2. Die Sonne scheint beinahe in die Linse, aber sie kann mit Hilfe des ausgefahrenen Zooms leicht draußen gehalten werden. Die Lichtränder an Haar und Bluse des Mädchens »machen« das Foto. Einzoomen ist für Porträts ideal, je mehr, desto besser. Hier wurde ein 10-faches Zoom verwendet.

Gut AUTO Empfohlen

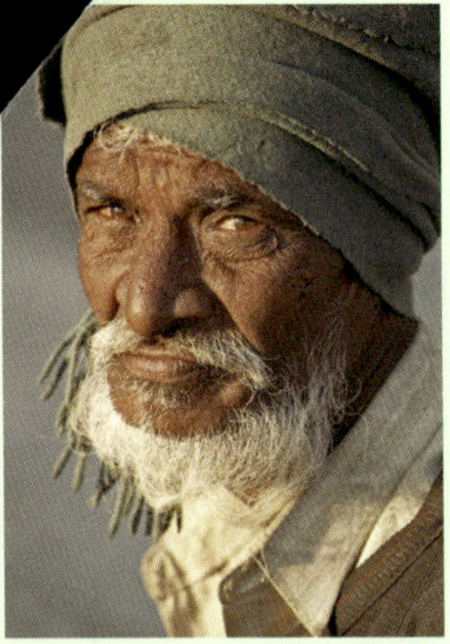

◀ Bei diesem Porträt eines Inders ist der Hintergrund durch das 12-fache Zoom so unscharf geworden, dass er einfarbig wirkt. Je stärker das Zoom und je näher das Objekt (siehe auch das Mädchen auf Seite 17), desto kleiner ist das Schärfengebiet oder auch die »Schärfentiefe«.

Einzoomen = weniger Schärfentiefe

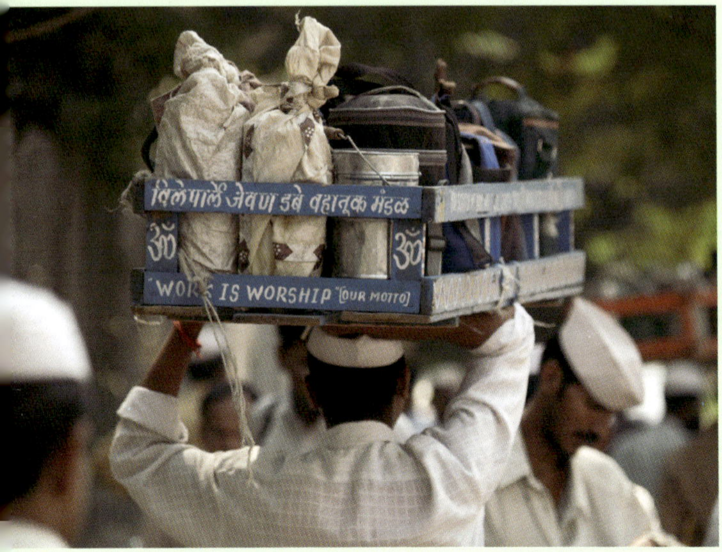

▲ Mit der Schärfentiefe eines Teleobjektivs können Sie spielen. Diese Dhaba wallahs in Bombay tragen Mittagsmahlzeiten in die Büros. Mit einem eingeschränkten Schärfengebiet wird die Aufmerksamkeit auf nur einen Bereich des Fotos gelenkt. Die Kollegen des Trägers fungieren nur als Illustration. Die Qualität eines Teleobjektivs können Sie anhand der unscharfen Bildbereiche beurteilen: Diese können schön oder weniger schön sein. Das verwendete Olympusobjektiv ist besonders gut. In Kapitel 2 wird der Begriff Schärfentiefe noch ausführlich besprochen.

Gut AUTO Empfohlen

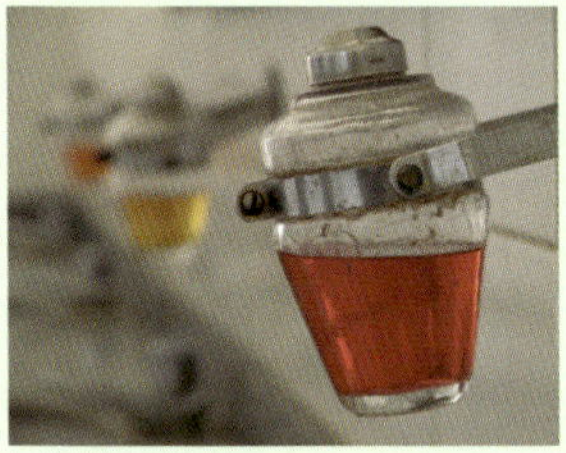

◀ Drei Seifenspender hängen in gleichem Abstand nebeneinander. Man sieht deutlich: Je näher der Punkt ist, auf den scharf gestellt wird, desto unschärfer ist der Rest des Fotos. Der rote Seifenspender ist viel schärfer.

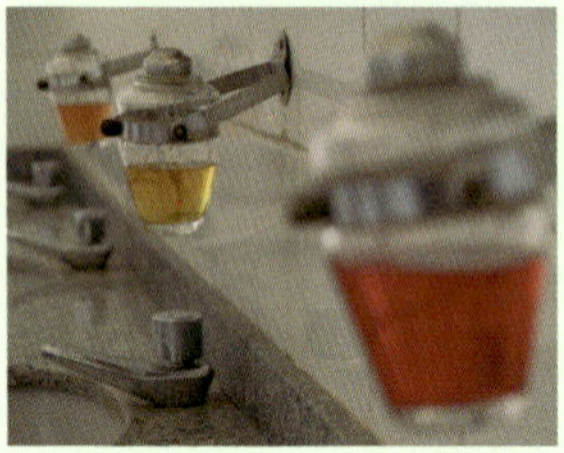

◀ Der gelbe Seifenspender ist scharf, während der orange schon nicht mehr ganz scharf ist. Der rote ist noch viel unschärfer. Der Bereich hinter dem gelben Spender ist also schärfer als der Bereich davor.

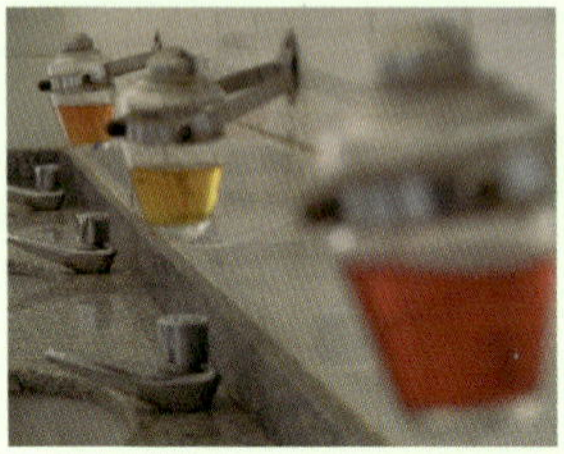

◀ Hier ist auf den hintersten Seifenspender scharf gestellt. Im Vergleich mit den Fotos oben sind die anderen Seifenspender hier schärfer. Dies ist ein gesetzmäßiges Phänomen eines Teleobjektivs.

▶ Im unscharfen Bereich eines (guten) Teleobjektivs werden Lichtpunkte im Hintergrund zu einem dekorativen Element, wie hier die Sonne, die durch das Blätterdach des Waldes scheint.

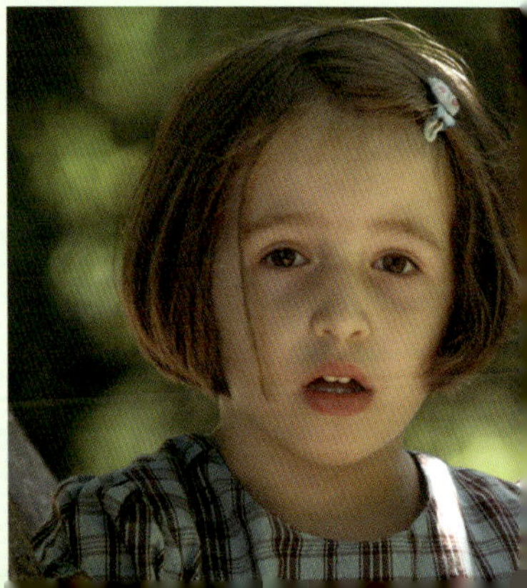

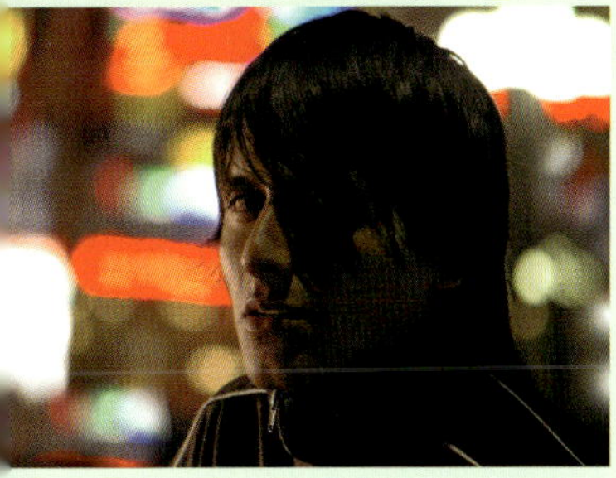

◀ Wird abends das Zoom ohne Blitz eingesetzt, werden unscharfe Neonlichter und Straßenlaternen mit Hilfe des Teleobjektivs zu prächtigen bunten Flecken. Es ist nicht einfach, solch ein Foto zu machen, denn dafür muss man schnell die Empfindlichkeit höhersetzen und die Kamera ganz still halten. Das Licht im Gesicht dieses Manns kommt von Autoscheinwerfern.

Gut AUTO   Empfohlen   Empfohlen ISO↑

ISO↑

Empfindlichkeit Der Begriff ISO wird für die Empfindlichkeit des Bildsensors gebraucht, der das Bild »aufnimmt«. ISO 100 = 100 ASA / 21 DIN. Der nach oben zeigende Pfeil in diesem Buch bedeutet, dass die Empfindlichkeit erhöht werden soll.

Auszoomen, um alles aufzunehmen

▶ Um die Hagia Sofia in Istanbul von innen zu fotografieren, müssen Sie mit Weitwinkel fotografieren und ganz auszoomen. Außerdem müssen Sie eine Position suchen, aus der Sie möglichst viel aufs Bild bekommen. Und trotzdem: Selbst dann reicht eine normale Kamera ganz ohne Zoom (also mit leichter Weitwinkelperspektive) bei weitem nicht aus, um die ganze Moschee ins Bild zu bekommen. Für einige Kameras gibt es spezielle Aufsatzlinsen. Sie machen den Bildwinkel weiter. Cokin liefert universale Aufsatzlinsen. In beiden Fällen gibt es auch Linsen, die den Tele-Effekt verstärken. Bei Spiegelreflexkameras können Sie die Linse (das Objektiv) komplett austauschen.

Bei Automatik-Einstellung und wenig Licht wird die Kamera schnell blitzen. Das ist bei großen Räumen sinnlos, da der Blitz zum Ausleuchten des ganzen Raums nicht stark genug ist

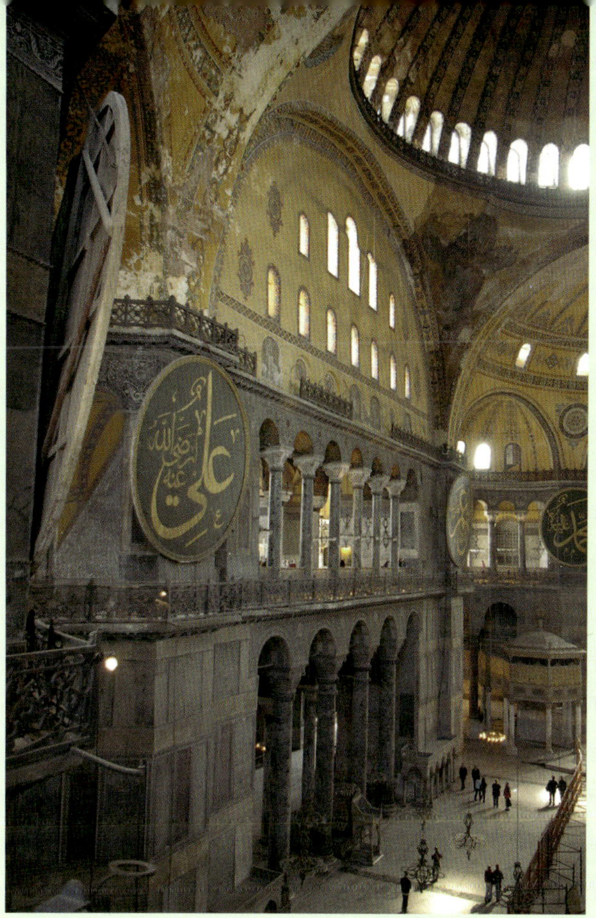

Außerdem schadet er der Atmosphäre und zerstört den natürlichen Lichteinfall. Deshalb ausschalten. Erhöhen Sie eventuell die Empfindlichkeit

Gut AUTO   Notwendig

Empfohlen   Empfohlen ISO↑

Blitz aus / Blitz an Bei so gut wie allen Kameras können Sie mit Hilfe dieser Symbole den Blitz an- oder ausschalten..

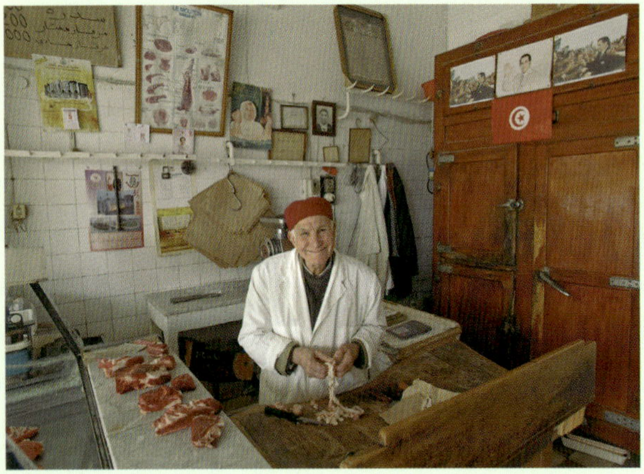

▲ Dieser Metzger in Tunesien wurde mit einem komplett ausgezoomten Superweitwinkel fotografiert. Dennoch hat er keinen Wasserkopf, wie man vielleicht erwarten könnte, wenn man die Tipps weiter vorne im Buch gelesen hat. Er steht entfernt von der Kamera und in der Mitte: Dort ist die perspektivische Verzerrung am geringsten. Das Weitwinkelobjektiv verstärkt die diagonalen Linien, wodurch die kleine Metzgerei größer wirkt, als sie ist.

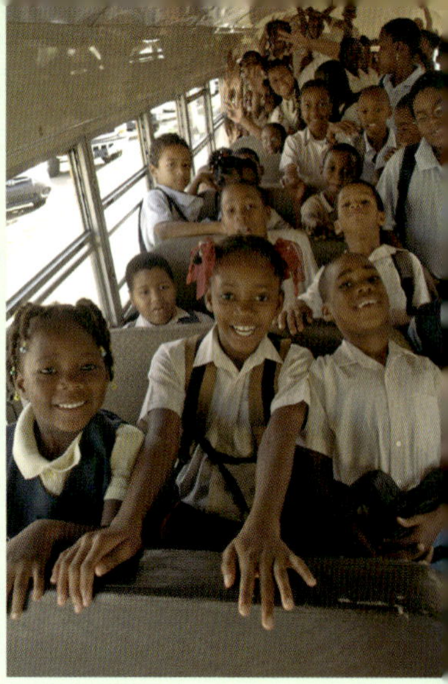

▶ Die Arme der Kinder vorne im Schulbus auf Sint Maarten werden durch die perspektivische Verzerrung des Weitwinkels optisch verlängert, doch genau das sorgt bei diesem Foto für Schwung. Beim Fotografieren von Menschen mit dunkler Haut denkt der automatische Belichtungsmesser, dass es »zu wenig« Licht gibt und sorgt für eine Überbelichtung. Durch leichte Unterbelichtung per Hand ist das vermeidbar.

Eventuell

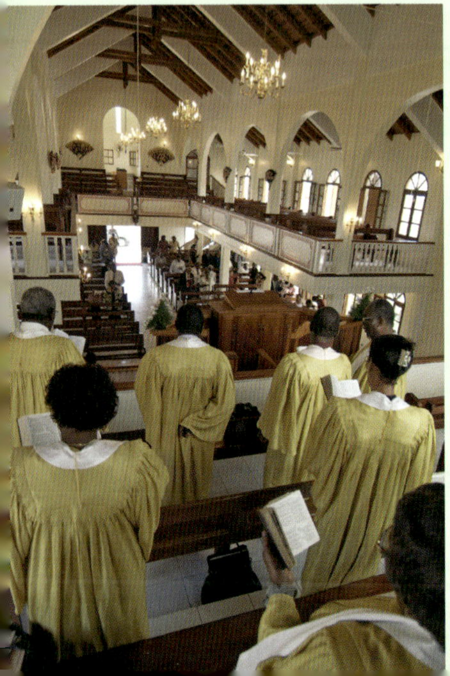

◀ Für dieses Foto hat der Fotograf fast eine Vogelperspektive eingenommen, um mit seinem Weitwinkelobjektiv Kirche, Chor und Kirchgänger auf Sint Maarten (Niederländische Antillen) aufnehmen zu können. Die Kirche wirkt schief durch die spitz aufeinander zulaufenden Linien, die durch ein Weitwinkelobjektiv entstehen. Vermeiden Sie eine solche Weitwinkelperspektive bei unbewegten Objekten.

Belichtungskorrektur Dieses Symbol wird verwendet, um Fotos dunkler zu machen oder stärker aufzuhellen, als es die Automatik vorschlägt. Z. B., wenn die automatische Belichtung bei viel Weiß, grellem Licht oder Schwarz im Bild unvorteilhaft wäre. Die Varianten mit nur einem Plus oder Minus werden in dem Buch auch erwähnt.

Gegenlicht Bei Gegenlicht droht zuweilen Unterbelichtung. Viele Kameras reagieren auf Gegenlicht und versuchen die drohende Unterbelichtung zu kompensieren und faktisch etwas überzubelichten. In welchem Ausmaß sie das tut, weiß man nicht. Mit den hier gezeigten Knöpfen können Sie das selbst kontrollieren.

Schnee und Strand Unterbelichtung droht auch beim Fotografieren am Strand oder bei Schnee. Dann kann man diese Zeichen an der Kamera einstellen. Sie funktionieren ebenso wie die Gegenlicht-Symbole.

Auszoomen = Unschärfe vermeiden

Es gibt zwei Arten von Unschärfe:

1) Unschärfe durch Bewegung der Kamera (= durch den Fotografen) oder durch Bewegung der Objekte, die fotografiert werden. Letzteres ist Bewegungsunschärfe.
2) Unschärfe, die daraus resultiert, dass die Kamera (das Objektiv) nicht richtig scharf gestellt hat.

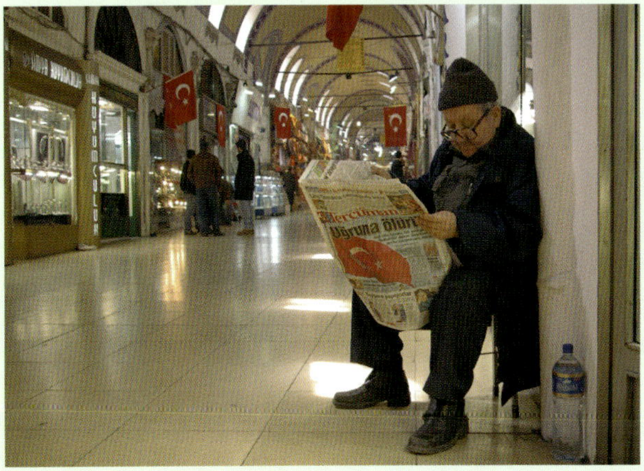

Sie werden merken, dass Sie ein Bild viel ruhiger aufnehmen können, wenn Sie auszoomen. Im eingezoomten Zustand bedeutet ein Zentimeter Bewegung der Kamera zehn Zentimeter Bewegung des Bildes (abhängig vom Abstand zum Objekt). In ausgezoomtem Zustand hat eine leichte Bewegung der Kamera kaum Einfluss auf das Bild. Wenn es also nur wenig Licht gibt – und die Kamera automatisch eine lange Verschlusszeit wählt – sollten Sie auszoomen, um das Risiko von Bewegungsunschärfe zu vermindern. Erhöhen Sie eventuell die Empfindlichkeit. Die Kamera wird dann eine kürzere Verschlusszeit wählen.

Zoomen Sie bei einem Foto wie diesem nie ein. Es gibt recht wenig Licht, und die Kamera braucht eine lange Verschlusszeit. Es wird Ihnen also niemals gelingen, die Kamera ruhig genug zu halten. Mit Blitzlicht würde die Verschlusszeit zwar kürzer, es würde jedoch der Atmosphäre schaden. Zoomen Sie also nicht ein und halten Sie die Kamera ruhig. Als Hilfsmittel können Sie sich gegen eine Wand oder einen Pfosten lehnen. Halten Sie beim Auslösen den Atem an, das hilft auch. Ein (Tisch-)Stativ ist ebenfalls nützlich, Sie können die Kamera aber auch auf eine Mauer oder einen Tisch stellen. Benutzen Sie dann den Selbstauslöser, um die Kamera nicht versehentlich doch zu bewegen.

Gut AUTO Empfohlen

Empfohlen Empfohlen ISO↑

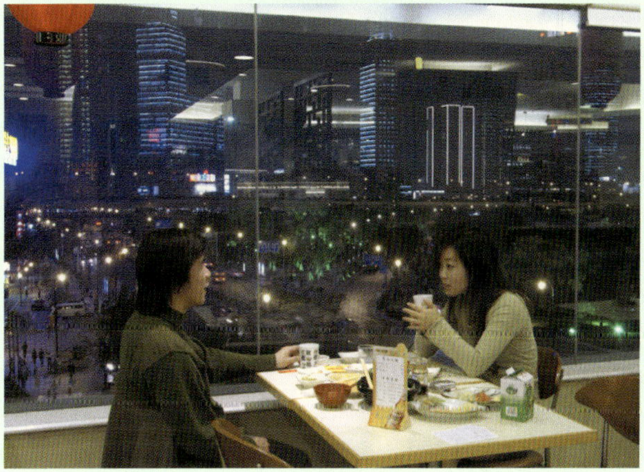

▲ Bei diesem Foto drohte gleich zweifach Bewegungsunschärfe: durch den Fotografen (der ohne Stativ arbeitete) und durch die Bewegung der Menschen auf dem Bild. Blitzlicht hätte sich in der Glasscheibe gespiegelt und dem Betrachter die Sicht auf das nächtliche Shanghai genommen.

Gut AUTO Empfohlen Empfohlen ISO↑

Einzoomen = Unschärfe vermeiden

Eine andere Art der Unschärfe entsteht dadurch, dass die Linse sich nicht richtig scharf gestellt hat. Digitale Kameras stellen sich mit dem »Autofokus« automatisch scharf, doch die eine Kamera macht das besser als die andere. Oft kann man das auch per Hand machen. Scharf stellen im ausgezoomten Zustand (Weitwinkel) ist meist kein Problem. In der Weitwinkelperspektive ist das Gebiet, das scharf ist, nämlich sehr groß. In der Teleperspektive ist das Gebiet der Schärfentiefe jedoch klein, also muss man aufpassen.

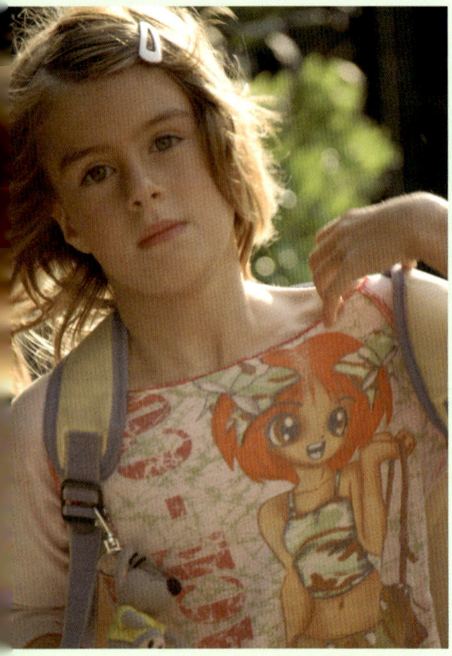

◀ Dieses Mädchen kam mit schnellen Schritten auf den Fotografen zu. Solch ein Foto verlangt viel vom Autofokus einer Kamera. Die Kamera (bzw. das Objektiv) muss:
1) sich schnell scharf stellen und sofort das Foto machen können
2) oder in der Lage sein, während das Mädchen näher kommt, immer wieder neu scharf zu stellen, bis der Fotograf abdrückt.
Spiegelreflexkameras (siehe Kapitel 2) haben einen »c«-Knopf für fortlaufende (engl. = continuous) Schärfeneinstellung.

So versucht man, Unschärfe als Folge von zu später und/oder falscher Schärfeneinstellung zuvorzukommen. Aber auch durch die Bewegung des Mädchens selbst kann Unschärfe entstehen. Diese Unschärfe wird durch die Wahl einer kurzen Verschlusszeit verhindert, z. B. indem man die Einstellung »Sport« an der Kamera wählt. Erhöhen Sie eventuell auch die Empfindlichkeit, was die Kamera in der »Sport«-Einstellung oft von sich aus schon macht. Alternative: fortlaufend per Hand scharf stellen. Sie können auch per Hand auf einen Punkt scharf stellen und warten, bis die Person diesen Punkt erreicht.

Sie machen es sich selbst schwerer (bekommen aber ein schöneres Ergebnis), wenn Sie einzoomen. Ein scharfes Bild zu bekommen erfordert dabei größte Präzision. Um dies zu erreichen, muss ein (Tele-)Objektiv sowohl sehr gut als auch schnell sein, so wie das hier verwendete. Das Foto von dem Mädchen ist übrigens nicht gestochen scharf. Um das zu vertuschen, wurde es nachträglich am PC bearbeitet (siehe Kapitel 6).

Um die Chance auf einen Glückstreffer zu erhöhen, stellen Sie bei einem solchen Foto die Kamera auf die ununterbrochene Aufnahme-Einstellung (»Feuersalve«) ein. Meist ist das wirklich gute Foto aber nicht dabei. Ein gutes Timing funktioniert besser.

Vielleicht AUTO Empfohlen

Vorsichtig mit Empfohlen ISO↑ Probieren

Bewegungsfotos Diese »Themeneinstellung« ist für die Aufnahme von bewegten Objekten gedacht. Meist wird die Verschlusszeit verkürzt, um die Bewegung festzuhalten, was oft mit einer Erhöhung der Empfindlichkeit einhergeht. (Mehr darüber in Kapitel 2.)

Kontinuierliche Aufnahmen / Einzelbild
In dieser Einstellung macht die Kamera mehrere Fotos nacheinander. Abstellen kann man dies durch das Symbol darunter, mit dem die Kamera jeweils nur ein Foto macht. Meist ist das unterste Symbol für den Selbstauslöser dabei.

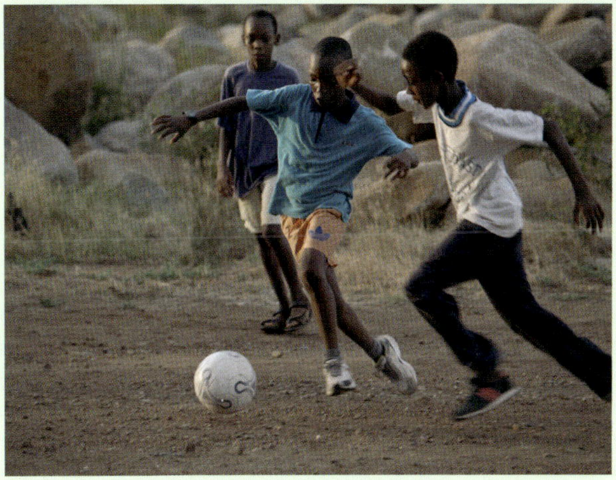

▲ Die Bewegung dieser Fußball spielenden Jungen festzuhalten war nicht so problematisch. Sie bewegten sich von rechts nach links bei etwa gleichem Abstand zur Kamera. Da die Aufnahme gegen Abend gemacht wurde, war das Licht relativ schwach. Die Kamera wählt dann automatisch eine höhere Empfindlichkeit, doch kann man die Empfindlichkeit meist auch per Hand einstellen. Die Verschlusszeit ist dadurch kurz genug, um sowohl die Bewegung als auch den Hintergrund scharf einzufangen. Nur das linke Bein des Jungen rechts bewegte sich zu schnell. Der Fotograf ist mit der Kamera der Bewegung wohl gefolgt und hat schnell eingezoomt.

Gut AUTO   Größere Erfolgschance

Vorsichtig mit   Empfohlen ISO↑

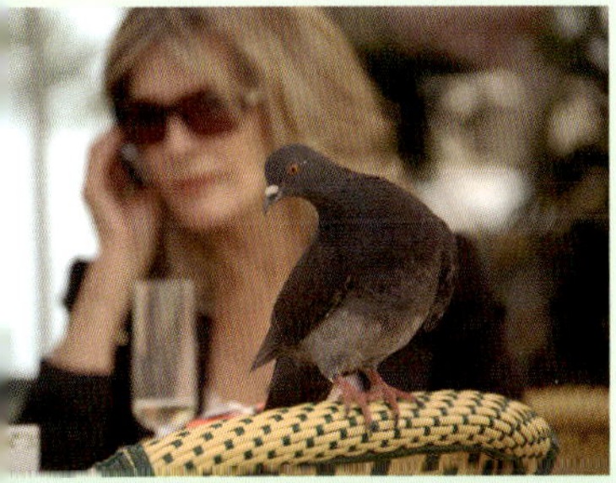

◀ Wen wollte der Fotograf wohl scharf haben: die Taube oder die Dame? In der Autofokus-Einstellung ist bei diesem eingezoomten Foto die Dame nicht scharf zu bekommen. Der Autofokus einer gewöhnlichen Kamera stellt nämlich immer auf das nächstliegende Objekt scharf.

Lösung: Richten Sie die Kamera etwas nach links, ohne die Taube im Bild zu haben. Drücken Sie den Auslöser halb herunter. Die Kamera stellt auf die Frau scharf. Halten Sie den Auslöser halb gedrückt, gehen Sie zurück zur Ausgangsposition und drücken Sie ab. Sie können sie auch per Hand scharf stellen. Spiegelreflexkameras bieten einige Möglichkeiten zur Bestimmung, worauf sich der Autofokus im Bild richten soll.

Spielen mit Bewegung und Unschärfe

Einer der großen Vorteile einer Digitalkamera ist es, dass Sie damit so viel experimentieren können, wie Sie wollen, ohne dass es Sie einen Cent kostet. Spannend ist die Kombination von bewegten und unbewegten Bestandteilen in einem Foto. Im Wesentlichen geschieht das folgendermaßen:
– Sie schwenken die Kamera mit dem bewegten Objekt.
– Sie bewegen sich selbst genauso schnell wie das Objekt, welches Sie fotografieren wollen.
In beiden Fällen sind Kamera und Objekt gleich schnell, mit dem Resultat, dass das bewegte Objekt scharf wird und der Hintergrund unscharf.

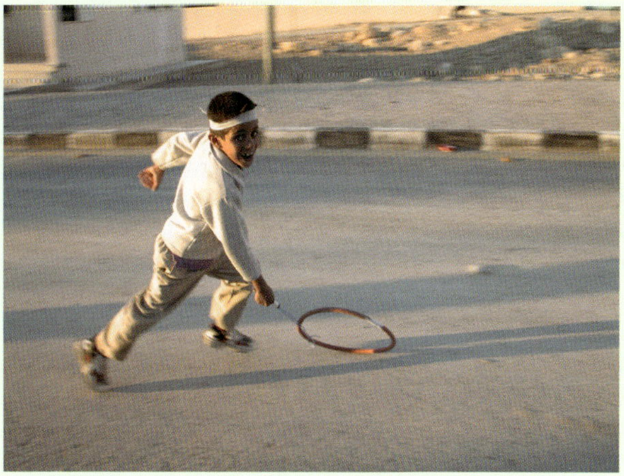

▲ Dieser Junge in Petra, Jordanien, hatte seinen Spaß daran, den Fotografen mit seinem Reifen zu umkreisen. Der Hintergrund ist unruhig, weil die Verschlusszeit lang genug dafür war. Wenn

Ihre Kamera eine »S«-Einstellung hat (shuttertime/Verschlusszeit), können Sie damit die Belichtungszeit verlängern. Gegen Tagesende wählt die Kamera wegen des geringeren Lichts automatisch längere Belichtungszeiten. Die Empfindlichkeit zu verringern würde auch hilfreich sein, denn der Effekt ist ähnlich. Wie das genau funktioniert, wird in Kapitel 2 erklärt.

Gut AUTO   Empfohlend

Mehr Kontrolle S   Eventuell ISO↓

S	**Verschlusszeitwahl** »S« seht für Verschlusszeit (englisch: shuttertime). Anspruchsvollere Kameras haben einen Knopf dafür. In der Automatik-Einstellung wählt die Kamera eine Verschlusszeit (Belichtungszeit), die auf die Lichtverhältnisse abgestimmt ist und darauf, ob ein- oder ausgezoomt wurde. Will man mit einer längeren oder kürzeren Verschlusszeit davon abweichen, verwendet man dazu das »S«.

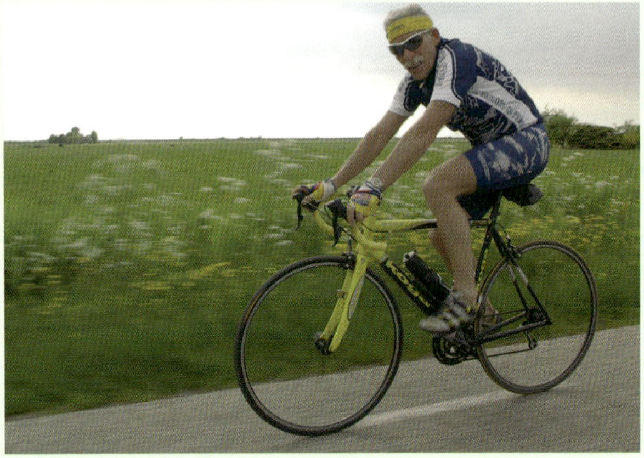

▲ Dieser Radfahrer wurde auf einer Landstraße von einem Auto aus aufgenommen. Auto und Fahrradfahrer sind gleich schnell. Das Tempo kommt durch die Verschwommenheit von Asphalt und Pflanzen am Straßenrand zum Ausdruck. Die Bäume am Horizont sind jedoch scharf: Dort ist der Bewegungsunterschied mit der Kamera am geringsten. (Foto: Esther van Ruiten)

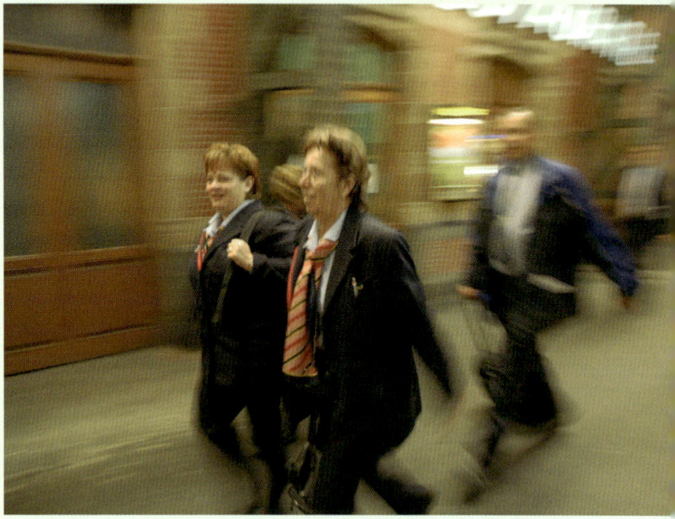

▲ Schaffnerinnen auf dem Weg zu ihren Zügen im Amsterdamer Hauptbahnhof. Die Kamera ist mitgezogen. Es ist gut erkennbar, dass der Mann, der hinter ihnen herläuft, eine andere Geschwindigkeit hat als die Schaffnerinnen und die Kamera. Weil das Licht schwach ist, muss die Empfindlichkeit erhöht werden. Sonst würde die Verschlusszeit so lang, dass gar nichts mehr scharf wird. Ein Stativ kann bei solchen Aufnahmen hilfreich sein.

Gut AUTO   Empfohlen   Empfohlen ISO↑

▶ Fliegende Taschen in einer indischen Buchhandlung. Bewegung ist Fun.

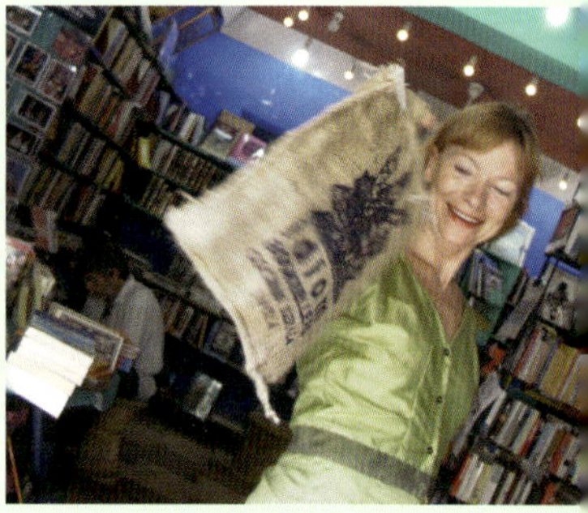

Bewegung mit Blitz einfangen

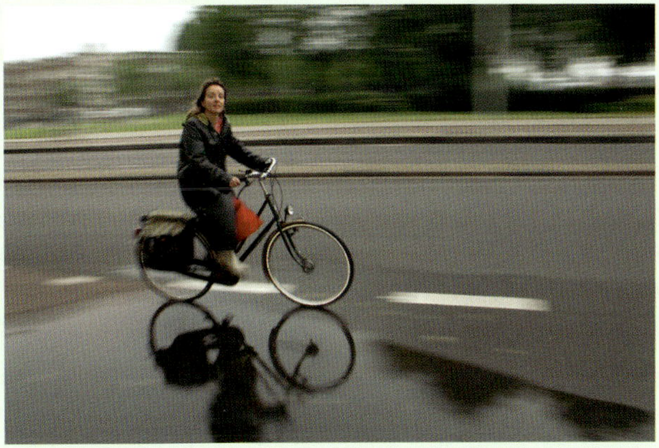

▲ Will es nicht gelingen, das bewegte Objekt oder die Person scharf zu bekommen, indem die Kamera mit der Bewegung mitgeht? Dann können Sie das Blitzlicht einsetzen. Ohne Sonne, wie an diesem regnerischen Tag in Amsterdam, war kein gutes Foto zu machen. Die einzige Aufhellung kommt vom Blitz, hier kombiniert mit einer langen Verschlusszeit und einer Kamera, die mit der Bewegung mitgeht.

Gut AUTO Empfohlen Eventuell ISO↓

Mehr Kontrolle S Empfohlen oder

Aufhellblitz Eine subtilere Form des Blitzes ist der Aufhellblitz, wobei die Kamera blitzt, gleichzeitig aber auch das Tages- oder Kunstlicht nutzt. Bei neuen Kameras wird das Symbol »S mit Pfeil« verwendet. »S« steht für engl.: slow = langsam: Blitzen mit einer längeren Belichtungszeit, als für den Blitz nötig wäre.

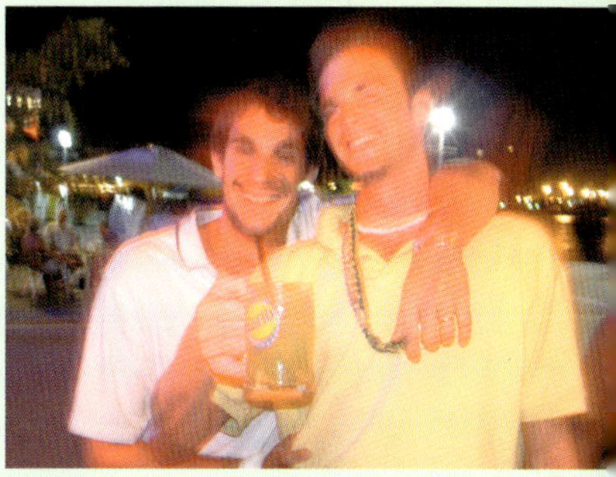

► Man kann auch übertreiben: viel Bewegung, wenig Blitz. Diese Leute haben schon viel »Carib« getrunken, das auf Sint Maarten beliebte Bier. Durch eine lange Verschlusszeit und kurzen Blitz bekommt man wundersame Bilder. Wesentlich ist die Blitzeinstellung oder die Einstellung für Nachtaufnahmen mit Blitz. Die Verschlusszeit ist lang genug, um den Hintergrund gut wiederzugeben. Langweilige Party? Bei rechtem Licht betrachtet keineswegs!

Schatten heller blitzen

▼ Diesen Herrn im indischen Wallfahrtsort Nasik würde man ohne die Verwendung eines Aufhellblitzes kaum erkennen können, denn er hat die Sonne im Rücken und läuft Gefahr, nur als großer Schatten wahrgenommen zu werden. Vergleichen Sie ihn mit dem Schuhputzer rechts im Bild, der außerhalb der Reichweite des Blitzes steht.

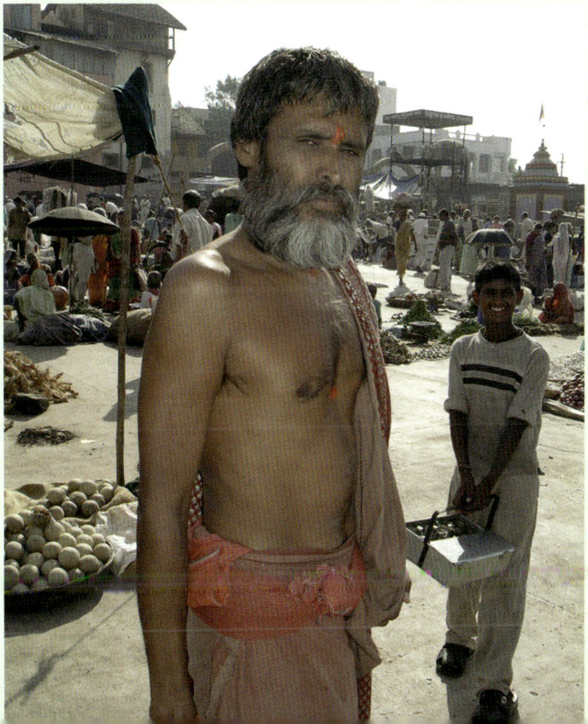

Viele Kameras haben einen besonderen Knopf für den Aufhellblitz (Pfeil mit Sonne), aber es funktioniert meist auch mit einfacher Blitz-Einstellung. Manchmal müssen Sie – wenn das bei Ihrer Kamera möglich ist – ohne Automatik arbeiten und beispielsweise die Einstellung »P« wählen, da bei Automatik-Einstellung nur (automatisch) geblitzt wird, wenn das Licht zu schwach ist. Die Reichweite des Blitzes reicht nicht aus, wenn der Abstand zu groß ist. Zu viel Licht kann man kompensieren, indem man unterbelichtet oder die Stärke des Blitzes einschränkt.

Gut AUTO Mehr Kontrolle P Vorsichtig mit

Empfohlen oder Eventuell Eventuell

P **Programm** Vor allem bei Spiegelreflexkameras ist die P-Einstellung ideal, da man Empfindlichkeit, Blitzstärke und Kontrast individuell vornehmen kann. In der Automatik-Einstellung entscheidet das die Kamera. Mit der Einstellung »P« haben Sie mehr Kontrolle über Ihre Kamera.

Mit diesem Symbol kann bei fortschrittlichen Kameras die Stärke des eingebauten Blitzes eingestellt werden.

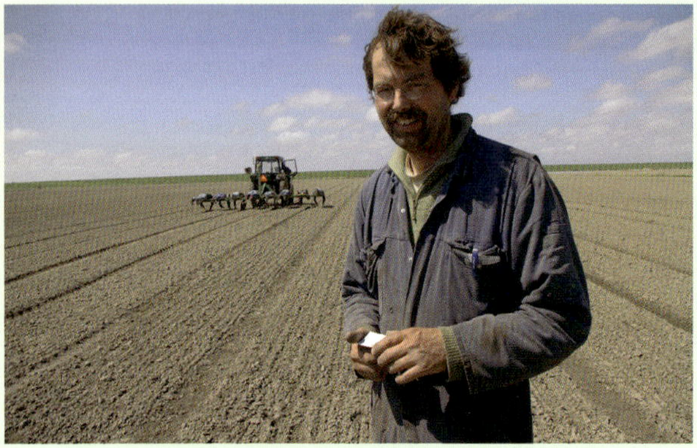

▲ Das Gesicht dieses Biobauern in Friesland hätte mit einem kleinen Blitzlicht aufgehellt werden müssen. Das kann aber auch später mit Photoshop am PC nachgeholt werden, und zwar mit der Funktion »Schatten aufhellen«, wobei der Rest des Bildes nicht heller wird. Manchmal bietet ausschließlich Photoshop die Lösung, wenn beispielsweise das Objekt für die Reichweite des Blitzes zu weit entfernt ist. Siehe Kapitel 6. Auf dem Traktor im Hintergrund jäten junge Leute das Unkraut mit der Hand.

▶ Blitzen mit PC: Der Bauer, nachdem sein Gesicht mit Photoshop am PC aufgehellt wurde.

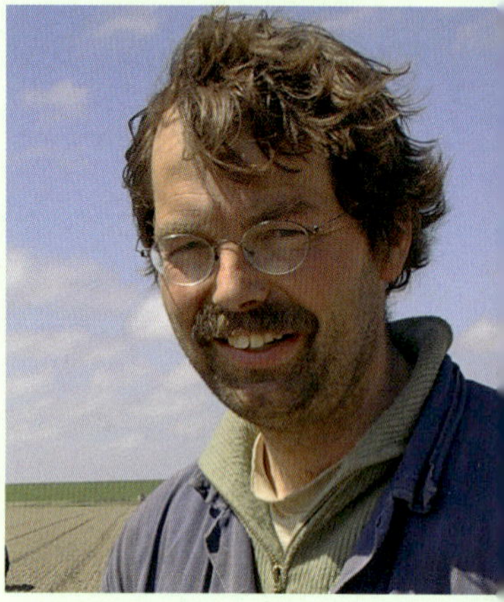

▼ Den Blitz überlegt einsetzen. Diese Szene auf einem Boot, das den Amazonas entlangfährt, hätte auch mit Blitzlicht aufgehellt werden können, damit die Karten spielenden Brasilianer gut zu sehen sind. Aber dann hätte man gleichzeitig auch den Charme des Bildes hinweggeblitzt und die Wirkung wäre unnatürlich.

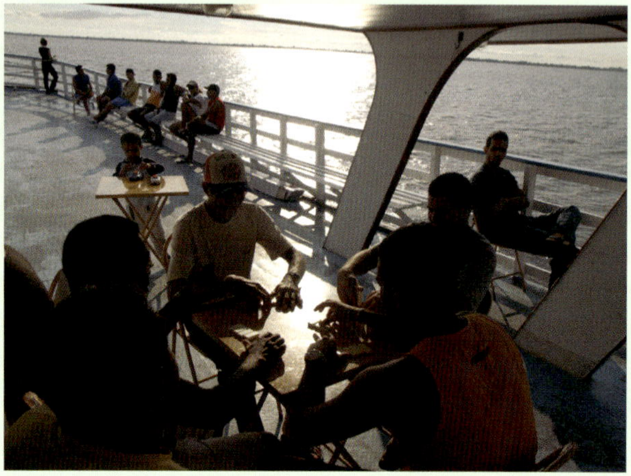

Blitzen und Atmosphäre erhalten

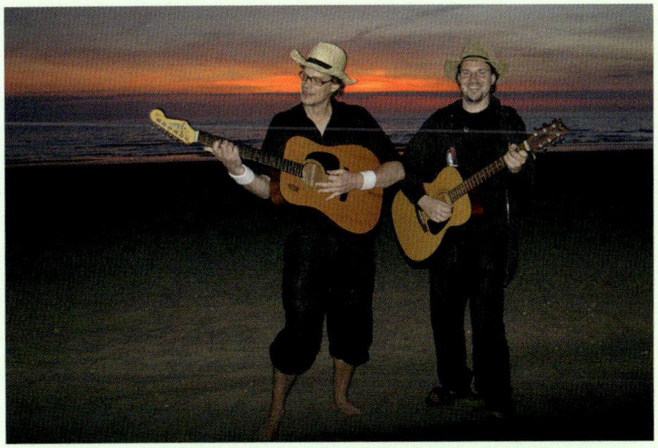

▲ Blitzlicht ist unbarmherzig. Aber auch das Blitzlicht lässt sich manipulieren. Beim ersten Foto dieser Mittsommernachtsfeier am Strand von Scheveningen (siehe kleine Abbildung) wird klar, dass der Blitz viel zu viel Licht auf den Sand streute. Es war möglich, den Lichtstrahl zu bündeln, indem flach unter den Blitz eine Visitenkarte gehalten wurde, wodurch kein Licht mehr auf den Boden fallen konnte. Auch wurde etwas geringer belichtet. Die Blitzmessung war offensichtlich aus dem Tritt geraten und hatte das Foto überbelichtet. Das Ziel war natürlich, Blitz und untergehende Sonne ins Gleichgewicht zu bringen. Auch bei anderen Arten von Hintergrundbeleuchtung können Sie versuchen, das Blitzlicht zu steuern. Auf dem Foto: das Duo Merijn Kerkhof (links, Jimi H.) und Donny van der Linde.

Gut AUTO Empfohlen ϟ oder ϟ Eventuell ◪

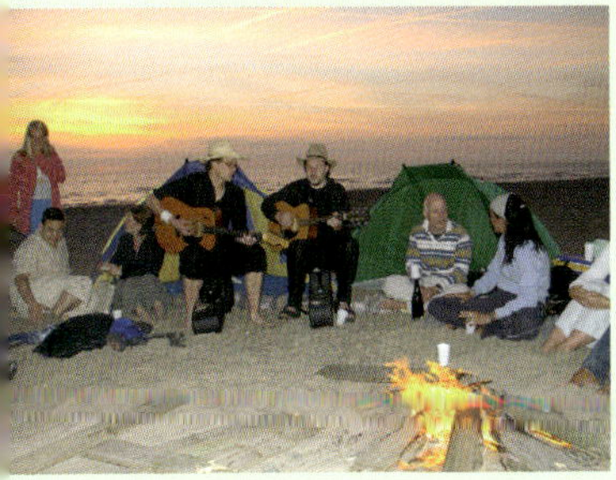

◀ Gnadenlos: Der Blitz streut zu viel Licht auf den Sand.

Blitzen und Bewegung festhalten

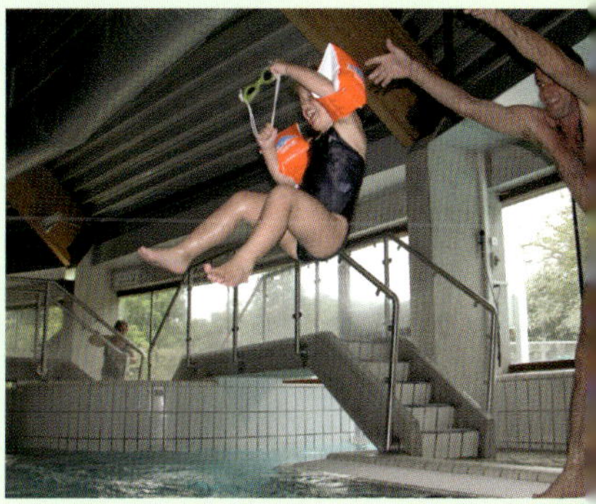

▶ Seien Sie sparsam mit dem Blitz. Selbst in geschlossenen Räumen ist er oft nicht nötig, denn dort wählt die Kamera eine längere Verschlusszeit. Halten Sie sie deshalb ruhig und sorgen Sie dafür, dass sich auch die Bildobjekte nicht zu viel bewegen. Manchmal ist das unvermeidbar oder das Licht ist tatsächlich zu schwach. Dann setzen Sie den Blitz wieder ein. Ohne Blitz wäre Julia auf diesem Foto als unscharfes Bündel zu sehen. Der Blitz ist hier auch verwendet worden, um die Bewegung festzuhalten.

Gut AUTO Empfohlen ϟ oder ϟ

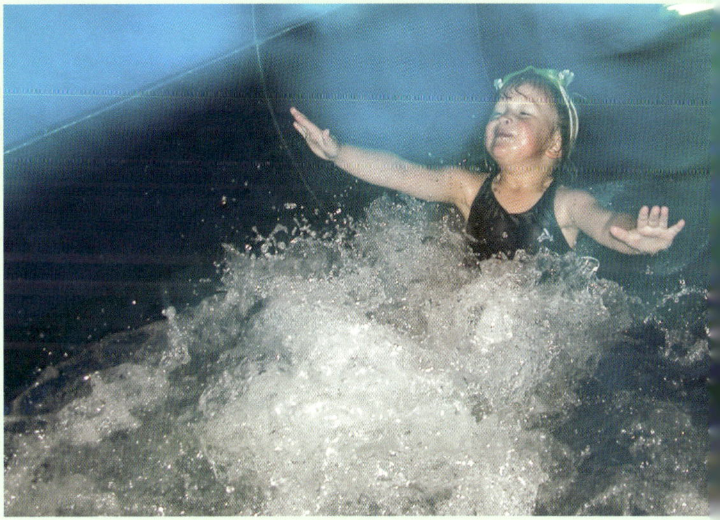

▲ Der Blitz macht das Wasser plastisch, aber es wirkte doch überbelichtet. Die hellsten Reflexe mussten mit Hilfe von Photoshop etwas dunkler gemacht werden. Siehe Kapitel 6.

Ohne Blitz Atmosphäre erhalten

▶ Wer draußen fotografiert, möchte am liebsten, dass die Sonne scheint. Sie gibt einem Foto Lebendigkeit und Kontrast. Ohne Sonne wird eine Außenaufnahme zu einer formlosen Masse, weil Schatten fehlen. Bei Innenaufnahmen macht es nichts, wenn die Sonne nicht scheint. Im Gegenteil: Sie bekommen das Licht, bei dem auch Vermeer und seine Kollegen malten. Diese sieben Männer spielen Domino im Süden von Tunesien.

Gut AUTO Empfohlen

Empfohlen ISO↑ Natürlich

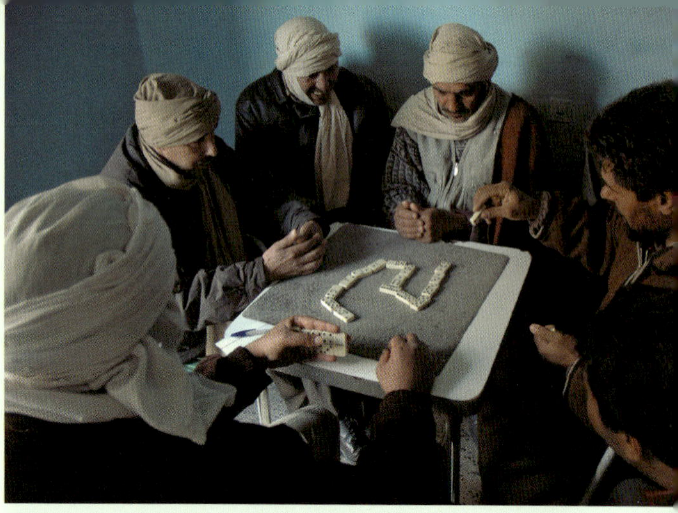

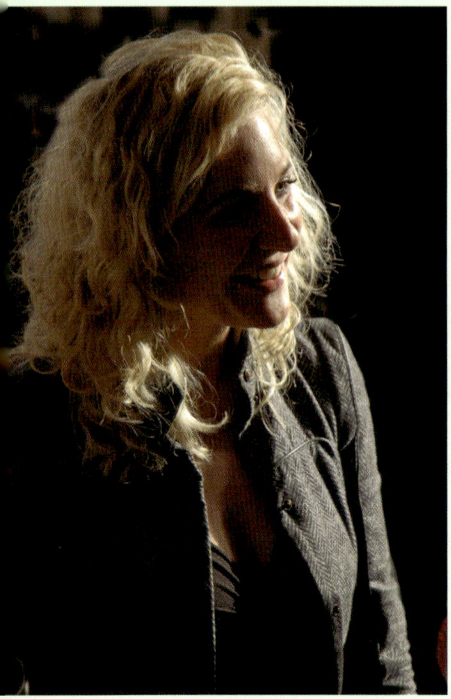

◀ Wenn in Innenräume direktes Sonnenlicht fällt, beispielsweise am Spätnachmittag, bekommt man diesen Effekt. Das Fehlen von anderem Licht sorgt dafür, dass die linke Gesichtshälfte Victorias dunkel bleibt. In diesem Fall ist Einzoomen schön, wenn man mit einer Verschlusszeit arbeiten kann, die kurz genug ist.

Gut AUTO

Wenn möglich

Empfohlen ISO↑

Empfohlen

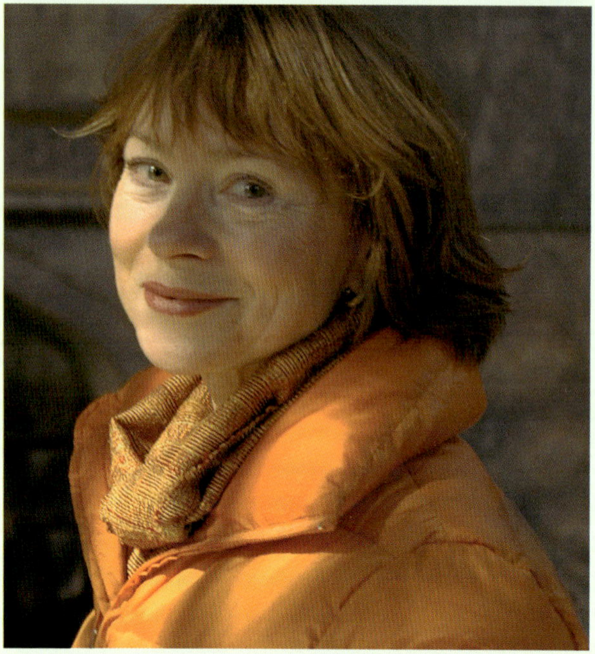

▲ In Kirchen fällt durch die Glasfenster manchmal ein gebündelter Lichtstrahl ein. Setzen Sie dieses Licht bei Ihrem (Reise-)Partner oder einem anderen Opfer ein, und Sie machen ganz bestimmt ein schönes Bild. Wegen des dunklen Hintergrundes neigt die Kamera möglicherweise zum Überbelichten, deshalb müssen Sie die Belichtung verringern.

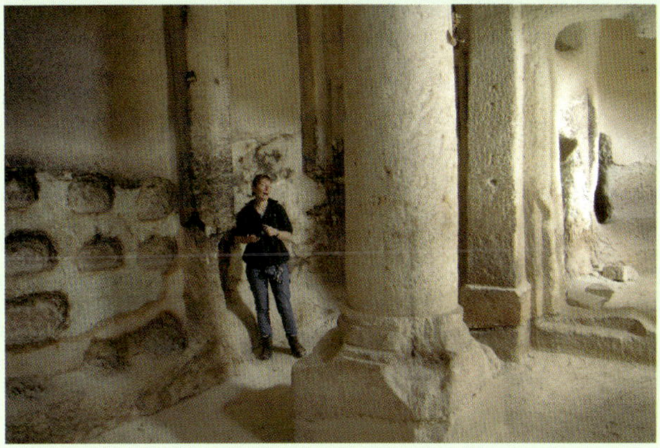

▲ Tageslicht strukturiert Räume und verleiht Tiefe. Stellen Sie sich dieses Foto vor, wenn geblitzt worden wäre.

Lassen Sie künstliche Lichtquellen für sich arbeiten

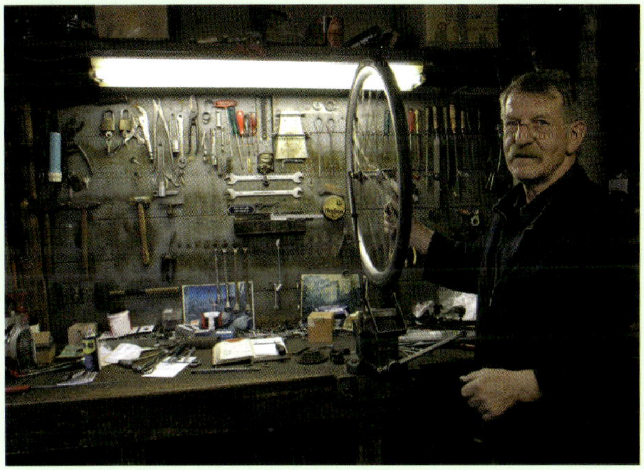

▲ Das Kunstlicht in geschlossenen Räumen kann sehr schön sein, vertrauen Sie ihm. Vor allem Neonlicht ist sehr sanft und kann sich mit »Softboxen« messen lassen, die Sie in Fotostudios antreffen. Das Neonlicht ist in Wirklichkeit meist grün, aber der sogenannte »automatische Weißabgleich« der Digitalkamera macht es weiß.

Unsere Augen tun das übrigens auch. Dies ist einer der großen Vorteile der Digitalfotografie: Sie können bei jeder Art von Licht fotografieren, die Kamera korrigiert es. Wenn man dies früher mit einem Farbfilm versuchte, wurde das Foto beim Aufnehmen von Kerzen oder Glühlampen gelb. Das ist nur schön, wenn man z. B. ein romantisches Dinner fotografiert. Fahrradhändler De Kroon hält sich lieber an weißes Licht; um Ventile und Speichen zu unterscheiden.

Gut AUTO Empfohlen

Empfohlen ISO↑ Natürlich

▼ Die chinesische Schauspielerin Natalie Zhan im (gelben) Licht der Filmscheinwerfer. Auch Videokameras passen sich an farbiges Licht an. Filmkameras verwenden einen speziellen Filmtyp, der auf Kunstlicht abgestimmt ist.

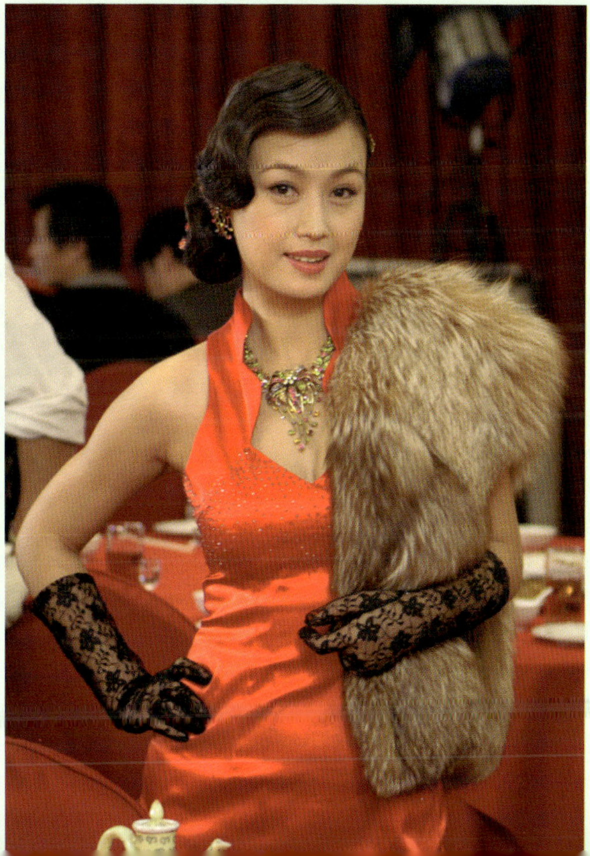

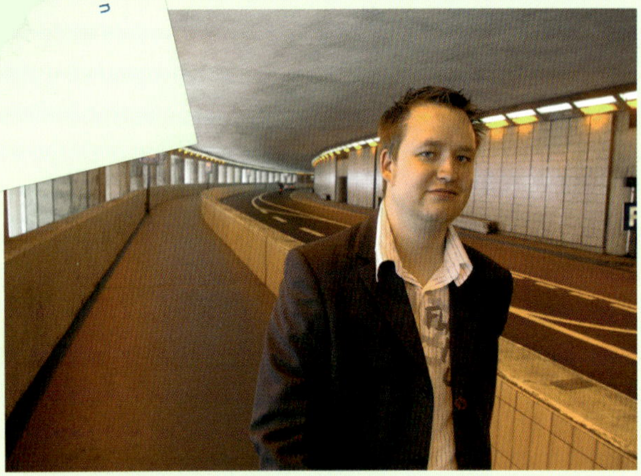

▲ Mit dem automatischen Weißabgleich klappt es aber nicht immer gut, denn manchmal hinkt er etwas hinterher. Wie oft das passiert, hängt von der Qualität der Kamera und den Lichtumständen ab. Bei diesem Foto von Tim im Grand-Prix-Tunnel von Monte Carlo (außerhalb der Grand-Prix-Saison) ist es aber gut gegangen. Es gibt im Wesentlichen drei Arten von Licht: Tageslicht und zweierlei Sorten Kunstlicht.

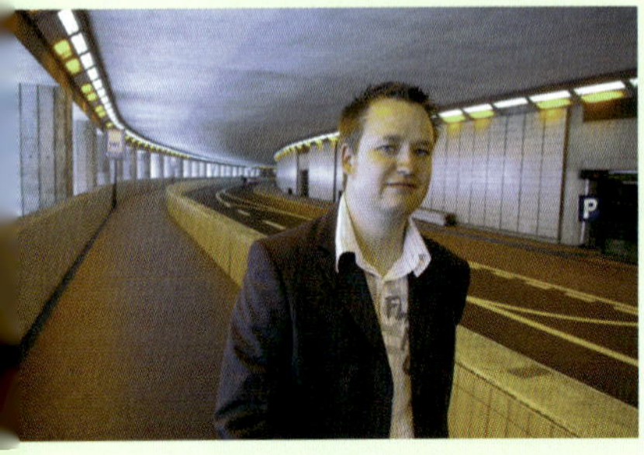

◀ Das Foto hätte auch so wirken können wie in diesem kleinen Format, bei dem der Weißabgleich sich sehr getäuscht hat. Am Computer lassen sich Irrtümer nachträglich oft noch einigermaßen korrigieren (zumal wenn Sie mit RAW-Beständen arbeiten, siehe Kapitel 3). Aber es ist besser, bereits beim Fotografieren das optimale Bild anzustreben. Viele Kameras, auch einfachere, verfügen glücklicherweise über Korrekturmöglichkeiten.

Es geht hierbei um (Vor-)Einstellungen für eine bestimmte Art (Farbe) von Licht oder besser gesagt um die Farbtemperatur, so die offizielle Bezeichnung. Liefert keine der Voreinstellungen ein gutes Ergebnis, dann können Sie Ihrer Kamera beibringen, was weiß sein muss, also den »Weißpunkt« einstellen. Sie halten etwas Weißes vor die Linse und sagen damit der Kamera: »Dies ist Weiß!« Sie drücken auf ein Knöpfchen oder ein Menü, und fertig! Die Farbtemperatur wird in Kelvin gemessen, beispielsweise K 3200 für eine durchschnittliche Glühlampe.

Einstellungen für den Weißabgleich

Eine durchschnittliche Kamera verfügt über die Einstellungen, die in der Tabelle unten aufgeführt sind. Es gibt auch Einstellungen für Schatten und Blitz, doch damit wird das Licht bläulich. Es gibt noch mehr Einstellungen, aber die sind so subtil, dass es schneller geht, den Weißpunkt einzustellen, als sie alle durchzuprobieren. Beachten Sie: Vor der manuellen Einstellung des Weißabgleichs müssen Sie die Kamera auf »P« stellen.

Automatischer Weißabgleich	A
Tageslicht	
Kunstlicht Glühbirne	
Neonlicht (oft mehrere Einstellungen)	
Schatten	
Blitz	
»Weißen«	

WB WB-Symbol, mit dem Sie den Weißabgleich bzw. die Farbe des verwendeten Lichtes einstellen können.

Lassen Sie die Außenbeleuchtung für sich arbeiten

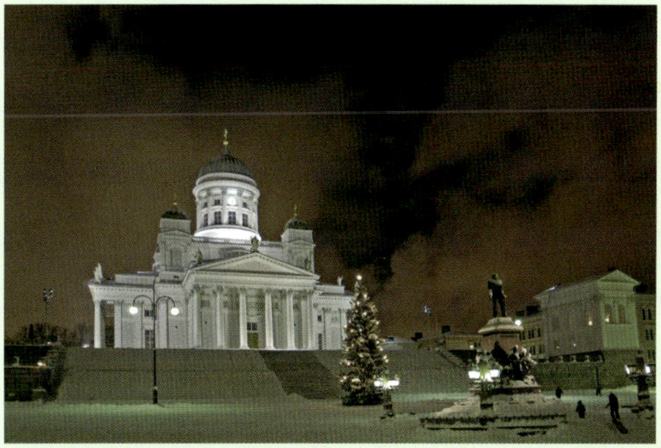

▲ Außenaufnahmen unter Verwendung von Kunstlicht unterscheiden sich nicht sehr von Innenaufnahmen. Ein wichtiger Grund, hier im winterlichen Helsinki nicht zu blitzen, ist, dass der Blitz zu wenig Kraft hätte, um den ganzen Platz aufzuhellen. Und natürlich soll die Schneeidylle bewahrt werden.

Gut AUTO Empfohlen Eventuell

Empfohlen ISO↑ Natürlich

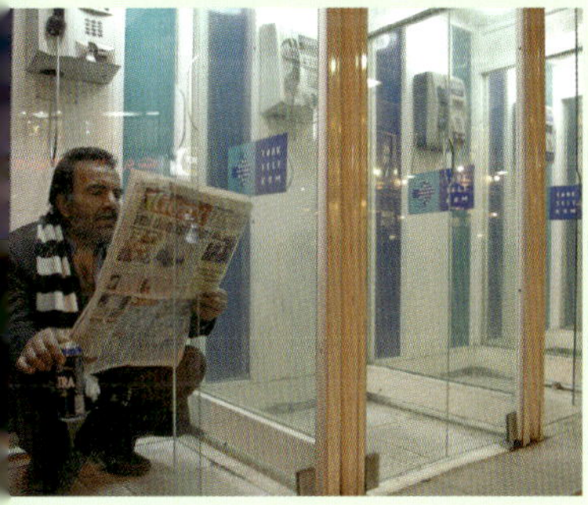

◀ In Istanbul können die Abende im März noch frisch sein! Ein Blitz hätte hier eine hässliche Spiegelung in der Glasscheibe bewirkt.

Eventuell oder

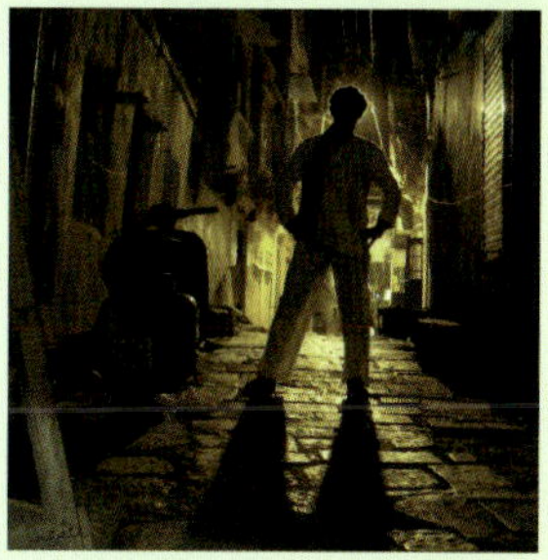

▶ Das Licht in dieser indischen Gasse ist absichtlich gelb gehalten, um die bedrohliche Atmosphäre zu bewahren. In einer anderen Situation kann Gelb auch sehr romantisch wirken.

Die goldene Glut der tief stehenden Sonne bewahren

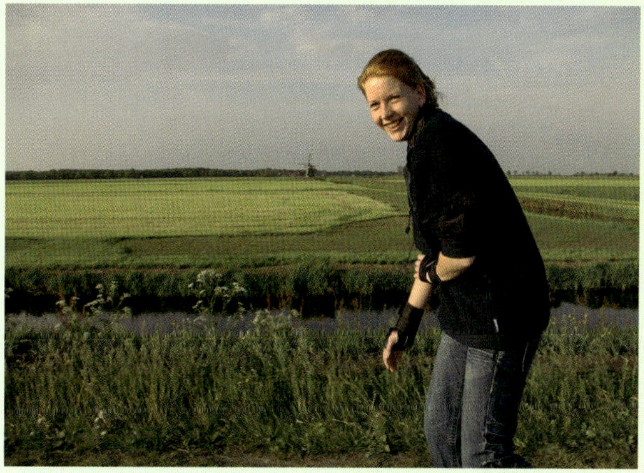

▲ Manchmal wollen Sie auch im Freien am Weißabgleich arbeiten. Das ist während der schönsten Fotografierzeiten: frühmorgens und spätnachmittags. Das Licht ist dann sehr subtil golden, was man auf dem Foto auch festhalten möchte. Setzen Sie die Kamera darum zu Beginn und am Ende des Tages standardmäßig auf »Tageslicht«, denn dann korrigiert die Kamera das farbige Licht nicht. Das rote Haar der auf Inlineskatern vorbeifahrenden Friesin Jacoba bekommt einen noch schöneren Rotschimmer. Haben Sie vergessen, die Kamera auf »P« zu stellen? Das können Sie später am Computer noch in Ordnung bringen, indem sie mit Hilfe von Photoshop mehr Rot oder Gelb in das Foto einbringen.

Empfohlen P Empfohlen Empfohlen

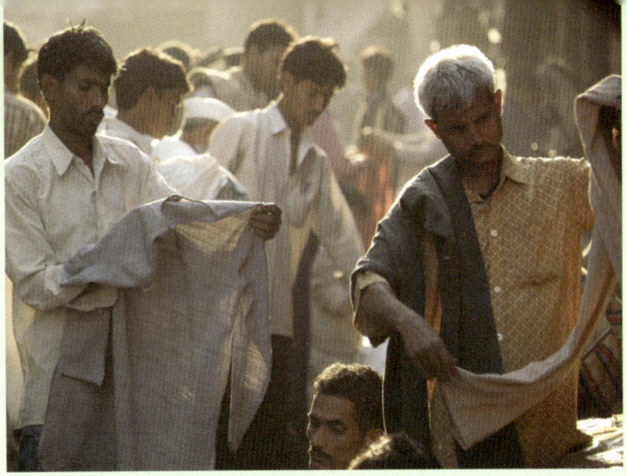

▲ Nur bei tief stehender Sonne bekommen Sie diese Lichtränder, die Ihrem Foto das gewisse Etwas verleihen. Dafür müssen Sie allerdings fast direkt gegen die Sonne fotografieren. Suchen Sie sich etwas Schatten, damit die Sonnenstrahlen nicht direkt ins Objektiv fallen, oder halten Sie Ihre Hand schräg über die Linse und sorgen so selbst für Schatten.

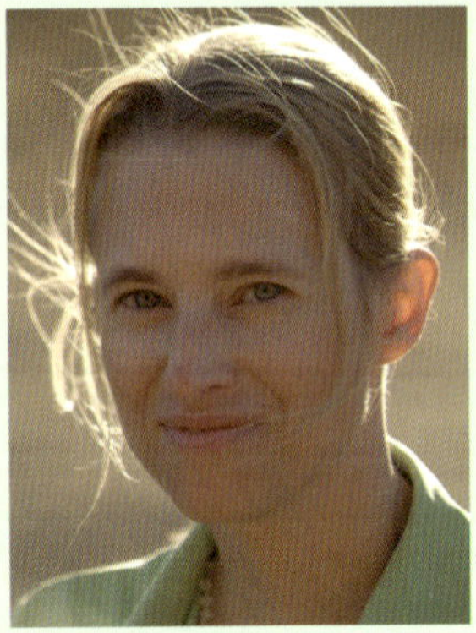

◀ Tief stehende Sonne »mit Lichträndern« ist ideal für Porträtaufnahmen. Schnell das Zoom ausfahren ist die Devise, denn so verhindern Sie auch leichter, dass die Sonne in die Linse scheint, obwohl das hier doch passiert ist (siehe links unten).

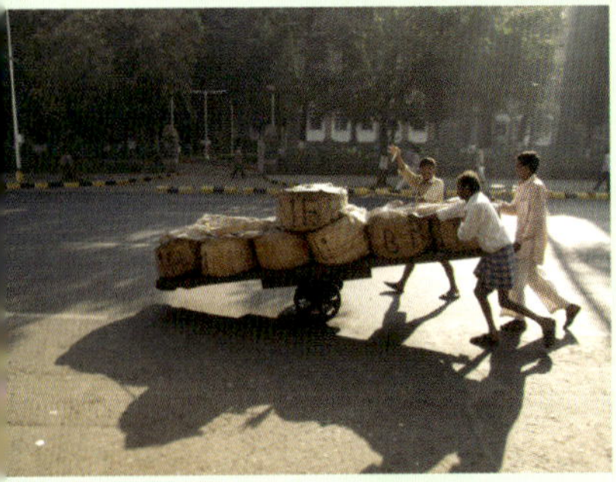

◀ Mit der tief stehenden Sonne rechts bekommt man schöne Schlagschatten, wie bei diesen Fischverkäufern in Bombay. Auch hier gelang es nicht, beim Fotografieren die Sonne aus der Linse herauszuhalten. Je höher die Qualität des Objektivs, je weniger Schaden kann das anrichten.

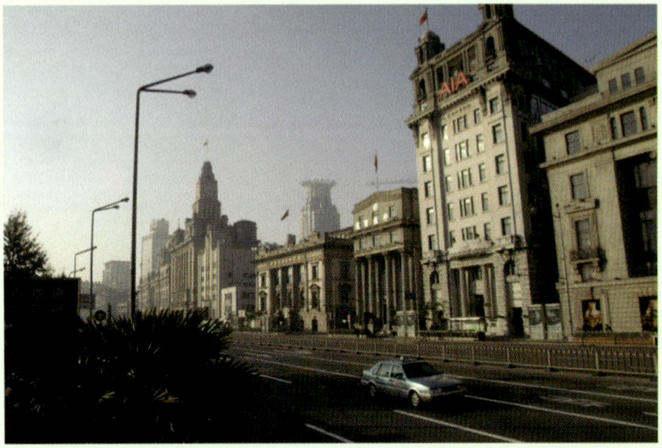

▲ Sind Sie morgens oder spätnachmittags auf der Suche nach schönem Gegenlicht? Dann laufen Sie auf die Sonne zu: Morgens von Westen nach Osten, nachmittags von Osten nach Westen. Sonst sehen Sie die Wirkung des Gegenlichts nicht, wie hier in Shanghai kurz nach Sonnenaufgang. Mit der Sonne im Rücken wird alles flach und langweilig belichtet.

Kunstlicht gepaart mit Tageslicht

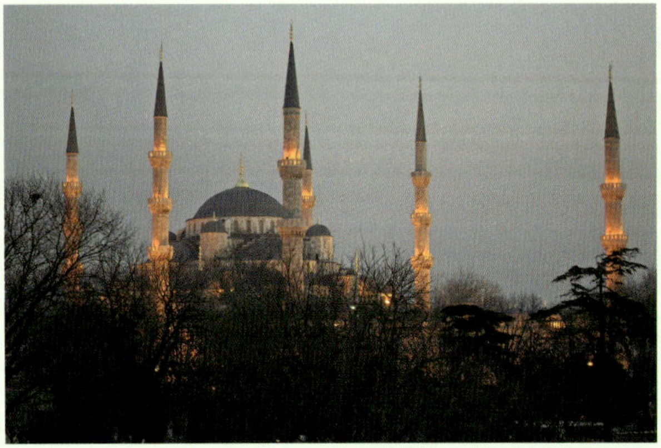

▲ Doch der allerfeinste Moment des Tages ist die Dämmerung oder besser: der Moment, in dem es gleich viel Tages- und Kunstlicht gibt. In solch einem Augenblick wurde dieses Foto der Blauen Moschee in Istanbul gemacht. Für eine schöne Einstellung werden Sie immer mit dem Weißabgleich spielen müssen. Denn welche Art von Licht darf dominieren, das Kunst- oder das Tageslicht? Wollen Sie dabei blitzen, lesen Sie nach im Abschnitt über die Verwendung von Blitzlicht bei abendlichen Außenaufnahmen oder in dem über das Abbilden von Objekten mit dem Blitz.

Gut AUTO Kontrollieren WB Natürlich

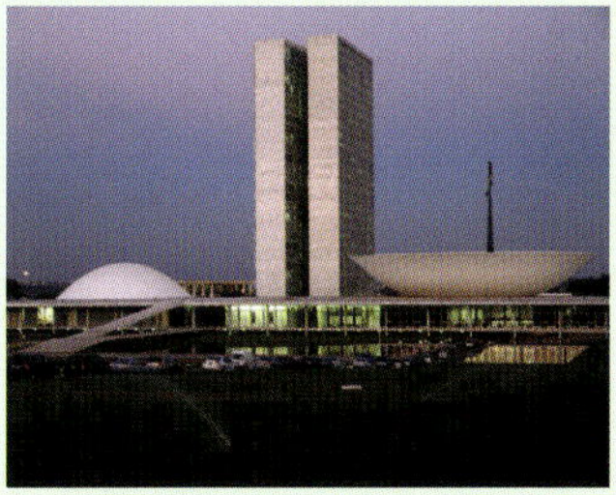

▶ Regierungsgebäude in Brasilia, der Hauptstadt Brasiliens, in der Dämmerung. Es ist gut zu erkennen, dass das (grüne) Neonlicht im Gebäude mit der Belichtung des Himmels im Gleichgewicht ist.

Wenn die Sonne hoch steht

Warum sollten Sie vor allem zu Beginn und gegen Ende des Tages fotografieren wollen? Weil das Licht mitten am Tag in neun von zehn Fällen nicht schön ist. Menschen haben hässliche Schatten im Gesicht, die Farben der Umgebung sind zu hart oder ausgebleicht und es gibt kaum Schatten, der den Dingen Struktur verleiht. Sind Sie auf Reisen, so machen Sie lieber eine Siesta und gehen am nächsten Tag vor Sonnenaufgang wieder auf die Straße. Tagsüber gibt es sowieso nicht viel Schönes zu fotografieren. Obwohl, in einem von zehn Fällen passieren witzige Dinge.

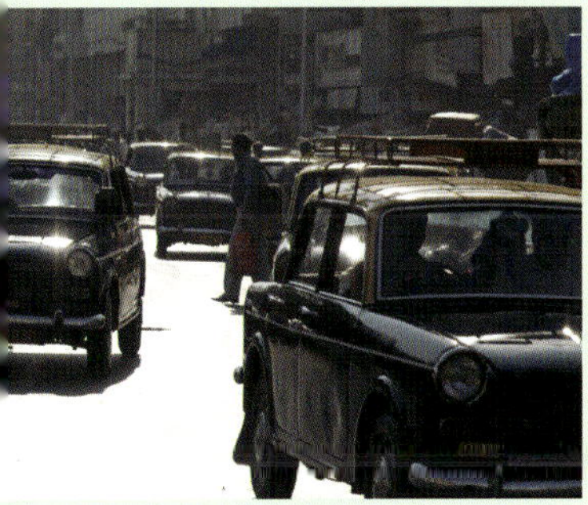

◀ Mittagszeit in Bombay. Dies ist ein Farbfoto, sieht aber nicht so aus. Die unerbittliche Sonne strahlt den Asphalt weiß. Die auf Hochglanz polierten Taxen bleiben schwarz, aber die Reflexe leuchten weiß. Der Hintergrund ist zu einer dunkelgrauen Wand geworden. Das Bild wurde eingezoomt, damit es voll wird und die Autos aufeinander gedrückt werden. Durch das stark reflektierende Licht veranlasst der Belichtungsmesser möglicherweise eine Überbelichtung. Aber das ist hier gerade schön.

Gut AUTO Empfohlen

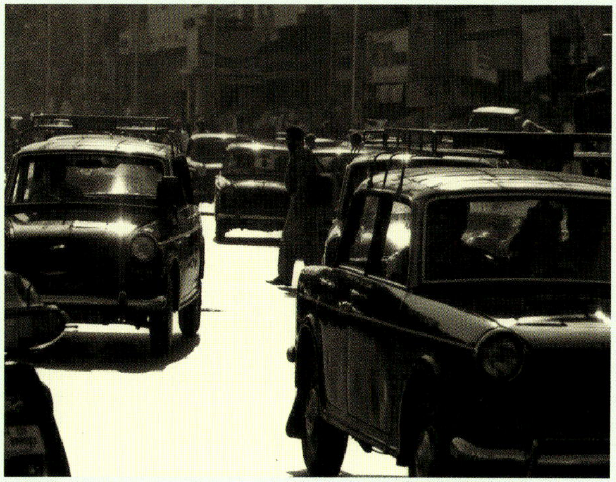

▲ Als Schwarzweißfoto macht es sich auch gut. Siehe Kapitel 6 über die Bildbearbeitung am PC.

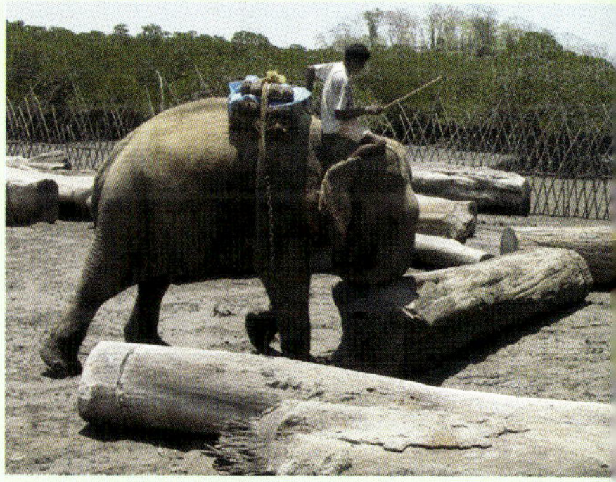

▶ Hier wurde das harte Mittagslicht benutzt, diesmal auf den indischen Inseln Andaman & Nicobar. Die scharfen Schatten und die in diesem Licht scheinbar ausgebleichten Oberflächen der Baumstämme bilden ein straffes Linienmuster, das in Kontrast steht zu den runden Formen des Elefanten. Baumstämme und Elefant sind beinahe ganz grau, die Mangroven im Hintergrund graugrün.

Im Abschnitt über das Zoomen wurde das Foto von den Motorradfahrern in Shanghai auch mitten am Tag aufgenommen. Die Straßenüberführungen über den Fahrern filterten das Licht aber so, wie es auf dem Foto zu sehen ist.

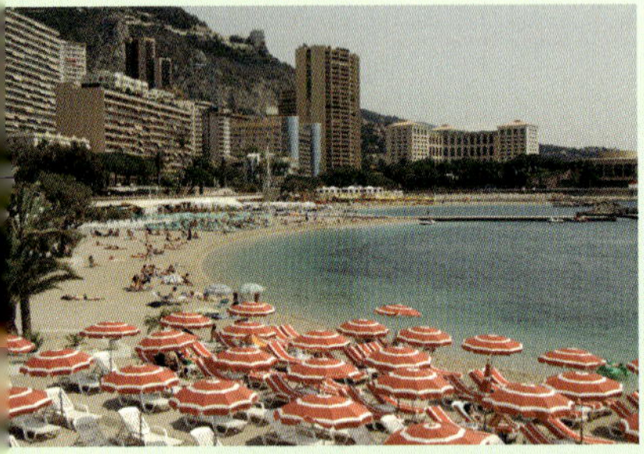

◀ Monaco zur Mittagszeit.

▼ Monaco am Spätnachmittag. Suchen Sie die Unterschiede im Licht.

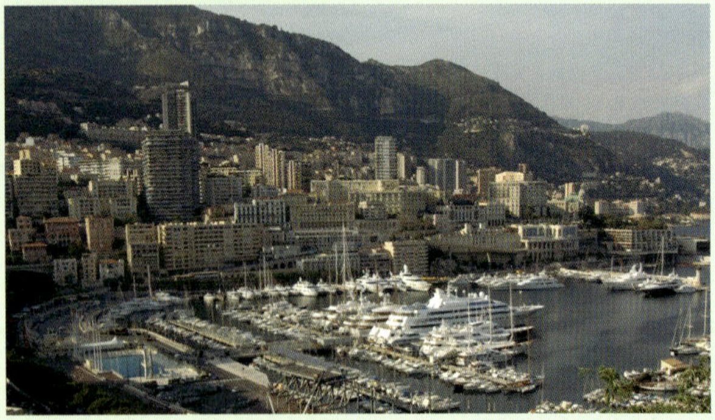

Überraschendes Licht

Lassen Sie sich vom Licht überraschen. Es wird gebrochen, gefiltert, reflektiert, gebündelt, weich gemacht, gestreut. Alles ohne künstliche Hilfsmittel, es geschieht einfach. Sie müssen nur ein Auge dafür haben, und das bekommen Sie nach und nach. Auch müssen Sie sich bewegen, laufen, Auto oder Fahrrad fahren, denn Lichteffekte entstehen nur an einem bestimmten Ort in einem bestimmten Moment. Denken Sie deshalb nicht: Dieses Foto mache ich dann morgen. Jetzt ist der Moment!

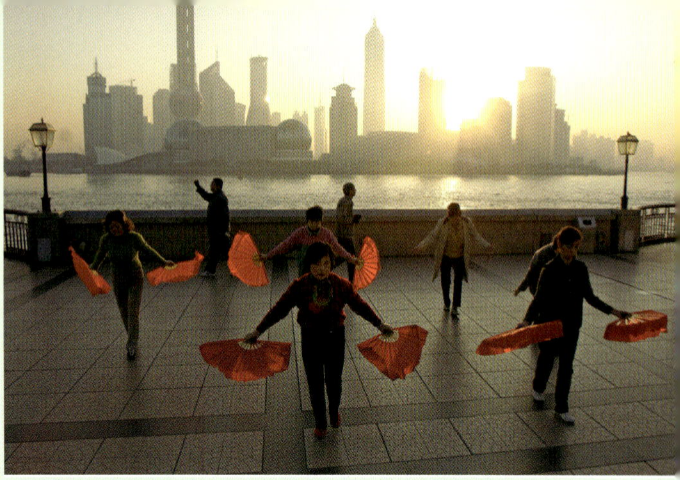

▲ Am Bund, dem Boulevard Shanghais, wird frühmorgens die Bewegungsmeditation Tai Chi geübt. Wenn man solch eine Szene sieht, ist die Frage, von welchem Winkel aus man am besten fotografiert. Die Sonne scheint hier geradewegs in die Linse. Die Kamera wird geneigt sein unterzubelichten, also muss per Belichtungskorrektur etwas überbelichtet werden. Möglicherweise hat Ihre Kamera eine gesonderte Gegenlichteinstellung, symbolisiert durch ein Männchen mit einer Sonne oder einer Glühlampe hinter sich.

Der Weißabgleich in der Automatik-Einstellung tendiert dazu, aus dem gelben Licht weißes zu machen. Setzen Sie ihn am besten auf »Tageslicht« (bei einer Spiegelreflexkamera auch auf »P«).

Empfohlen P   Empfohlen ☀

Empfohlen ☑ oder ☀ oder ☀

▶ Dies ist nicht Afrika, sondern Tilburg (Niederlande), wo die Sonne genügend Kraft hat und tief genug steht, um aus den Pommes frites ein leuchtendes und begehrenswertes Juwel zu machen.

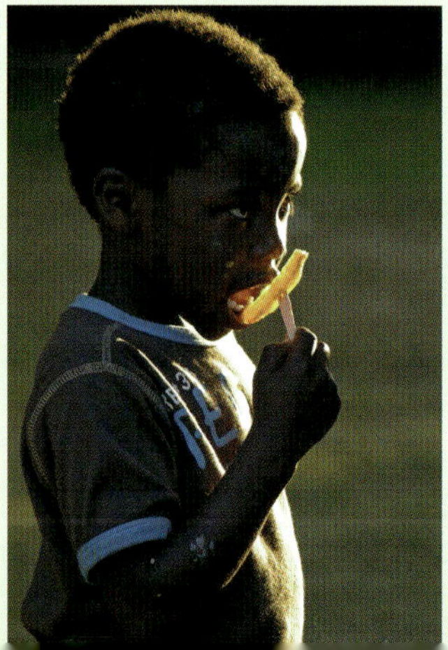

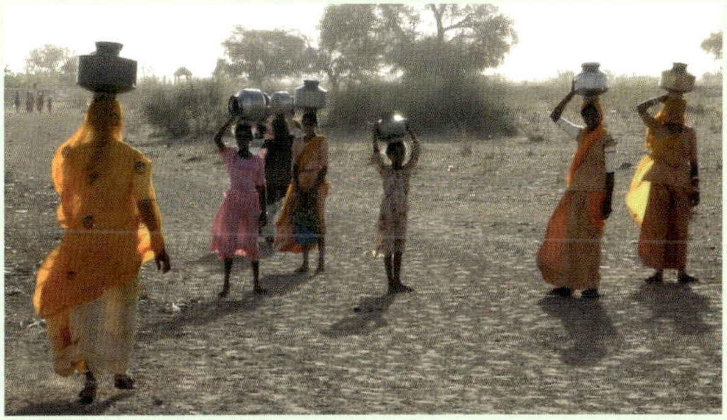

▲ Rajasthan, Indien: Frauen und Mädchen holen frühmorgens das Wasser für den Tag. Es weht ein sanfter Wind, wodurch die Sonne die Chance bekommt, durch die Saris hindurch zu scheinen. Durch Sand in der Luft ist der Hintergrund dunstig.

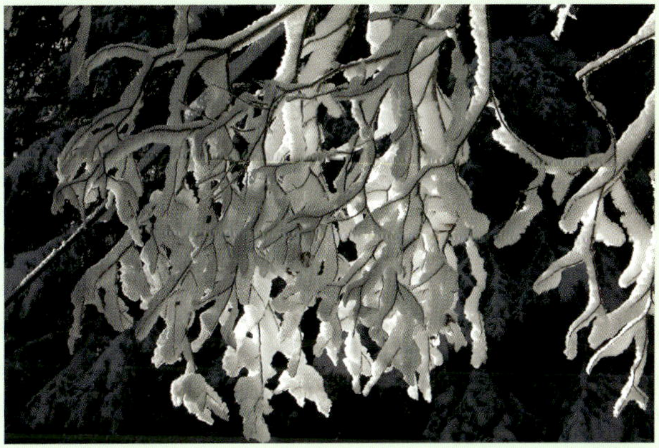

▲ Die Sonne kann auch durch Schnee hindurch scheinen. Man sieht es, weil der Hintergrund dunkel ist. Gegen einen hellen Hintergrund hätten sich die Zweige nicht abgehoben. Das gilt für alle Fotos in diesem Abschnitt.

In Nebel gehüllt

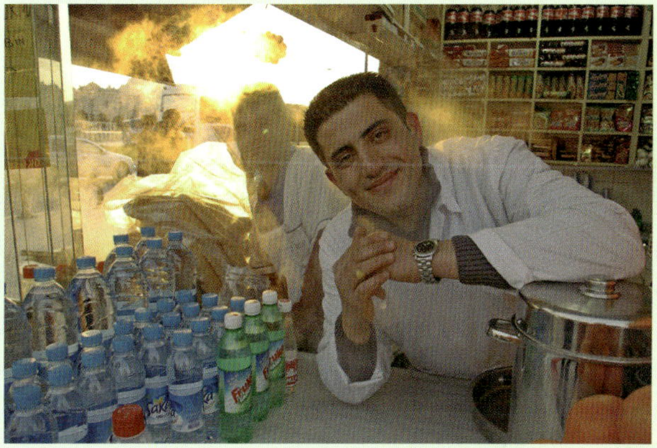

▲ Nebel und Dampf ergeben immer einen überraschenden Effekt. Die Kamera scheint empfindlicher dafür zu sein als unsere Augen. Wenn, wie hier bei diesem Türken in Istanbul, auch noch die orangefarbene Sonne durch den Nebel scheint, ist es ein wahres Vergnügen. Der Dampf kommt aus dem Teetopf.

Empfohlen P   Empfohlen ☀   Besser ±

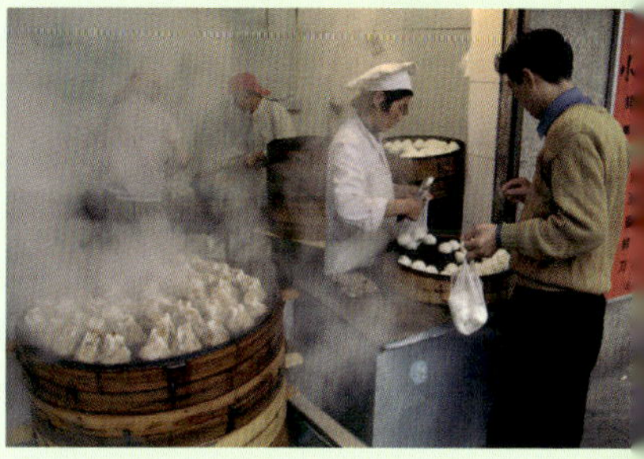

▶ Garküche in Shanghai: Die typischen Dim Sums, gefüllte Teigtaschen, werden hier gedämpft.

Gut AUTO

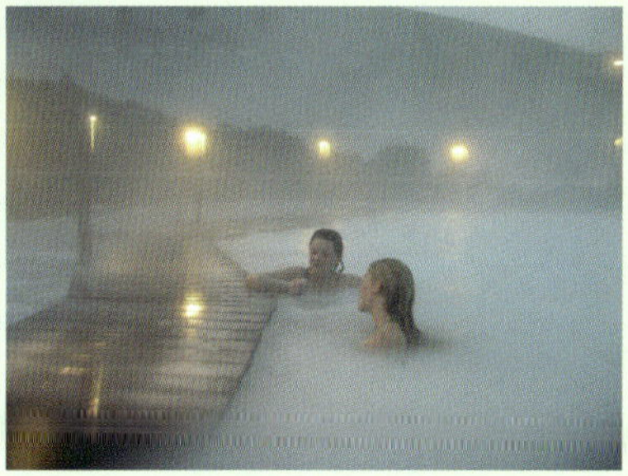

◀ Die Blaue Lagune, ein natürliches Dampfbad in Island, wo heißes Wasser aus dem Boden sprudelt. Der Dampf entsteht durch die niedrigere Außentemperatur, wie hier im Spätherbst.

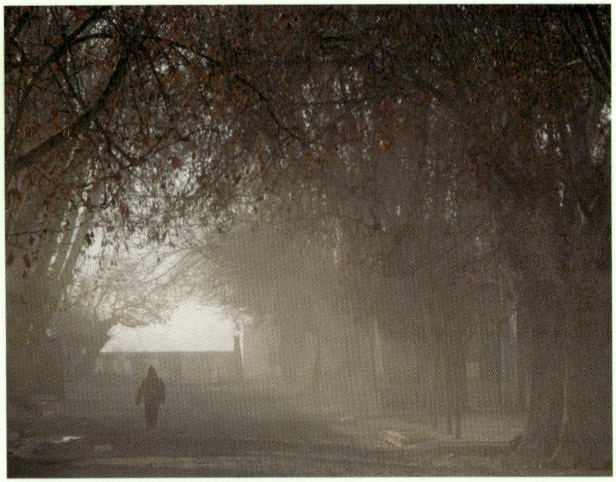

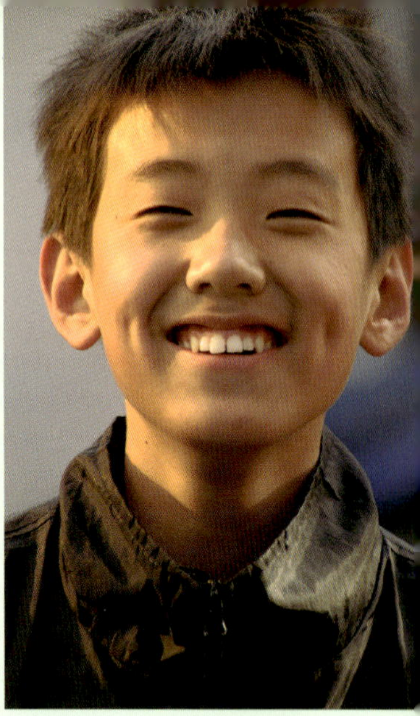

▶ Hier ist dagegen sehr wohl klar, woher das Licht kam: von einem goldenen Spiegelturm, der das Licht der untergehenden Sonne widerspiegelte. Dieses Licht ist ein ganzes Stück gezielter, weniger diffus als bei dem Fahrradbauer und wirft darum einen harten Schatten auf den Hals. Ort: Pudong, der neue Stadtteil von Shanghai.

▲ Morgennebel in Argentinien, doch es könnte überall sein. Ohne die Silhouette des kleinen Jungen, der zur Schule geht, wäre es ein langweiliges Foto.

Wundersame Widerspiegelungen

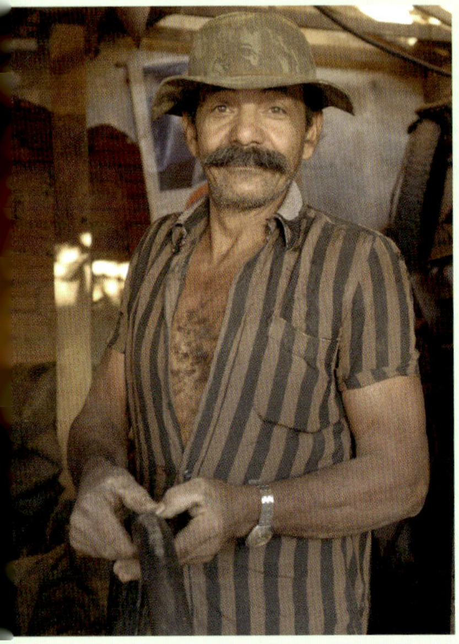

◀ Woher das Licht kam, wird nicht sofort klar. Von oben? Klar ist aber, dass das Licht diesen Fahrradbauer in Brasilien in ein golden glühendes, sanftes Licht setzt. Aber von schönem Licht allein hat man nichts. Erst wenn es auf einen charakteristischen Mann wie diesen fällt, hat man Glück und macht ein gutes Foto.

Empfohlen **P**

Etwas [Symbol]

Empfohlen ☀

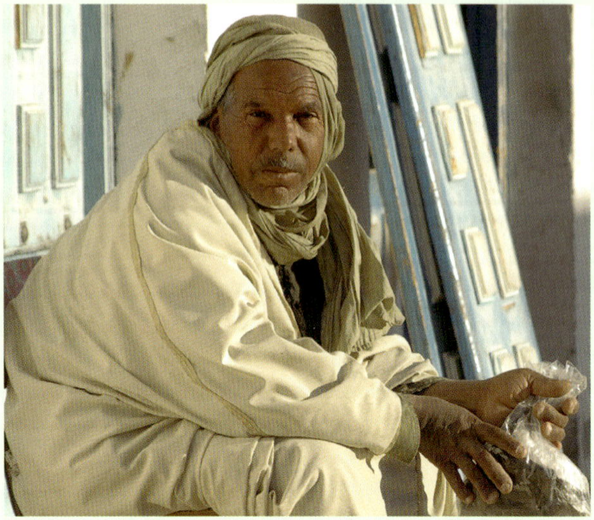

▲ Die Schatten auf der Kleidung und im Gesicht dieses Mannes sind weniger tief, als man aufgrund des starken Lichts erwarten könnte. Das kommt daher, dass die Mauer hinter ihm sehr hell ist. Sie reflektiert das Sonnenlicht und mildert so den Schatten. Ort: Südtunesien.

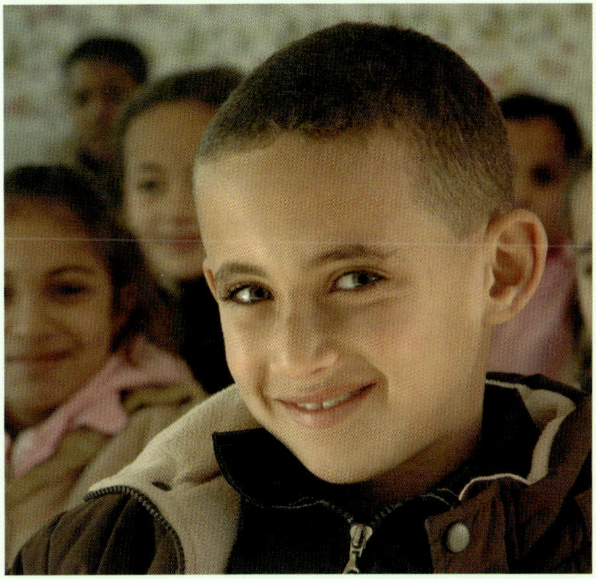

▲ Machen Sie einmal ein Foto von jemandem, der ein Buch liest. Lassen Sie die Person das Buch so halten, dass das Licht von den Buchseiten auf das Gesicht zurückgeworfen wird. Schön! Bei diesem Jungen wird das Sonnenlicht von der Schultafel reflektiert.

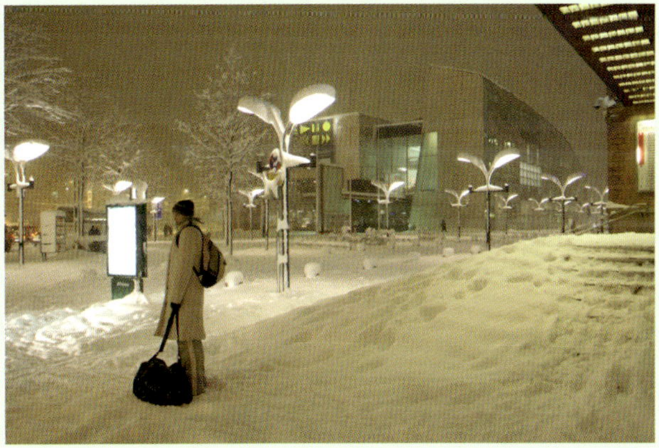

▲ Schnee ist der ultimative Lichtreflektor, tagsüber und abends, in Den Haag oder wie hier in Helsinki.

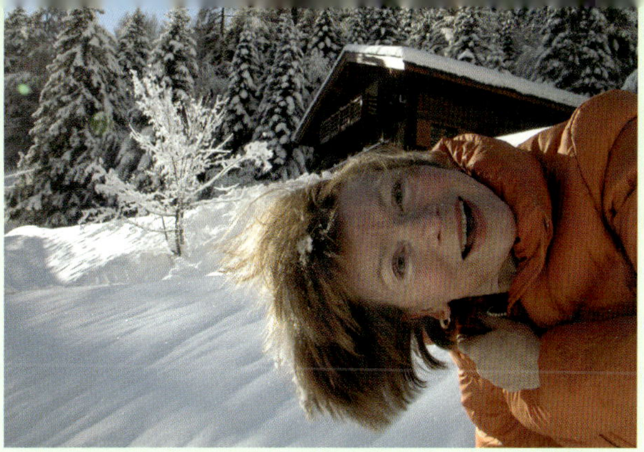

▲ … und hier in der Schweiz. Beachten Sie, wie die linke (untere) Gesichtshälfte von Edda aufgehellt wird, obwohl die Sonne von der anderen Seite kommt.

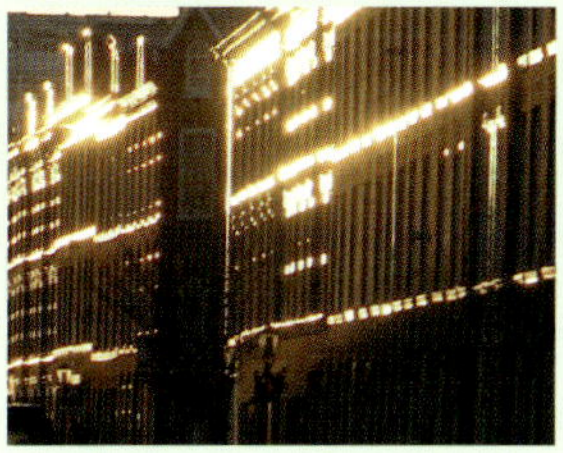

◀ Van Diemenstraat, Den Haag: Es ist alles Gold, was glänzt.

Gegenlicht schafft Atmosphäre

▶ Der Strand von Scheveningen am Neujahrstag: Die Sonne spiegelt sich im salzigen Dunst und trübt das Bild. Die automatische Belichtung wird wegen der scharfen Spiegelungen wahrscheinlich zu wenig Licht durchlassen, aber genau das ist hier schön. Probieren Sie, wenn nötig, verschiedene Einstellungen aus. Am Computer wurde nachträglich die Farbe manipuliert: Das Foto bekam durch die Zugabe von Gelb mehr Wärme. Siehe Kapitel 6.

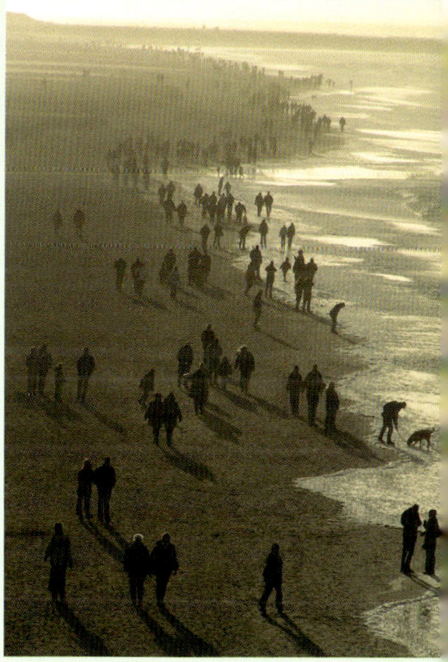

Empfohlen P

Eventuell Etwas

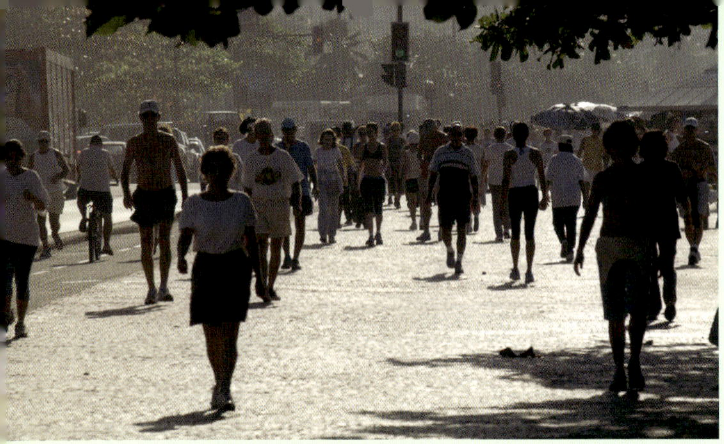

▲ Ein vergleichbares Foto, aber jetzt von einer anderen Küste: der von Rio de Janeiro.

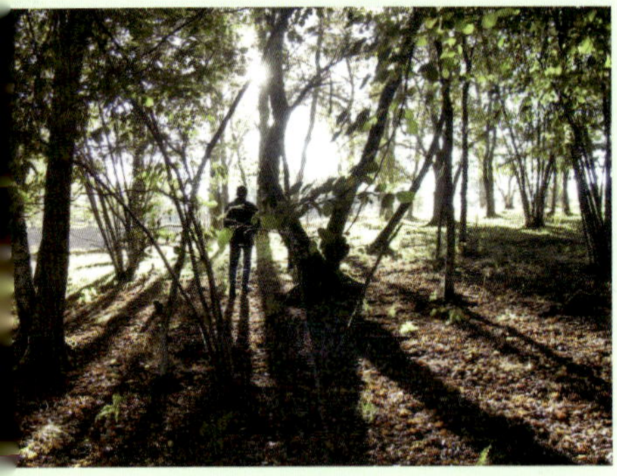

◀ »Begegnungen der dritten Art«: Ein Science-Fiction-Film mitten in der französischen Auvergne mit einer schonungslosen Herbstsonne, die sich nicht ganz hinter einem Baum versteckt. Damit die Tiefenwirkung der Schatten voll zur Geltung kommt, wurde ganz ausgezoomt..

Gut AUTO   Empfohlen

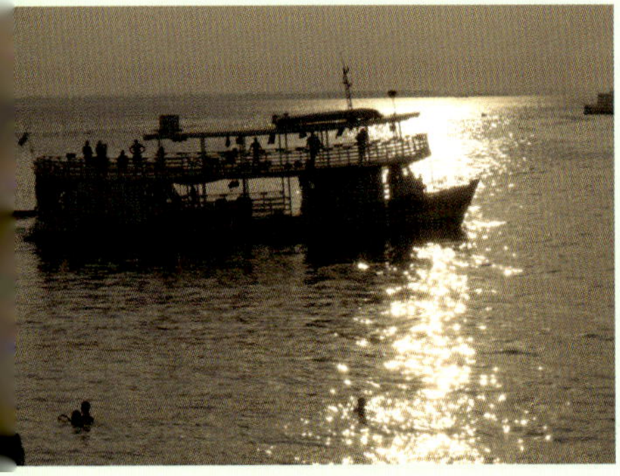

◀ Eine etwas typische romantische Aufnahme eines typischen Amazonas-Schiffs in Brasilien. Ein Foto wie dieses kommt bei Familien und Freunden aber gut an.

Dunkle Wolken brauen sich zusammen

Eine Großtante redete zuweilen von einem »Schiff mit sauren Äpfeln«, das näher kam, und zeigte dann auf solch einen drohenden, dunklen Wolkenhimmel, von dem viel Regen erwartet wurde. Meist war es dann halb so schlimm. Ein Grund mehr, seine Kamera hervorzuholen, wenn sich ein solches Schiff am Himmel zeigt. Das Fotografieren bei derartigem Licht lohnt sich immer.

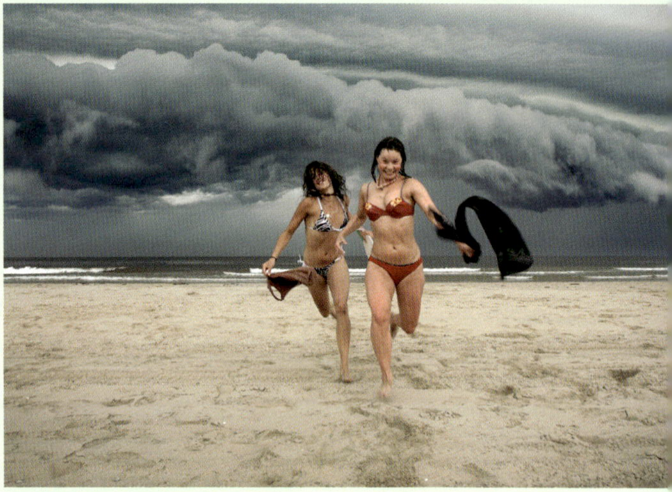

▲ Michel Schnater, freier Fotograf, sah diesen Wolkenhimmel herankommen und beeilte sich, um am Strand von Bloemendaal dieses bizarre Bild aufnehmen zu können. Die Mädchen versuchen, sich in Sicherheit zu bringen: Nach einem plötzlichen Windstillstand weht der Wind heftig. Die Dynamik dieses Fotos wird durch die unscharfen Teile der Schals und der Füße betont. Die Verschlusszeit war ein bisschen zu lang, um auch die scharf zu bekommen. Zum Glück eigentlich. Dieses Foto brachte es bis auf die Titelseite der niederländischen Zeitschrift »De Telegraaf«. (Foto: Michel Schnater)

Gut AUTO

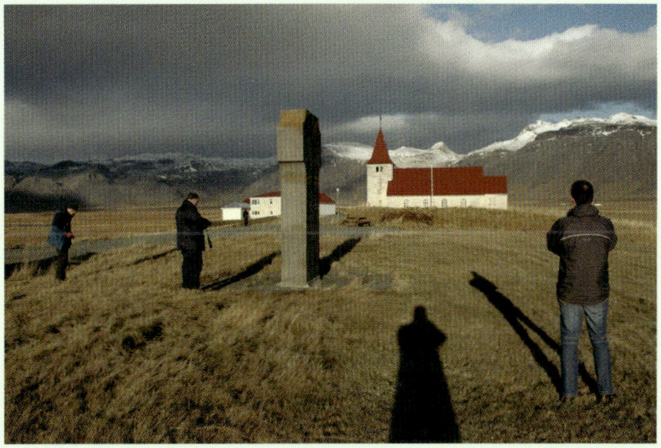

▲ Dunkle Wolken auf Island. Beachten Sie, wie sich Weiß vor dem dunklen Hintergrund abhebt, hier besonders, weil die Sonne scheint.

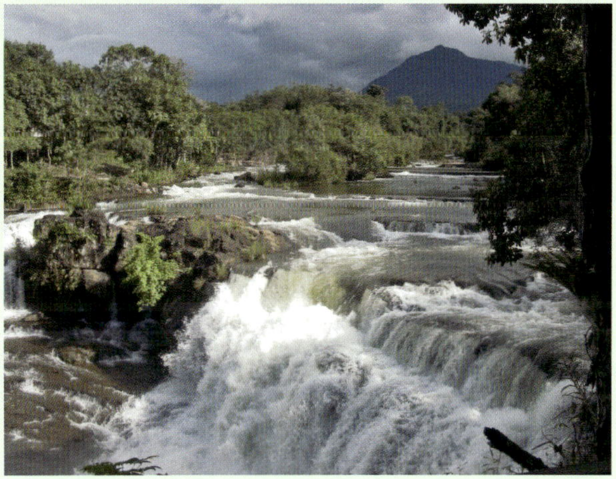

▲ Ohne das dunkle Licht wäre diese Aufnahme des Wasserfalls in Laos ein sehr gewöhnliches Foto gewesen.

Der ultimative Sonnenuntergang (und -aufgang)

▶ Für viele ist der Sonnenuntergang ein beliebtes Objekt. Es ist schwierig, ihn interessant zu fotografieren. Auf jeden Fall hilft bei der Bildkomposition eine Silhouette im Vordergrund. Dieses Foto wurde in Sint Maarten aufgenommen, doch könnte es auch an einem anderen tropischen Ort sein. Der Weißabgleich war selbstverständlich auf Tageslicht eingestellt. Ansonsten hätte die Kamera das farbige Licht weiß gemacht.

Empfohlen **P**

Empfohlen ☀

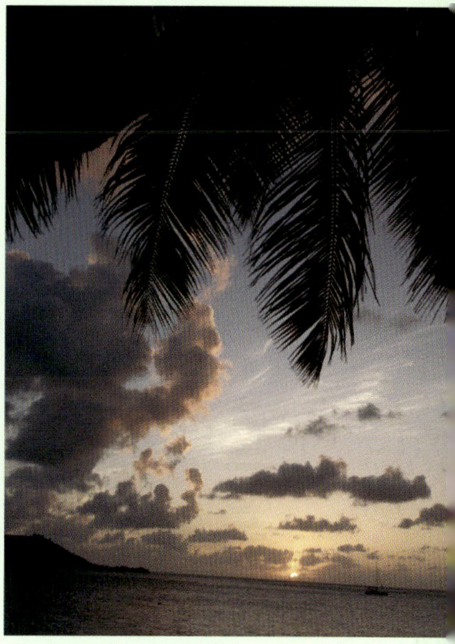

▼ Was ist schöner, Sonnenuntergang oder Sonnenaufgang? Gibt es denn einen Unterschied? Hier geht die Sonne über dem Golf von Bengalen auf, östlich von Indien. Kurz bevor dieses Foto gemacht wurde, sprangen ein paar Delfine durchs Bild. Da überliefen einen kalte Schauder. Auffallend ist die Widerspiegelung des Sonnenlichts auf dem Wasser, die man nur dann zu bekommen scheint, wenn man sich auf dem Wasser oder in dessen Nähe befindet. Tauchen Sie am Ziel Ihrer Reise also superfrüh ins Meer für den Sonnenaufgang.

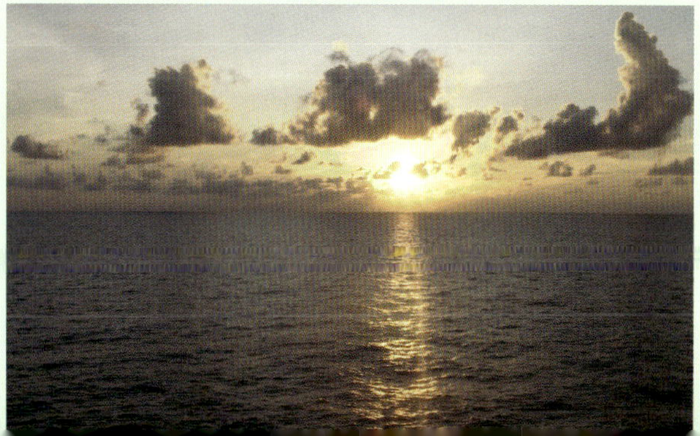

2 Fotografieren und die Kamera begreifen

EINE PRISE TECHNIK

Dieses Kapitel geht näher auf die Punkte ein, die im ersten Kapitel bereits erwähnt wurden. Es enthält die wesentlichen Informationen über die (digitale) Fotografie. Mit dem Wissen aus diesem Kapitel werden Sie den Inhalt des restlichen Buches besser verstehen.

Wenig Licht? Höhere Empfindlichkeit

Nach Sonnenuntergang wird das Licht schnell schwächer, und es wird schwieriger zu fotografieren. Aber es gibt glücklicherweise einige Hilfsmittel. Eine gute Eigenschaft der Digitalfotografie ist, dass sich die »Empfindlichkeit« der Kamera erhöhen lässt. Früher konnte man die Empfindlichkeit nur erhöhen, indem man eine 100-ASA-Filmrolle durch eine mit 400 ASA oder 800 ASA ersetzte oder indem man eine 100-ASA-Filmrolle belichtete, als wäre sie eine 400-ASA-Filmrolle und sie anschließend länger entwickelte. Das bleibt uns heute erspart.

Bei weniger Licht, draußen oder drinnen, erhöht die Kamera die Empfindlichkeit von selbst. Man kann weiter fotografieren, auch ohne Blitz. Bei weniger Licht wird Ihre Kamera längere Verschlusszeiten wählen. Doch je länger die Verschlusszeiten werden, desto größer die Gefahr von Bewegung. Die Bewegung kann durch den Fotografen selbst entstehen oder durch das fotografierte Objekt. Oder durch beide. Eine höhere Empfindlichkeit verhindert das und sorgt dafür, dass trotzdem kürzere Verschlusszeiten benutzt werden können. Auf der Automatik-Einstellung regelt die Kamera alles von selbst, aber meistens können Sie dies auch per Hand einstellen.

▶ Dieser Gastwirt in Sfax (Tunesien) musste so sehr über sich selbst lachen, dass er nicht still stehen konnte. Es gab wenig Licht (nur Neonröhren), und die Kamera wählte eine lange Verschlusszeit (1/15 sec). Der Fotograf hatte wohl eine ruhige Hand, denn der Rest des Raums ist scharf.

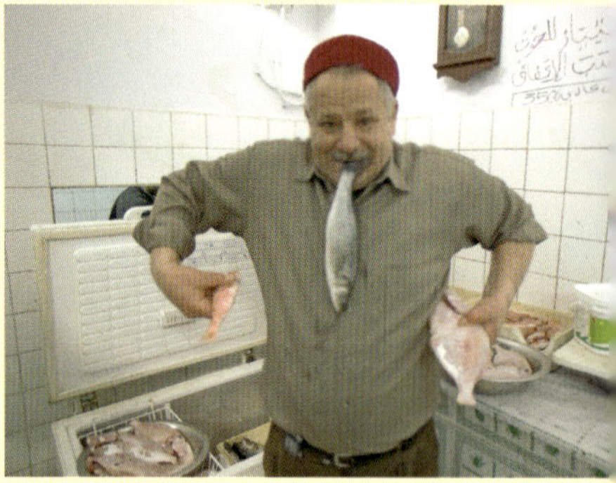

▼ Die Lösung des Problems war eine kürzere Verschlusszeit. Sie wurde durch eine höhere Empfindlichkeit der Kamera möglich.

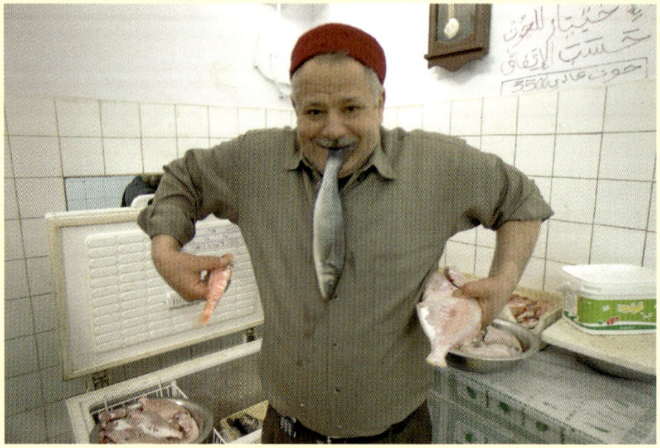

Gut AUTO Empfohlen

Eventuell Empfohlen ISO↑

Was ist da genau passiert? Die Empfindlichkeit ist von ISO 100 auf ISO 800 erhöht worden. Das ist achtmal so empfindlich. Man muss nämlich stets multiplizieren.

ISO 800 ist achtmal empfindlicher als ISO 100
100—2x so empfindlich--> 200—4x--> 400—8x-->800

Die Verschlusszeit kann von 1/15 sec verkürzt werden auf 1/125 sec.

1/125 sec ist achtmal kürzer als 1/15 sec.
1/15 sec—2x kürzer-->1/30—4x-->1/60—8x-->1/125 sec

Tabelle 1

Verschlusszeit bei ISO 100	1/15 sec
Verschlusszeit bei ISO 200	1/30 sec
Verschlusszeit bei ISO 400	1/60 sec
Verschlusszeit bei ISO 800	1/125 sec

Die Verdopplung oder Halbierung der Belichtung (durch Blende, Verschlusszeit oder Empfindlichkeit) wird auch als »Stopp« bezeichnet, oder besser »f-Stopp«. Das ist die Belichtungseinheit in der Fotografie (beachte: 1/60 ist eine Abrundung von 1/62,5 beziehungsweise der Hälfte von 1/125). Wir haben also einen Gewinn von vier Lichtwerten erzielt.

Was sind Blende und Verschlusszeit?

Wollen Sie ein schönes Foto bekommen, dann muss der lichtempfindliche Sensor in der Kamera richtig belichtet werden. Jede Kamera, digital oder analog, hat dafür zwei Mittel: die Blende (»Linsenöffnung«) und die Verschlusszeit (»Belichtungszeit«).

Die Verschlusszeit können Sie sich als einen kleinen Vorhang vorstellen, der vor dem Bildsensor hängt und sich schnell öffnet und schließt. Je schneller er das tut, desto kürzer die Verschlusszeit. Und je kürzer, desto weniger Licht fällt auf den Bildsensor. Je langsamer der Vorhang sich öffnet und schließt, je länger ist die Verschlusszeit und desto mehr Licht fällt insgesamt in die Kamera. Verschlusszeiten werden in Sekundenbruchteilen ausgedrückt, z.B. 1/125 sec.

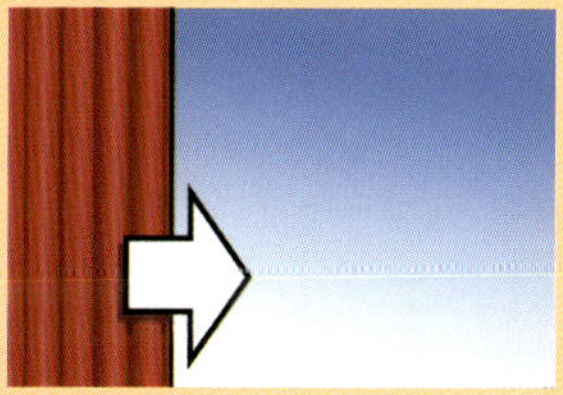

◀ Lange Verschlusszeit: Der Vorhang öffnet sich, und es dauert relativ lang, bis er sich wieder schließt. Der Sensor wird lange belichtet.

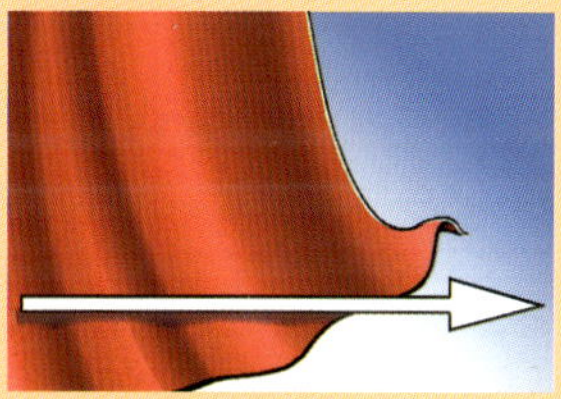

◀ Kurze Verschlusszeit: Schon kurz nach dem Öffnen des Vorhangs schließt er sich wieder. Der Sensor wird kurz belichtet.

Die Blende sitzt in der Linse. Sie ist eine Drehscheibe aus Lamellen, die auf- und zugedreht werden kann. Dadurch wird das Loch, das die Lamellen offen lassen (und durch welches das Licht eindringt) größer oder kleiner. Je größer das Loch, desto mehr Licht fällt ein. Je kleiner das Loch, desto weniger Licht fällt ein. Die Blendenöffnung wird ausgedrückt in Werten wie f 2.8 und f 4. Hinter diesen Zahlen steckt ein Rechenmuster.

Die Blendenreihe wird fortgeführt mit f 5.6, f 8, f 16, f 22 und f 32. Jeder Schritt ist ein »Stopp« und bedeutet stets eine Halbierung der Lichtmenge, die durchgelassen wird. Am Beginn stehen f 1.4 und f 2.0. Steht auf einem Objektiv f 2.8, dann ist dies die maximale Lichtmenge, die es in der Lage ist durchzulassen (auch als Lichtstärke bezeichnet).

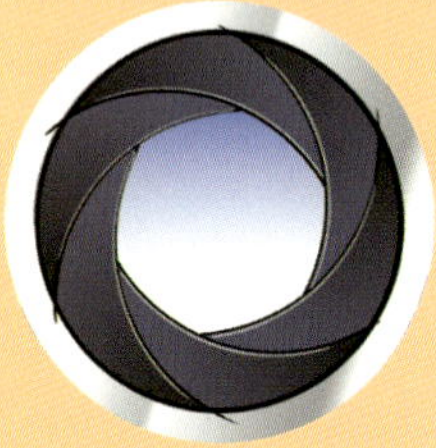

▲ Große Blendenöffnung: Die Lamellen der Drehscheibe öffnen sich weit, um viel Licht durchzulassen.

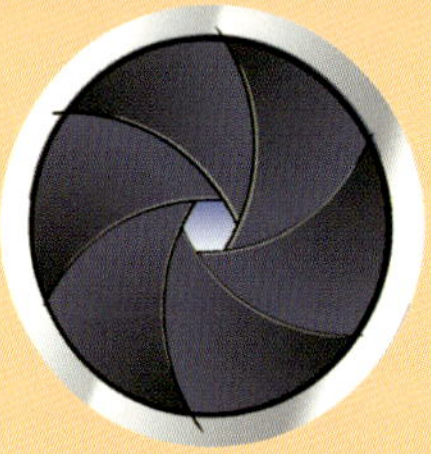

▲ Kleine Blendenöffnung: Die Lamellen-Drehscheibe ist fast geschlossen und lässt wenig Licht durch.

Sowohl Verschluss als auch Blende arbeiten mit Schritten von Halbierung und Verdopplung. Das ist das Wesentliche eines »Lichtwerts«. Wenn man das eine halbiert und das andere verdoppelt, bekommt man dennoch eine korrekte Belichtung. Denken Sie in Begriffen von »Zeit« und »Menge«. Sie können die Zeit (Verschluss) verdoppeln und die Menge (Blende) halbieren. Das Nettoresultat ist identisch mit der Kombination zuvor.

Belichtungs*zeit* + Licht*menge* = Belichtung

Diese Einheiten von Halbierung und Verdopplung heißen also Stopps. Welche Belichtung Sie (oder Ihre Kamera) wählen, hängt ab von:

a) der vorhandenen Lichtmenge, die unveränderbar ist, es sei denn doch durch Blitzen oder das Aufstellen von Lampen.

b) der Kombination von Verschlusszeit und Blende, die Sie wählen. Wie Sie die wählen, lesen Sie noch.

Unter- und Überbelichten

Wenn Sie das eine verdoppeln und das andere unverändert lassen, ist das eine Überbelichtung von einem Stopp. Einen Stopp unterbelichtet ist das Foto, wenn Sie einen Wert halbieren und den anderen unverändert lassen. Bei mutwilligen Über- oder Unterbelichtungen nimmt man 1/3 oder 1/2 Stopps vor.

Die Blende schließt sich übrigens genau in dem Moment, in dem das Foto tatsächlich gemacht wird. Ansonsten ist die Blende vollständig geöffnet. Bei Spiegelreflexkameras lässt sich die Blende, bevor das Foto gemacht wird, kurz schließen, damit man die Schärfentiefe überprüfen kann.

Höhere Empfindlichkeit bedeutet mehr Bildrauschen

Die beiden Fotos des tunesischen Gastwirts wurden exakt gleich belichtet, jedoch mit verschiedenen Verschlusszeiten und Empfindlichkeiten gemacht. Abgesehen von der Bewegung des Restaurantbesitzers sehen die Fotos gleich aus. Das stimmt jedoch nicht ganz. Eine höhere Empfindlichkeit führt nahezu unwiderruflich zu mehr Bildrauschen im Bild: Es ist grobkörniger. Wie grobkörnig, hängt von der Qualität der Kamera ab. Der Fischhändler wurde mit einem guten Apparat aufgenommen. Dann sieht man es fast nicht oder erst dann, wenn das Bild vergrößert wird.

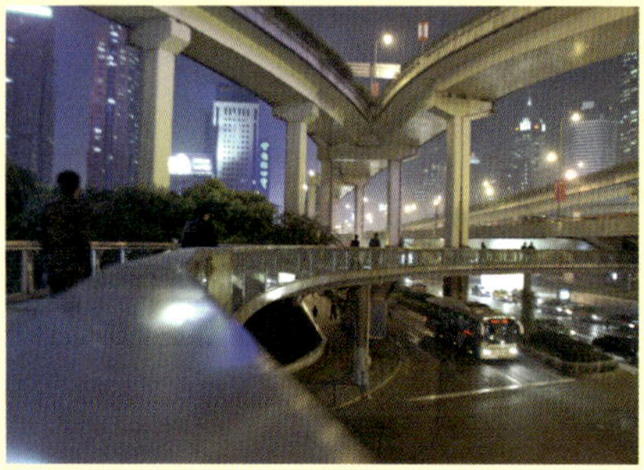

Gut AUTO

Empfohlen

Eventuell

▲ Foto A: Diese Straßenüberführung in Shanghai wurde mit der extrem hohen Empfindlichkeit von ISO 1600 fotografiert. So ist es für das Auge ein hübsches Foto, jedenfalls in diesem Format.

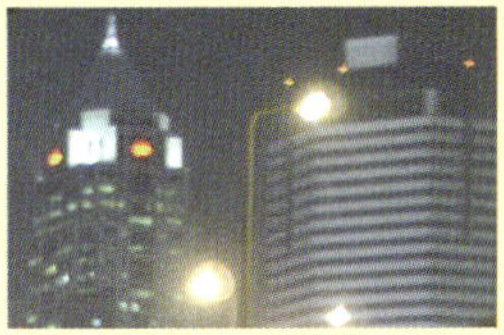

◀ Detail Foto A: Bei genauerem Hinsehen entdeckt man, dass das Bild bei ISO 1600 voller Bildrauschen ist. Die Hochhäuser sind auch nicht wirklich scharf zu nennen.

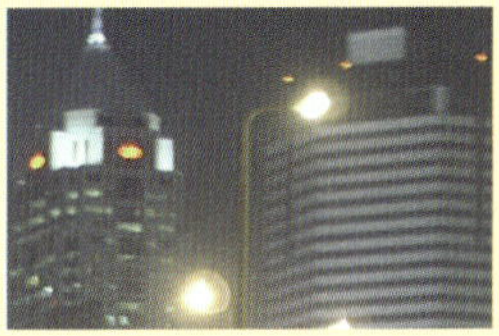

◀ Detail von Foto B: Das sieht besser aus bei ISO 100, also viel weniger Bildrauschen.

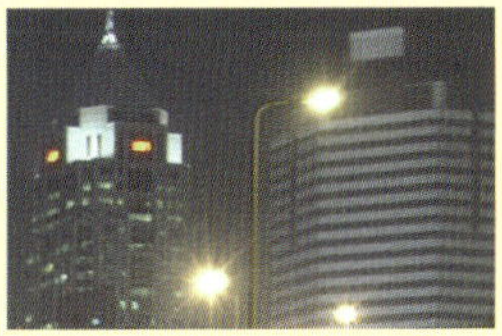

◀ Detail Foto C: Dies ist auch ISO 100, die Linsenöffnung (Blende) aber kleiner: f 8 statt f 2.8 wie bei den oberen Fotos. Das macht am meisten aus bei der Schärfe. Aus den Laternenlichtern werden hübsche Sternchen.

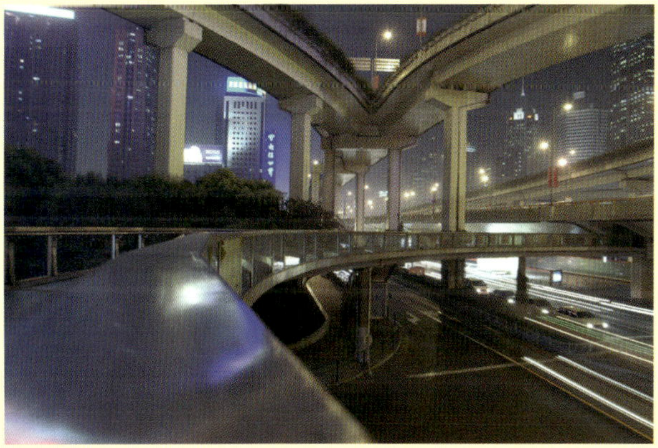

▲ Foto C: Vergleichen Sie dieses Foto (ISO 100 und eine kleinere Linsenöffnung) mit Foto A (ISO 1600).

Eine kleinere Blendenöffnung bedeutet größere Schärfe

Beim Fischmann wurden ausschließlich Empfindlichkeit und Verschlusszeit verändert. In Shanghai wurde auch die Linsenöffnung, besser gesagt die Blende, variiert. Man sieht, dass alle Varianten zwar immer zu derselben Belichtung führten, dass jedoch Grobkörnigkeit und Schärfe variieren.

Tabelle 2

	f 2.8	f 4	f 5.6	f 8
Photo A: ISO 1600	1/30 sec	1/15 sec	1/8 sec	1/4 sec
Photo B: ISO 100	1/2 sec	1 sec	2 sec	4 sec
Photo C: ISO 100	1/2 sec	1 sec	2 sec	4 sec

Foto C hatte die idealsten Einstellungen für ein schönes Bild: Es hat das wenigste Bildrauschen und die größte Schärfe. Aber Sie müssen auf jeden Fall ein Stativ verwenden (oder die Kamera auf ein Geländer stellen, so wie hier geschehen), denn die Verschlusszeit ist von einer halben Sekunde auf 4 Sekunden erhöht, viermal so viel. Doch eine Linsenöffnung von f 8 lässt achtmal so wenig Licht durch wie eine von f 2.8. Der Unterschied ist drei Stopps.

F 8 lässt achtmal weniger Licht durch als 2.8 sec
(2.8—2x-->f 4—4x-->5 5.6—8 x -->f 8

Praktisch ist solch eine lange Verschlusszeit nicht. Aber hier lernen wir das Wesentliche der Fotografie: Sie ist immer ein Gefüge aus Empfindlichkeit, Verschlusszeit, Blende und Brennpunkt (Ein- oder Auszoomen). Ein geübter Fotograf wird blindlings richtig wählen, der Anfänger probiert so viel aus, wie er kann. Digitalfotografie ist dafür ideal. Experimentieren Sie, nicht in Maßen, sondern extrem. Es kostet kein Geld, man sieht sofort das Ergebnis, und man kann seine Arbeitsweise fortwährend anpassen.

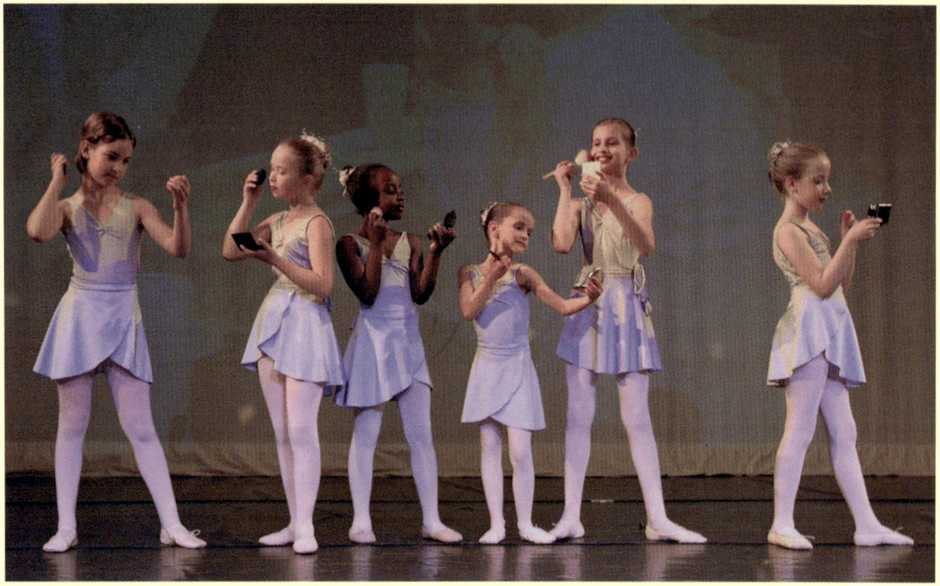

▶ Bei einer Ballettaufführung Ihrer Tochter werden Sie nicht blitzen wollen: Es würde das schöne Bühnenlicht verderben und die Primaballerina vielleicht ablenken. Da das Licht schwach ist, erhöhen Sie die Empfindlichkeit Ihrer Kamera, damit Sie doch noch ohne eine allzu lange Verschlusszeit fotografieren können. Stellen Sie sich vorne hin, damit der Zoom nicht nötig ist und Sie die Kamera ruhiger halten können. Oder Sie nehmen ein Stativ mit.

Gut AUTO

Empfohlen ▦ Empfohlen ISO↑ Empfohlen ⚡

Wenn Sie keine Möglichkeit haben, die Kamera irgendwo stabil hinzustellen, müssen Sie Abstriche in Kauf nehmen, wodurch die Schärfe geringer wird und das Bildrauschen zunimmt.

Tabelle 3

	f 2.8	f 4	f 5.6	f 8
ISO 1600	1/30 sec	1/15 sec	1/8 sec	1/4 sec
ISO 100	1/2 sec	1 sec	2 sec	4 sec

Sie können auch (siehe Tabelle 4) alle Empfindlichkeiten zwischen ISO 100 und ISO 1600 ausprobieren. Sie sehen, dass jeder Übergang von einer zu einer anderen Tabellenstufe – nach oben, unten, links und rechts – eine Verdopplung oder eine Halbierung bedeutet, also jeweils einen Stopp.

Tabelle 4

	f 2.8	f 4	f 5.6	f 8
ISO 1600	1/30 sec	1/15 sec	1/8 sec	1/4 sec
ISO 800	1/15 sec	1/8sec	1/4 sec	1/2 sec
ISO 400	1/8 sec	1/4 sec	1/2 sec	1 sec
ISO 200	1/4 sec	1/2 sec	1 sec	2 sec
ISO 100	1/2 sec	1 sec	2 sec	4 sec

All diese Kombinationen gelten für eine Lichtsituation, nämlich die der Straßenüberführung in Shanghai. Die Situation ist extrem, denn das Licht ist gering. Meist ist die Lichtsituation besser, wie in Tabelle 5. Sie gibt die Situation bei vollem Sonnenlicht wieder. Dabei ist die Lichtmenge überall auf der Welt die gleiche. Bei einer Empfindlichkeit von ISO 100 haben Sie es dann immer mit einer Verschlusszeit von 1/100 sec zu tun (1/125 sec ist auch gut) und einer Blende von f 16. Sie sehen, dass nun für eine gute Belichtung eine andere Kombination erforderlich ist als bei der Situation in Shanghai. Extreme Verschlusszeiten von 1/8000 und 1/4000 sec sind selten.

Tabelle 5

	f 4	f 5.6	f 8	f 11	f 16	f 22
ISO 400	1/8000 sec	1/4000 sec	1/2000 sec	1/1000 sec	**1/500 sec**	1/250 sec
ISO 100	1/2000 sec	1/1000 sec	1/500 sec	1/250 sec	**1/125 sec**	1/60 sec

Kurze Verschlusszeit für Bewegung

Warum sollten Sie sich für eine bestimmte Kombination von Blende und Verschlusszeit entscheiden? Das kann verschiedene Gründe haben.

Lange Verschlusszeit: Sie wollen eine Verschlusszeit, die lang genug ist, um das aufspritzende Wasser auf diesem Foto darzustellen, aber kurz genug, um Savannah (vorne) scharf festzuhalten, obwohl sie sich bewegt. Auch wollen Sie vermeiden, dass die Geschwindigkeit der beiden Boote (der Fotograf saß in einem ebenso schnellen Boot) das Foto vermasselt. Gewählt wurde hier 1/15 sec und f 11 (sowie ISO 200). Auf der »S«-Einstellung (shuttertime/Verschlusszeit) Ihrer Spiegelreflexkamera können Sie die Verschlusszeit vorwählen. Prüfen Sie in dem Fall jedoch zuerst, was die Kamera selbst macht. Sie tut nichts? Setzen Sie die ISO-Empfindlichkeit dann auf die niedrigste Einstellung für längere Verschlusszeiten. Immer noch nichts? Dann warten Sie, bis sich Wolken vor die Sonne schieben, dann ist das Licht schwächer.

Vielleicht AUTO

Empfohlen S

Ansonsten ISO↓

Empfohlen

Über- und Unterbelichten in der »S«-Einstellung und der »A«-Einstellung

Die »S«-Einstellung (shuttertime/Verschlusszeit) und »A«-Einstellung (aperture/Blende) einer Spiegelreflexkamera können Sie dank Vorwahl miteinander kombinieren. Seien Sie sich dessen bewusst, dass Sie die Kamera damit auf Kombinationen einstellen können, für die es zu wenig oder sogar zu viel Licht gibt. Dann entsteht (schnell) eine Unter- oder Überbelichtung. Bei solch einer untauglichen Kombination wird auf Ihrem LCD-Bildschirm häufig etwas flackern oder sich verfärben.

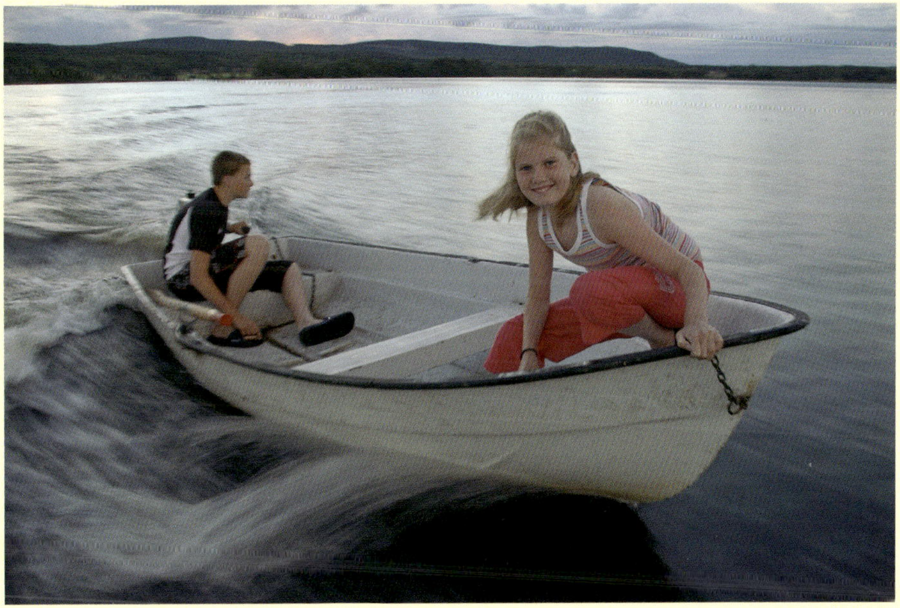

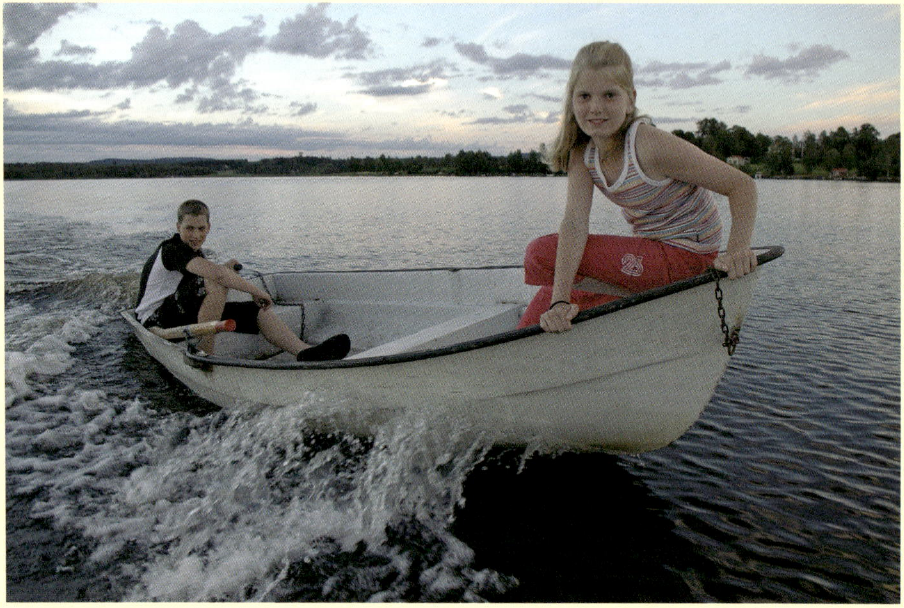

Kurze Verschlusszeit: Damit auch die Wasseroberfläche scharf wird, wurde hier eine Kombination von 1/250 sec und f 8 (ISO 1600) gewählt, wobei genau wie beim ersten Foto die richtige Belichtung erzielt wurde, aber mit anderen Merkmalen. Wenn Sie keine »S«-Einstellung für eine kurze Verschlusszeit haben, erhöhen Sie die Empfindlichkeit. Dann wählt die Kamera von sich aus eine kürzere Verschlusszeit. Auch die Sport-Einstellung erhöht die Empfindlichkeit..

Vielleicht AUTO

Empfohlen S Andernfalls ISO↑

Andernfalls Empfohlen

Eine höhere Blende bringt größere Schärfentiefe. Und umgekehrt

Das Gebiet, das vor und hinter einem bestimmten Punkt scharf ist, wird Schärfentiefe genannt. Die Schärfentiefe nimmt in dem Maß zu, je kleiner die Blendenöffnung (= höherer Blendenwert) und je weiter das fotografierte Objekt von der Kamera entfernt ist. Dies gilt für alle Typen von Linsen: Weitwinkel (ausgezoomt) und Tele (eingezoomt).

Ein Grund, bewusst eine Belichtungskombination mit niedriger Blende (= große Blendenöffnung) zu wählen, kann der Wunsch nach begrenzter Schärfentiefe sein. Das kann bei einem Porträt der Fall sein, wenn der Hintergrund unscharf werden soll. Denn je niedriger die Blende, desto kleiner ist das Gebiet, das scharf ist. Eine niedrige Blende ist immer mit einer kürzeren Verschlusszeit verbunden. Durch die größere Blendenöffnung fällt mehr Licht ein, was durch eine kürzere Verschlusszeit ausgeglichen werden muss.

Niedrige Blende (Kurze Verschlusszeit): Dieser Fingerhut (Digitalis (!) purpurea) wurde mit niedriger Blende (f 2.8) und einer recht kurzen Verschlusszeit (1/500 sec) fotografiert. Dem Fotografen ging es um Ersteres: die niedrige Blende. Denn mit ihr geht eine beschränkte Schärfentiefe einher, wodurch die Pflanze vom Hintergrund isoliert wird. In der »A«-Einstellung (aperture/Blende) Ihrer Spiegelreflex können Sie eine Blendenvorwahl treffen. Gibt

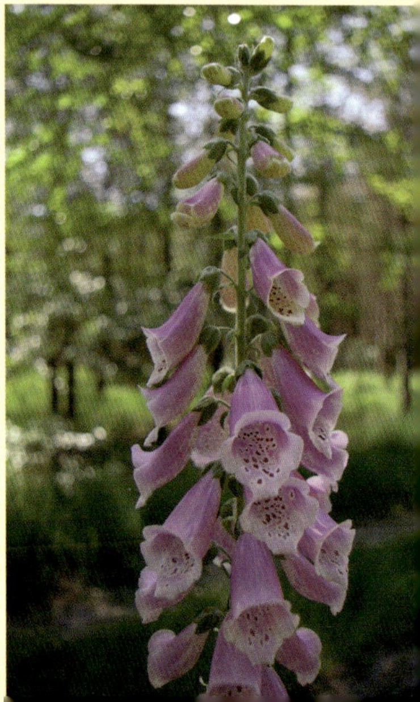

es keine »A«-Einstellung, können Sie die Empfindlichkeit so gering wie möglich wählen. Dann erzielen Sie am ehesten eine niedrige Blende. Doch die Chance, dass es klappt, ist gering.

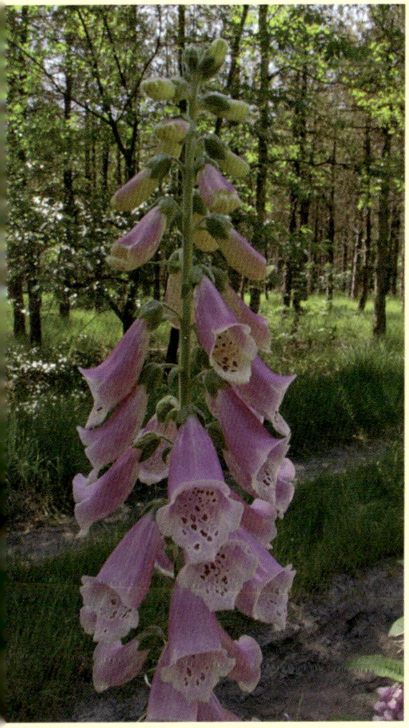

◀ Hohe Blende

(Lange Verschlusszeit): Mit einer hohen Blende von f 16 und einer Zeit von 1/15 sec sind Vorder- und Hintergrund gestochen scharf. Die Empfindlichkeit betrug bei beiden ISO 400. Bei 1/15 Sekunde könnte die Blume unscharf werden, weil sie durch den Wind hin und her bewegt wird. Hat Ihre Kamera keine »A«-Einstellung, können Sie nur versuchen, die Empfindlichkeit so hoch wie möglich zu wählen. Dann erhalten Sie noch am ehesten eine hohe Blende.

Empfohlen A

Empfohlen

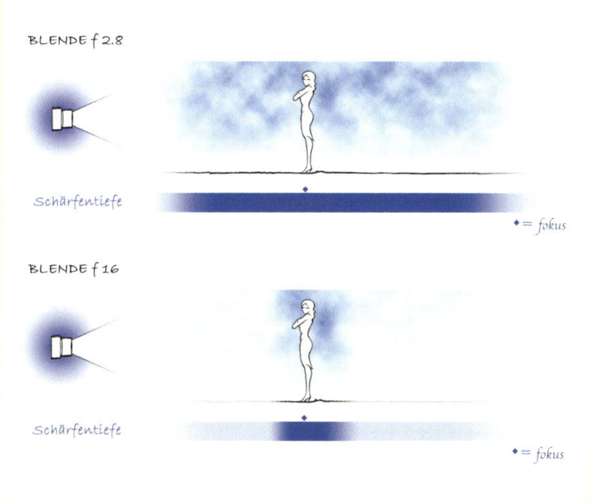

▲ Zeichnung 1: Je höher die Blende, desto größer die Schärfentiefe.

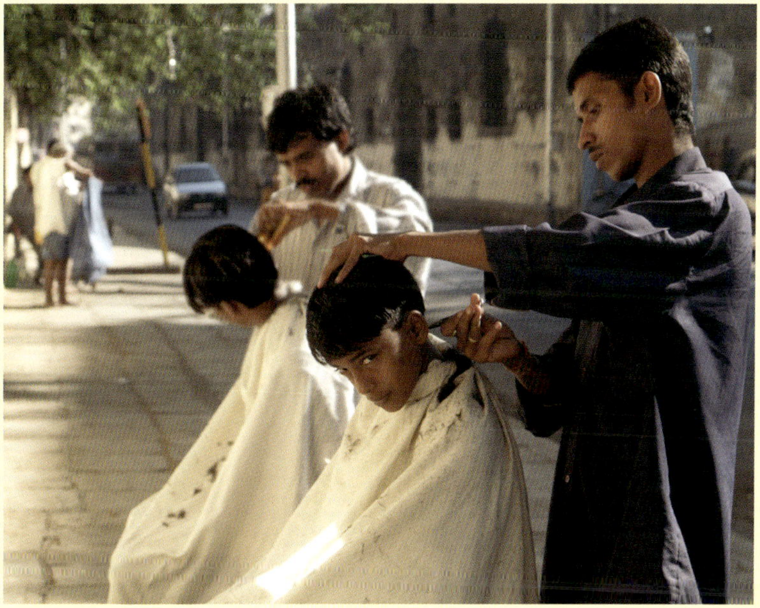

▶ Mehr Glück als Verstand. Erst zu Hause stellte sich heraus, dass der hintere Junge dieser spiegelbildlichen Szene in Bombay unscharf war, was mit Hilfe von Photoshop verstärkt wurde. Siehe das Kapitel über die Bildbearbeitung am Computer.

Ein längerer Brennpunkt = weniger Schärfentiefe. Und umgekehrt

Schärfentiefe hat nicht nur mit einer hohen oder niedrigen Blende zu tun. Es gibt auch eine wichtige Beziehung zwischen Schärfentiefe und dem Ein- oder Auszoomen bzw. der Tele- oder Weitwinkelperspektive. In der Fotografie wird der Grad von Weitwinkelperspektive (ausgezoomt) oder Teleperspektive (eingezoomt) in Millimetern ausgedrückt. Auf fast jeder Telelinse (oder besser: jedem Teleobjektiv) steht der Anfangs- und der Endpunkt. Dies wird als Brennpunktabstand bezeichnet, auch kurz »Brennpunkt« oder »Brennweite« genannt. Steht auch eine f-Nummer dabei für die Blende, dann ist dies die maximale Lichtmenge, die in der Einstellung durchgelassen wird. In der Tele-Einstellung ist dies oft weniger als in der Weitwinkel-Einstellung.
Ein Teleobjektiv hat einen hohen Brennpunkt, z. B. 200 mm. Eine Weitwinkellinse hat einen niedrigen Brennpunkt, beispielsweise 18 mm. In der Digitalfotografie wird vornehmlich mit »Zoom«-Objektiven gearbeitet: Objektive, die von der äußersten Einstellung bis zur anderen gedreht werden können. Objektive mit einem festen Brennpunkt werden immer seltener, auch wenn in diesem Buch oft die Begriffe Weitwinkelobjektiv und Teleobjektiv gebraucht werden.

Optisches und digitales Zoom

Wenn hier von Zoom die Rede ist, ist immer ein stufenlos verstellbares Vario-Objektiv gemeint: Der Teleeffekt wird durch das Verschieben von Linsenelementen im Objektiv erreicht. Das ist das »echte« Zoom. Es gibt auch noch das digitale Zoom. Dabei nimmt die Kamera einen kleinen Teil aus der Mitte des Bildes und vergrößert ihn. Die Kamera vergrößert dabei die Pixel (Bildpunkte). Das können Sie auch am Computer tun. Viel Aufhebens machen von beispielsweise einem 5-fachen digitalen Kamerazoom ist deshalb nicht sinnvoll, es sei denn, Sie sind sehr geschickt am Computer.

Der Brennpunkt eines Objektivs hat Einfluss auf die Schärfentiefe. Wir haben bereits früher gesehen, dass man durch das Einzoomen eine Person leicht vom Hintergrund trennen kann, weil das Gebiet dahinter unscharf wird. Je mehr man einzoomt, desto kleiner wird der scharfe Bereich. Man kann das gegebenenfalls durch eine hohe oder niedrige Blende noch weiter beeinflussen; doch nur bis zu einem gewissen Grad.

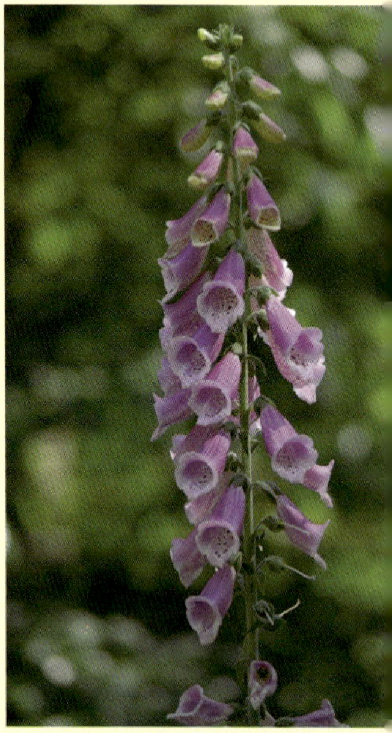

▶ **Teleobjektiv und niedrige Blende:** Die Blume wurde fotografiert mit einem Teleobjektiv (138 mm) und einer niedrigen Blende (f 4). Der Hintergrund ist schön unscharf, dafür muss man weiter nichts tun. ISO 200, Verschlusszeit 1/125 sec. Siehe die Erläuterungen über die »A«-Einstellung bei den anderen Blumenfotos.

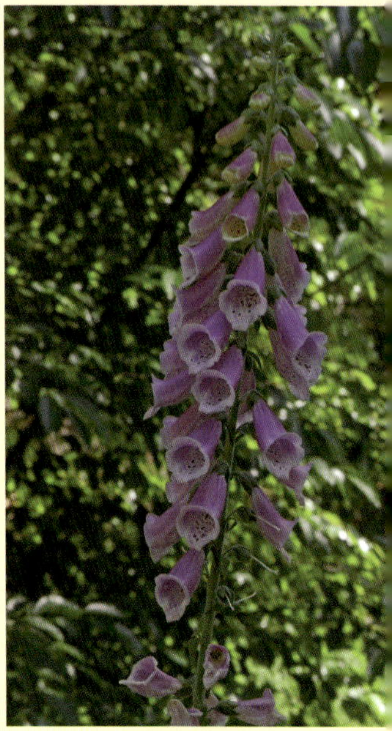

▶ **Teleobjektiv und hohe Blende:** Derselbe Brennpunkt, aber bei Blende f 22. Trotz der sehr hohen Blende sind Blume und Hintergrund nicht gleichermaßen scharf zu bekommen. Der Grund: Der Brennpunkt ist sehr hoch (138 mm) und die Blume sehr nah. Die Schärfentiefe bei diesem hohen Brennpunkt ist so klein, dass keine noch so hohe Blende dagegen ankommt. Die Empfindlichkeit musste auf ISO 800 erhöht werden, um bei einer Verschlusszeit von 1/30 sec mit dieser Blende arbeiten zu können. Doch vergebens.

Empfohlen A

Empfohlen

Die ersten Fotos dieser Blumenserie wurden mit Weitwinkel aufgenommen. Beim Foto auf Seite 47, aufgenommen mit Blende f 16, sind Vorder- und Hintergrund ganz scharf. Will man Objekte oder Menschen fotografieren, die sich in unterschiedlichem Abstand zur Kamera befinden, wird ganz ausgezoomt alles scharf. Dabei sollten die Menschen nicht zu dicht an der Kamera stehen, sonst bekommen sie Wasserköpfe.

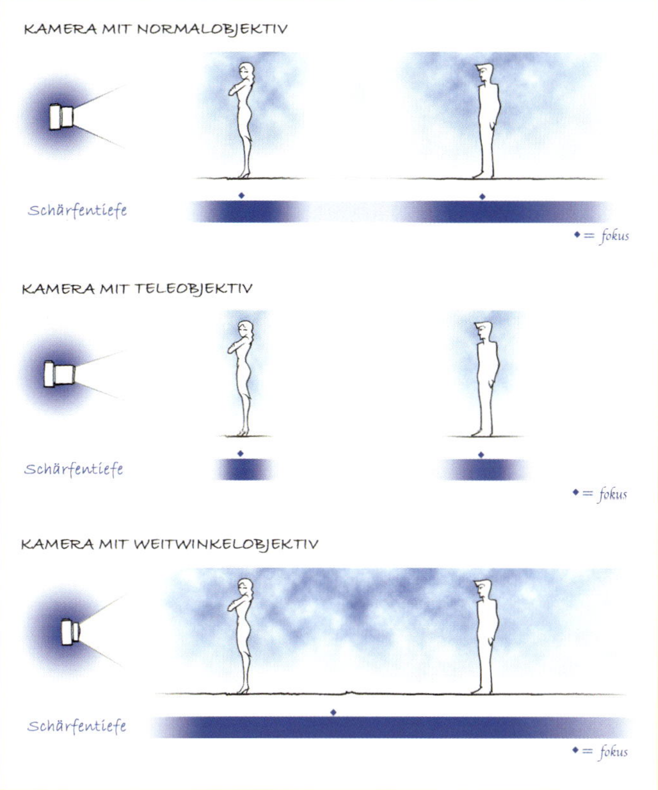

▲ Zeichnung 2: Schärfentiefe bei verschiedenen Brennpunkten. Der Fokus ist der Punkt, auf den scharf gestellt wird.

Auf den Zeichnungen zur Schärfentiefe bei verschiedenen Brennpunkten war die Blende immer gleich eingestellt, sagen wir f 5.6. Eine höhere Blende würde bei allen Brennpunkten zu einer größeren Schärfentiefe führen. Der Gewinn an Schärfentiefe ist bei dem niedrigsten Brennpunkt am größten, bei einem hohen Brennpunkt am kleinsten.

Je geringer die Entfernung zur Linse, desto kleiner ist das Gebiet rings um das Objekt, das scharf ist. Vergleichen Sie dazu auch die Fotos der farbigen Seifenspender in Kapitel 1.

Zeichnung 2, oben: Normalobjektiv (mittlere Brennweite)
Die Schärfentiefe bei einer mittleren Brennweite. Die Schärfentiefe vor und hinter Person B ist größer ist als bei Person A. Das Schärfengebiet hinter ihr ist größer als das vor ihr.

Zeichnung 2, Mitte: Teleobjektiv (lange Brennweite)
Sowohl Person A als auch Person B sind in ihrem eigenen Schärfengebiet eingeschlossen. Auch eine hohe Blende wie f 22 wird das wahrscheinlich nicht ändern können.

Zeichnung 2, unten: Weitwinkelobjektiv (kurze Brennweite)
Bei Blende f 5.6 ist sowohl Person A als auch B scharf bei einem Objektiv mit kurzer Brennweite. Es wäre schwierig, eine Person scharf und die andere unscharf zu bekommen, z. B. durch Verwendung von Blende f 2.8. Ein Weitwinkelobjektiv hat von sich aus eine große Schärfentiefe.

Eine lange Brennweite bedeutet einen kleineren Bildwinkel

Die Blumenfotos zeigen sehr schön den Unterschied in Bildwinkel und Perspektive bei kurzer und langer Brennweite. Bei den ersten beiden Fotos sieht man sehr deutlich den Wald im Hintergrund. Bei den letzten beiden ist der Wald zu einer Masse von Blättern geworden. Man kann sich also für die Wahl einer langen Brennweite entscheiden, wenn man sehr genau bestimmen möchte, was im Bild erscheint und was nicht. Das können schöne oder hässliche Dinge sein, die Sie zeigen oder ausschließen möchten. Sie können den Hintergrund auch ganz unbestimmt halten, nur als Illustration für den Vordergrund. In Zeichnung 3 und 4 (nächste Seite) sehen Sie den Unterschied in Bildwinkel und Perspektive zwischen einem Teleobjektiv (lange Brennweite) und einem Weitwinkelobjektiv (kurze Brennweite).

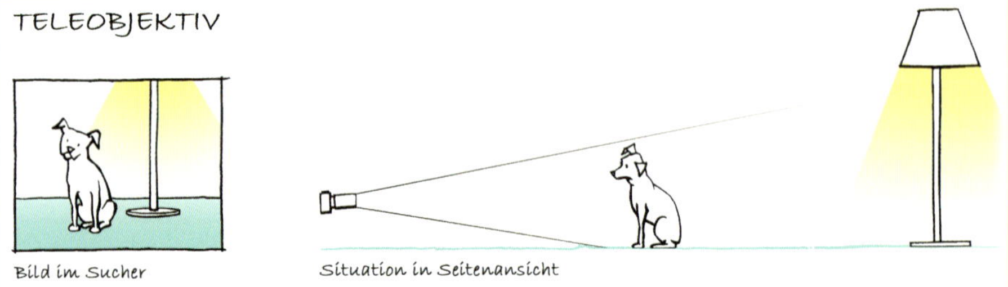

▶ Zeichnung 3 Teleobjektiv: Kleiner Bildwinkel
Auf dieser Zeichnung kann man sehen, wie klein der Bildwinkel eines Teleobjektivs ist. Der Bildwinkel lässt sich z. B. nicht mit der Blende verändern. Um den Hund bei einer langen Brennweite groß ins Bild zu bekommen, muss der Fotograf den Abstand vergrößern, ansonsten bekommt er nur den Kopf ins Bild. Man beachte, dass die Lampe durch die perspektivischen Eigenschaften einer langen Brennweite näher zu sein scheint als bei der Weitwinkelaufnahme. Das Teleobjektiv rückt alles näher zusammen.

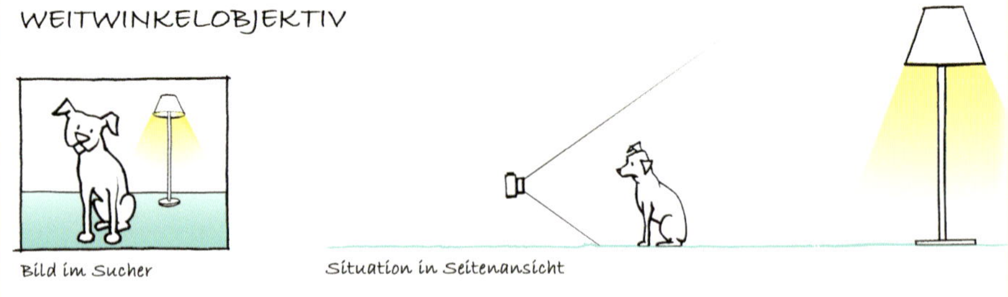

▲ Zeichnung 4 Weitwinkelobjektiv: weiter Bildwinkel
Um den Hund groß ins Bild zu bekommen, muss er für eine kurze Brennweite ganz nah sitzen. Bei einem Weitwinkelobjektiv ist nämlich im Prinzip alles »weit weg«. Im Gegensatz zum Teleobjektiv macht ein kleiner Schwenk nach rechts oder links hier nicht viel aus. Beim Teleobjektiv kann es einen Riesenunterschied machen. Durch die perspektivischen Eigenschaften einer kürzeren Brennweite scheint die Lampe nun weiter weg.

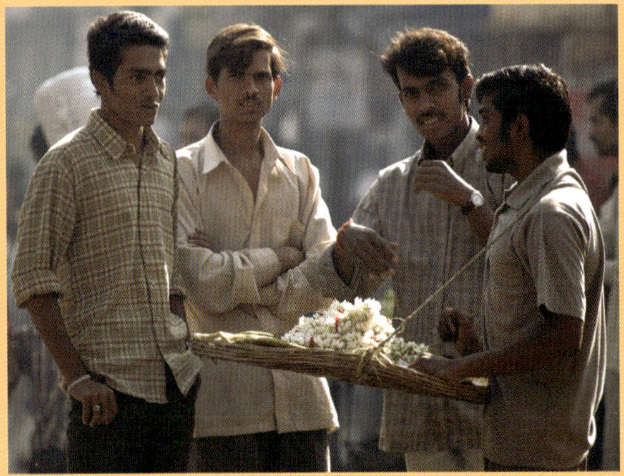

Gut AUTO Empfohlen

◀ Beispiel für ein Foto, bei dem das Teleobjektiv eingesetzt wurde, um genau zu bestimmen, wer auf das Foto kommen soll und wer nicht. Hier ein Verkäufer von Jasminblüten mit seinen Freunden. Mit einem Weitwinkelobjektiv hat man kaum Kontrolle darüber, was ins Bild kommt, doch hat auch das seinen eigenen Charme.

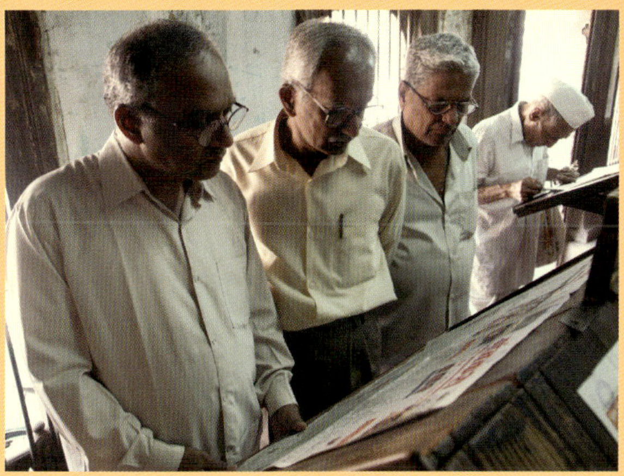

Gut AUTO Empfohlen

Empfohlen ISO↑ Empfohlen

◀ Dieselbe Stadt in Indien (Nasik), wo man in einem öffentlichen Lesesaal gemeinsam die Zeitung liest. Hier sollten alle Leser scharf abgebildet werden. Mit einem Teleobjektiv können Sie das nicht erreichen, vor allem bei Lichtmangel. Devise: ganz auszoomen, Empfindlichkeit erhöhen, genau ins Bild nehmen und die Kamera sehr ruhig halten. Das Weitwinkelobjektiv verleiht dem Bild Dynamik.

Ein kleinerer Bildsensor bringt mehr Schärfentiefe

Es gibt auch eine Beziehung zwischen den Abmessungen der Fläche, auf der das Foto »aufgenommen« wird, und der Schärfentiefe. Je kleiner die Aufnahmefläche, desto größer die Schärfentiefe. Für viele Fotografen ist Kleinbild (24 x 36 mm) das Standardformat, genau wie die dazugehörende Schärfentiefe. Der Bildsensor der meisten Digitalkameras ist aber kleiner als das Format des Kleinbildfilms bei analoger Fotografie. Bei Spiegelreflexkameras spricht man meist von einem Faktor 1,5 oder sogar 2 (Olympus E-Serie), aber bei Kompaktkameras kann der Unterschied noch größer sein. Manche Fotografen klagen, dass auf ihren digitalen Fotos alles scharf ist, auch die Teile, die sie lieber unscharf hätten. Wie wir bereits gesehen haben, stimmt das nicht ganz. Tatsache ist aber, dass in der Digitalfotografie Schärfe eher ein Problem ist als Unschärfe.

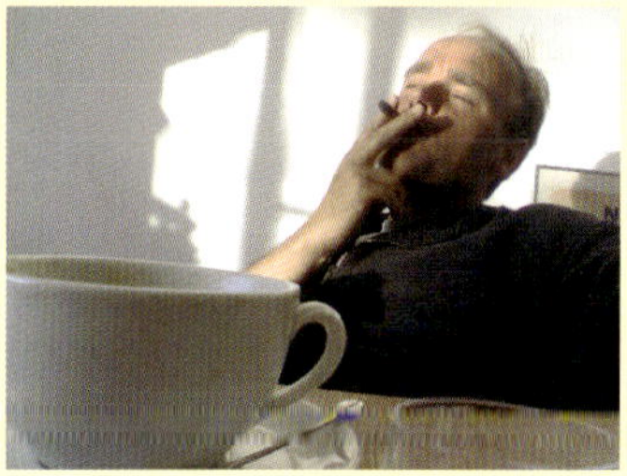

▶ Kameras in Mobiltelefonen haben sehr kleine Bildsensoren, wodurch schnell alles scharf wird. Sie verfügen über ein sogenanntes Fixfokusobjektiv, womit man nicht scharf stellen kann. Wie hier zu sehen, ist das auch nicht nötig: Sowohl die Kaffeetasse als auch Cees (mit Zigarre) sind klar und deutlich im Bild. Nett bei Fotohandys ist außerdem, dass man sehr flexibel ist, was den Standpunkt für Aufnahmen betrifft, dass man sie immer bei sich hat und jederzeit fotografieren kann. Fotohandy: Nokia 6230 (0,3 Megapixel).

Ein kleinerer Bildsensor bringt einen längeren Brennpunkt

Bildsensoren, die kleiner sind als das Aufnahmeformat der Kleinbildkamera, verlängern die Brennweite – ein Vorteil. Schraubt man ein Objektiv, das man früher für die analoge Fotografie gebrauchte, auf eine digitale Spiegelreflexkamera, dann muss man den Brennpunkt mit dem Faktor multiplizieren, den der Bildsensor kleiner ist als das Kleinbildformat, also mit ungefähr 1,5. Ein 200-mm-Teleobjektiv wird so zu einem 300-mm-Teleobjektiv. Doch ein 35-mm-Weitwinkelobjektiv wird etwa zu einer 50-mm-Standardlinse ohne Weitwinkeleffekt. 50 mm ist in der Kleinbildfotografie der Brennpunkt, bei dem ein Foto so aufgenommen wird, wie man es mit eigenen Augen sieht. Standard also.

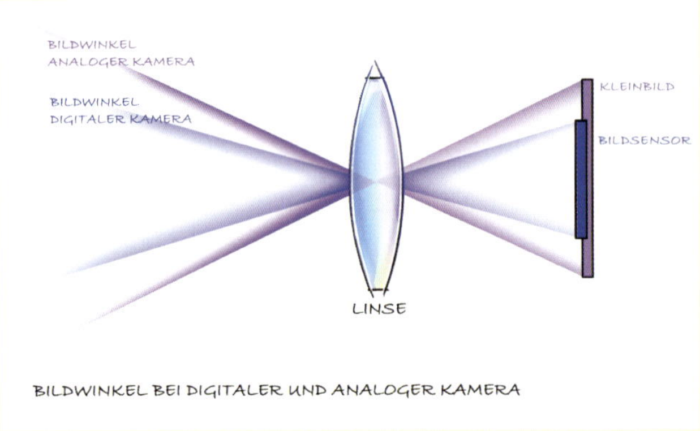

▲ Zeichnung 5:
Bildwinkel und Aufnahmefläche. Die kleinere Aufnahmefläche bei der digitalen Fotografie hat einen engeren Bildwinkel zur Folge. Dies erklärt den Verlängerungsfaktor des Brennpunktes, der angewendet werden muss, wenn »analoge« Objektive bei digitalen Spiegelreflexkameras verwendet werden.

▶ Dieses auf Island entstandene Foto wurde mit einem 300-mm-Objektiv gemacht. Durch den Verlängerungsfaktor von 1,5 auf einer digitalen Spiegelreflex wurde das zu 450 mm (Kleinbildäquivalent). Bei Blende f 2,8 sieht man vom Hintergrund nicht mehr als vage Farben. Der Abstand zwischen Kamera und Jacques betrug aber 25 Meter.

Gut AUTO

Empfohlen

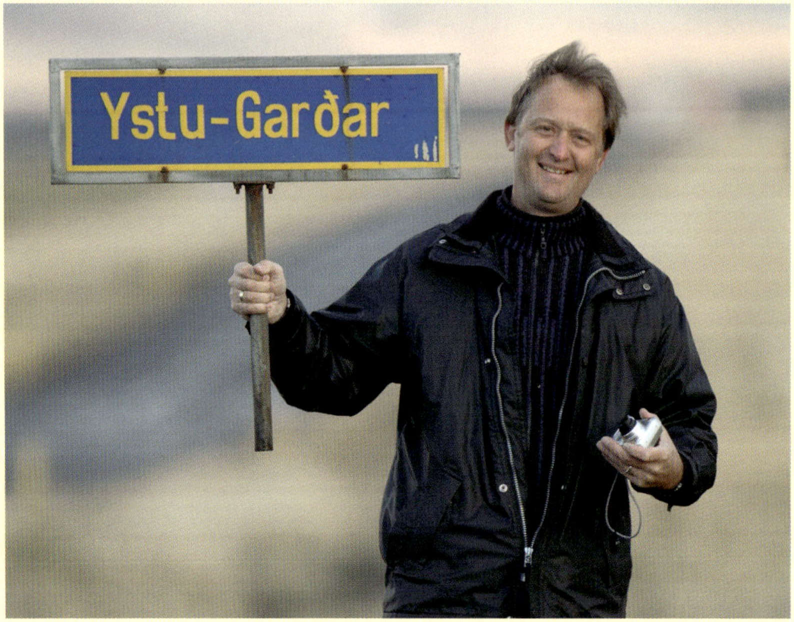

Zum Vergleichen der Brennweiten bei analoger und digitaler Fotografie wird der Begriff Kleinbildäquivalent (kbe oder 135 mm) benutzt. Hersteller bauen aus besagten Gründen inzwischen Objektive mit kürzeren Brennweiten wie 18 mm (= 27 kbe). Ein Vorteil des Verlängerungsfaktors in der Digitalfotografie ist, dass man mit weniger Glas eine längere Brennweite erreichen kann. Vor allem Teleobjektive können so leichter sein, und die neuen Objektive sind das auch. Die Größe des Bildsensors sagt übrigens nichts über die Qualität der Pixel aus (der Bildpunkte bei der Digitalfotografie), die er produziert. Lästig ist übrigens, dass oft der Begriff »Kleinbildäquivalent« als »digitale Millimeter« bezeichnet wird.

Zigmal Zoom

Die Werbung für Digitalkameras lässt den »Wie-viel-fach-Zoom« nicht unerwähnt. Aber was bedeutet das? Geht man von 35 mm (kbe) als Anfangspunkt eines Vario-Objektivs aus, dann bedeutet 3-fach-Zoom 105 mm (kbe). Ganz nett für ein Porträt. Doch erst bei einem 8-fach- (280 mm) oder 10-fach-Zoom kann von einem angemessenen Zoombereich die Rede sein.

Zum Schluss: Die Kamera ist ein Schuhkarton

Um ein Foto machen zu können, brauchen Sie eigentlich keine Linse. Man kann schon ein Foto machen, indem man ein Loch in einen Schuhkarton bohrt. Drinnen, an der anderen Seite des Kartons, wird ein umgekehrtes Bild der Wirklichkeit entstehen. Das macht die Natur für Sie. Wenn Sie da ein Stückchen unbelichteten Film oder einen Bildsensor hinkleben, haben Sie ein Foto. So einfach ist es, und so wurden zu Beginn des 19. Jahrhunderts auch die ersten Fotos gemacht. Dies ist das Prinzip der »Camera obscura« oder auch dunklen Kammer.

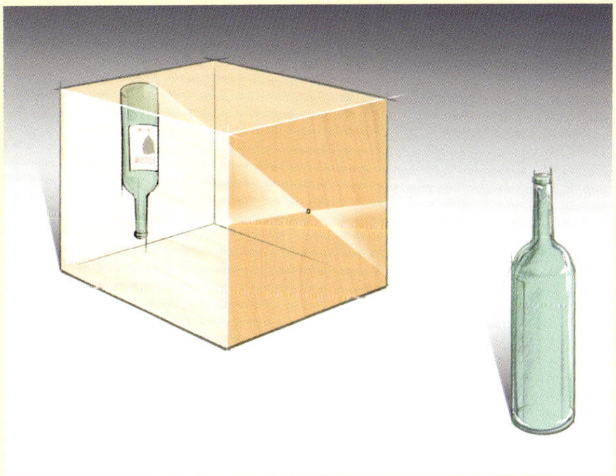

▲ Eine Camera obscura in elementarster Form. Alle Kameras basieren auf dem Prinzip eines Schuhkartons mit einem Loch. Man bekommt automatisch und immer ein (spiegelverkehrtes und auf dem Kopf stehendes) Bild auf der dem Loch gegenüberliegenden Seite.

Das Bild, das man mit solch einer Lochkamera bekommt, lässt sich aber auf keine einzige Weise beeinflussen: nicht bei der Schärfe, bei der Belichtung und der Perspektive. Darum entwickelte man an Stelle dieses Lochs eine kleine Linse oder auch ein Objektiv. Solch ein Objektiv besteht aus diversen, getrennt voneinander beweglichen Linsen. Das praktischste ist, dass man damit scharf stellen kann.

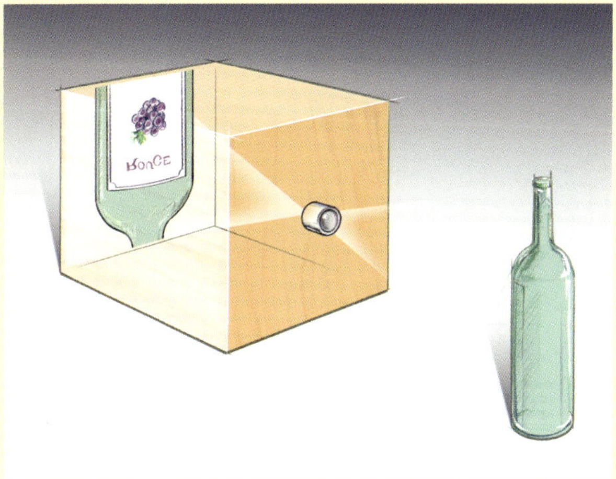

▲ Eine Camera obscura mit einer Linse in dem Loch, womit man scharf stellen und einzoomen kann, um das Objekt »heranzuholen«.

Zoomen

Auch durch den Einbau von mehreren kleinen Linsen in das Objektiv kann man zoomen. Man kann die Wirklichkeit auf diese Weise an sich heranholen (einzoomen) und von sich entfernen (auszoomen). Durch Lamellen im Objektiv entsteht die Blende, die bestimmt, wie viel Licht durchgelassen wird.

3 Mit weniger Pixeln mehr erreichen

QUALITÄT UND QUANTITÄT

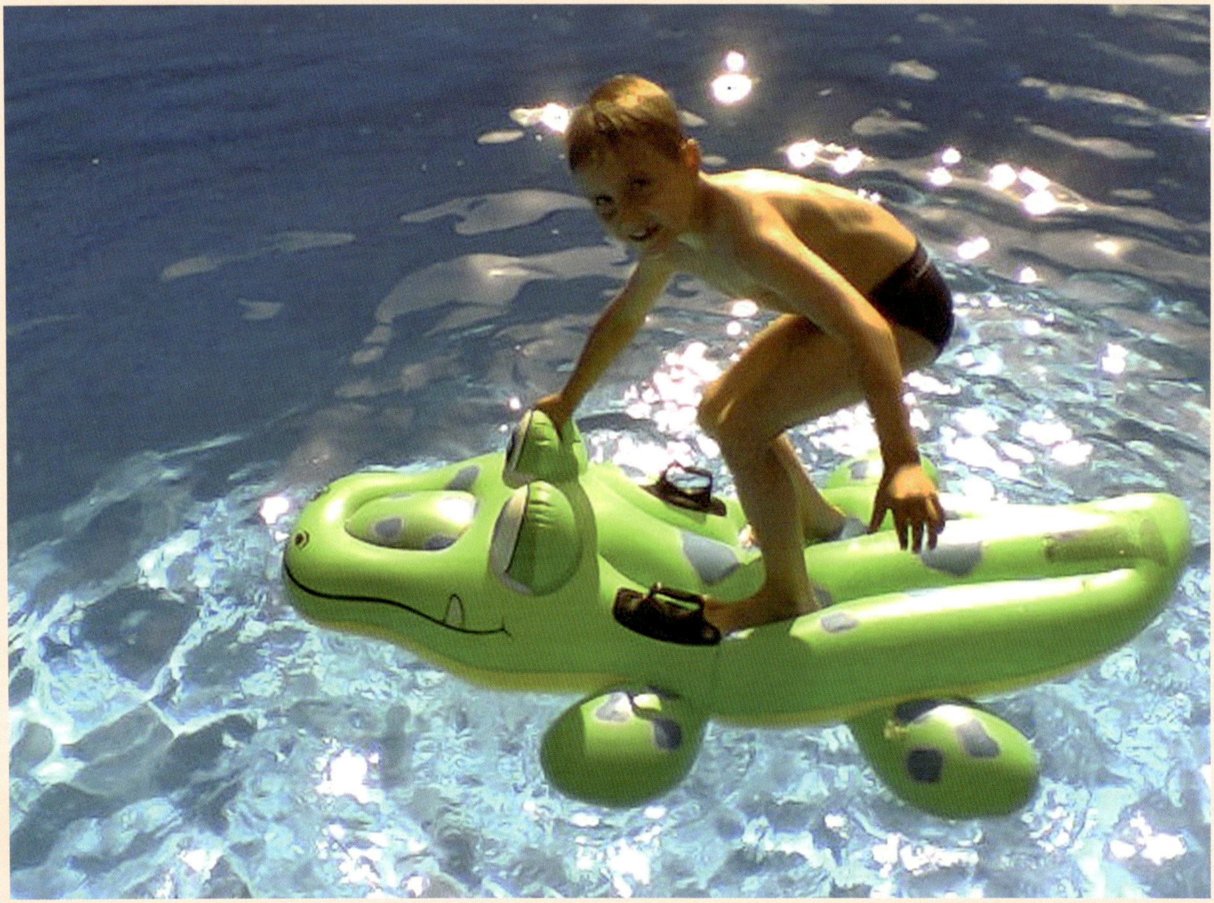

▲ Dieses Foto enthält 0,3 Millionen Pixel oder nur 0,3 Megapixel (MP). Pixel sind die Bildpunkte, aus denen sich ein Digitalfoto zusammensetzt. Um die einzelnen Bildpunkte nicht zu erkennen, ist eine bestimmte Menge an Pixeln erforderlich. Aber wie viel ist genug? Und gibt es einen Qualitätsunterschied zwischen den Pixeln? Zur ersten Frage: Sie brauchen weniger Pixel, als Sie denken. Sehen Sie das Foto von David im Schwimmbad. Es wurde mit der Kamera eines preiswerten Mobiltelefons (Nokia 6230) gemacht. Die Antwort zu Frage zwei: Ein Pixel ist nicht wie der andere.

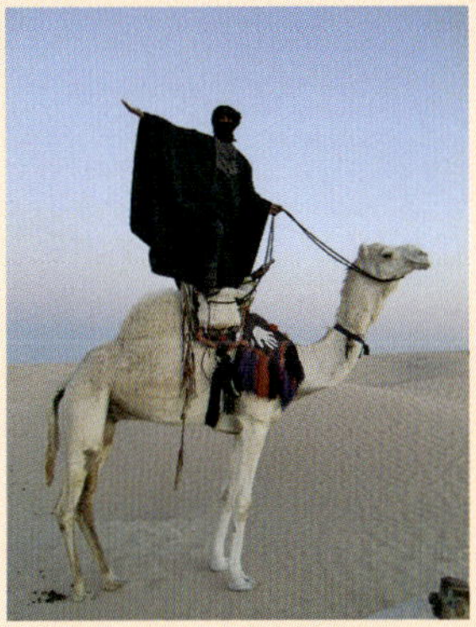

◀ Das Foto dieses Gleichgewichtskünstlers enthält auch 0,3 Mp (640 x 480 Pixel), wurde jedoch mit einer Fujifilm FinePix E 550 Kamera (400 €) gemacht. Die Qualität dieses Fotos ist viel besser. Schön und gut, dass Telefonhersteller verkünden, ihre Handys könnten Fotos mit beispielsweise 2 MP machen, aber diese 2 MP sind eben nur ein Teil der Geschichte.

Seit es Digitalfotografie gibt, besteht Verwirrung über Pixel. Vielen scheinen sie ein objektives Qualitätskriterium einer Kamera zu sein, was sie aber nicht sind. Die Pixelanzahl einer Kamera ist wie der Zylinderinhalt eines Autos. Wenn ein Auto eine 2-Liter-Maschine hat, sagt das noch nichts über seine Beschleunigung, Wirtschaftlichkeit, die PS oder über Komfort und Sicherheit aus.
Es gibt gute, schlechte und miserable Motoren. Denken Sie nur an die Benzinschlürfer aus der ehemaligen Sowjetunion. Genauso gibt es hässliche, schönere und sehr schöne Pixel. Dass es davon 6 Millionen gibt, sagt für sich allein genommen nichts. Einige Digitalkameras, die man gratis zu einem Paket Waschpulver bekommt, haben 6 Millionen Pixel. Die Fotos, die Sie damit machen, werden Sie bestimmt nicht fröhlich stimmen, schon gar nicht, wenn Sie Werbung darauf erkennen.

Was bestimmt die Qualität eines digitalen Fotos?

Es gibt drei Faktoren für die (technische) Qualität eines Fotos: Anzahl der Pixel, Qualität der Pixel (»Schönheit«) und der Kompressionsgrad (das sparsame Unterbringen auf einem Datenspeicher). Wollen Sie den digitalen »Gipfel« erreichen, müssen Sie von allen das Äußerste verlangen.

Die Qualitätssäule

Die Qualität eines Fotos wird in dieser »Qualitätssäule« schematisch dargestellt. Drei Faktoren bestimmen die Qualität eines digitalen Bildes. Je höher die Säule, desto höher die Qualität des Fotos.
Jeder Teil der ersten Säule macht ein Drittel der gesamten Säule aus. Aber das heißt nicht, dass alle Teile auch jeweils ein Drittel Gewicht in die Waagschale legen.

Quantität Die Anzahl von Pixeln, aus denen sich ein Bild zusammensetzt, meist ausgedrückt in Millionen oder Megapixeln. Dies wird auch als Auflösung bezeichnet. Ein Foto von 6 Megapixeln setzt sich aus 3000 Pixeln in der Breite und 2000 Pixeln in der Höhe zusammen, oder auch 3000 x 2000 Pixeln. So weit kein Problem.

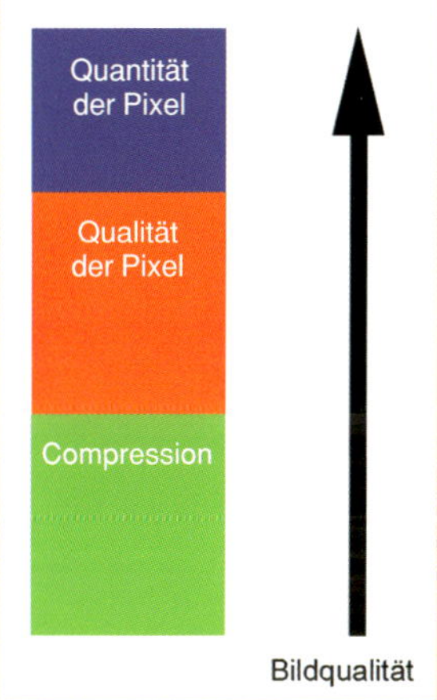

Qualität Die Probleme fangen mit der Qualität der Pixel an: Ist der Bildpunkt farbecht? Ist er scharf? Ist die Detaillierung in Ordnung? Ist der Kontrast nicht zu hoch (ein Problem billiger Kameras)? Der Pixel ist am schönsten, wenn die ISO-Einstellung (Empfindlichkeit) auf der niedrigsten Einstellung steht (siehe Kapitel 2). Je höher die Empfindlichkeit, desto mehr Bildrauschen.

Kompression Jede Kamera speichert Fotos in einer praktischen Weise, die nicht zu viel Speicherplatz einnimmt. Das nennt man Kompression. Gleichen zehn Pixel sich sehr? Dann betrachtet die Kamera sie als übereinstimmend und »sagt«: diese Farbe, zehnmal. Alle einzelnen Pixel bleiben erhalten, aber sie haben keine eigene Identität mehr. Je mehr Pixel die Kamera zusammen abspeichert, je stärker die Kompression, desto schlechter wird die Qualität des Bildes sein. Man verliert nämlich einiges an Detailgenauigkeit.

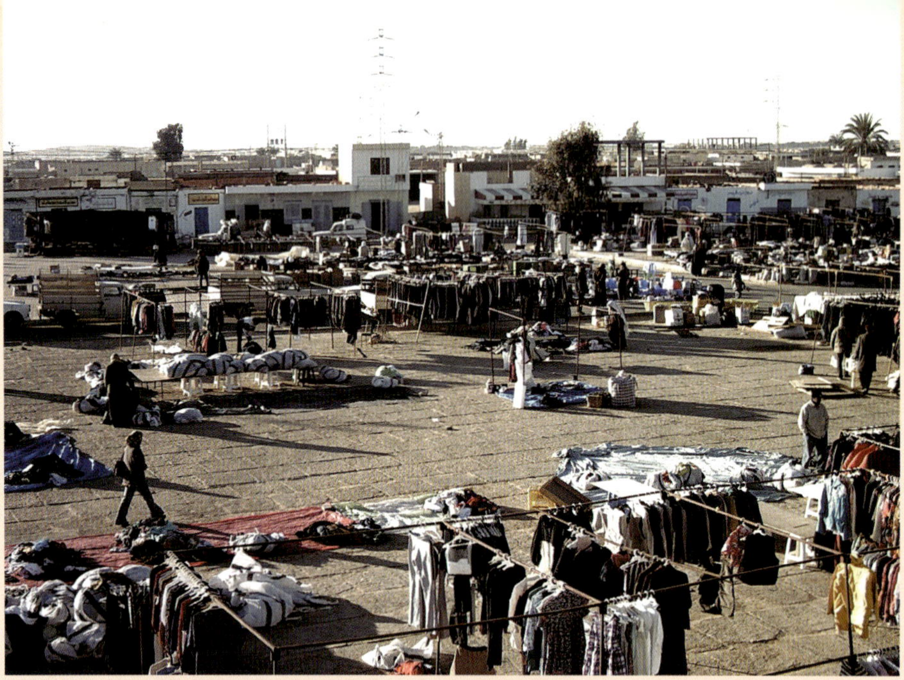

▶ Unschöne Pixel
Foto, das mit einer »Waschpulverkamera« für rund 100 Euro gemacht wurde. Die Kamera verfügt über 3 MP, aber die Qualität der Pixel ist schlecht: ausgebleichte Farben und ein viel zu starker Kontrast. Weder im Weiß noch im Schwarz gibt es Details. Die Hochspannungsmasten am Horizont sind vollkommen überstrahlt.

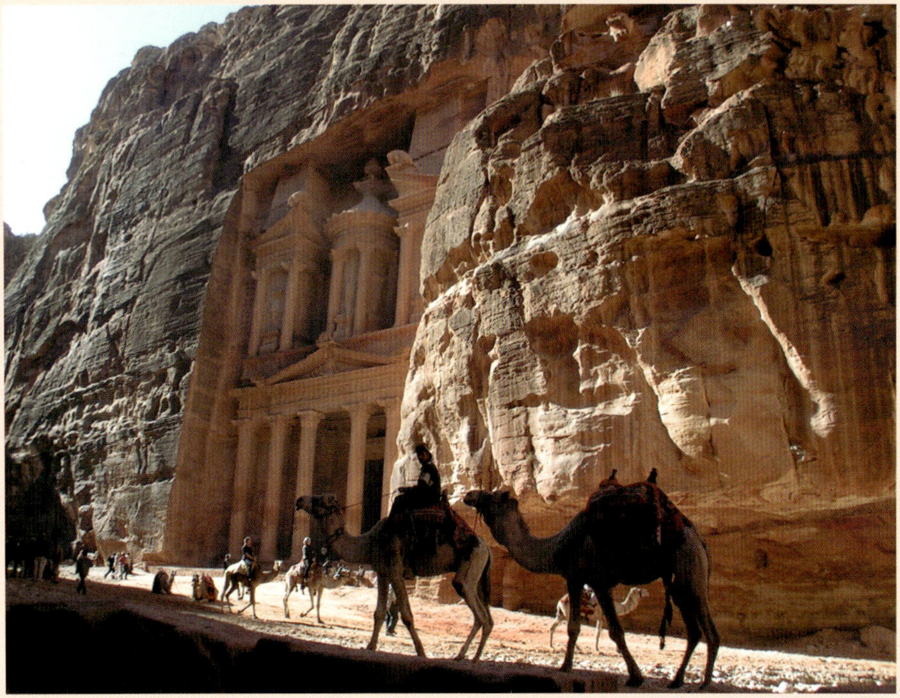

◀ Schöne Pixel
Die in Fels gehauene Stadt Petra in Jordanien, fotografiert mit einer Konica Minolta Z1 für rund 350 Euro. Auch diese Kamera verfügt über 3 MP. Aber die Qualität der Pixel lässt Vergrößerungen von 50 x 75 cm oder noch größer zu.

Dateiformate JPG, TIFF und RAW

In der digitalen Bilderwelt gibt es viele Dateiformate. Ein bestimmtes Dateiformat speichert das Foto in einer bestimmten Weise, genau wie man Wein in eine Flasche oder ein Fass füllen kann. Die wichtigsten Formate sind JPG, TIFF und RAW. JPG ist das gebräuchlichste und hat Vor- und Nachteile. Man kann ein JPG-Foto in verschiedenen Graden komprimieren, sowohl in der Kamera als auch im Computer. Je höher die Kompression, desto weniger Speicherkapazität wird benötigt. Zwar treten dabei auch Detailverluste auf, doch sind die recht gering. Bei TIFF kommt es niemals zu Informationsverlusten, aber dieses Format benötigt zehnmal so viel Speicherkapazität. Der Qualitätsunterschied gegenüber JPG ist gering. TIFF wird zunehmend in den Hintergrund gedrängt durch RAW, welches mindestens sechsmal mehr Raum einnimmt als JPG. Eine RAW-Datei erhält faktisch alle Rohdaten eines Fotos. Am Computer lässt sich noch vieles wie Farbbalance und Belichtung einstellen. Auch bei RAW tritt kein Verlust auf, denn dieses Dateiformat komprimiert nicht. Möchten Sie RAW benutzen (was nur die besseren Kameras können), bedenken Sie, ob die viel größeren Dateien von praktischem Nutzen für Sie sind und dass Ihre Kamera damit langsamer wird.

Historie und Hysterie

Wie kommt es nun, dass – zu Unrecht – so viel über Pixel geredet wird und so wenig über die beiden anderen Faktoren? Es gibt mindestens drei Ursachen. Erstens: Als die Digitalfotografie in der zweiten Hälfte der 1990er Jahre aufkam, hatten die ersten Digitalkameras zu wenig Pixel, nämlich nicht mehr als 640 x 480 Pixel. Auf dem Bildschirm konnte man diese Fotos noch gut ansehen, aber man verzichtete lieber darauf, sie auszudrucken. Das Ergebnis war schlecht. Die Anzahl verfügbarer Pixel hat seitdem zugenommen. »Pixelmenge« wurde ein Merkmal für Fortschritt und damit ein Qualitätsmaßstab für ein Foto. Zweitens: Zeitgleich mit der Pixelmenge bei verschiedenen Marken und Typen von Kameras entwickelten sich auch die Qualitätsunterschiede der Pixel. Diese waren und sind jedoch weniger gut zu messen und auszudrücken als eine objektive Zahl wie die Pixelmenge.

Drittens: Digitalfotografie ist rund 10 Jahre alt, aber für die meisten Menschen, auch für Profifotografen, scheinen Pixel noch immer eine unangreifbare Größe zu sein. Weil niemand sich so richtig damit auskennt, hörte man von Anfang an auf die Leute, welche die meiste Erfahrung mit Pixeln haben, nämlich Grafiker. Profis, die bei ihren Endprodukten nach höchster Qualität streben. Bei den besten Ausdrucken ist sozusagen noch nicht einmal mit der Lupe ein einzelnes Pixel auszumachen. Und dafür sind seeeeehr viele Pixel nötig!

Was bestimmt die Qualität eines Pixels?

Ob ein Pixel schön oder weniger schön ist, wird durch verschiedene Faktoren in einer Kamera bestimmt. Wichtig ist die Qualität des Bildsensors, der lichtempfindlichen Fläche, die das Bild einfängt. Von noch größerer Bedeutung ist die Qualität der Software in der Kamera. Diese Software sorgt nämlich dafür, dass das digitale Bild entsteht; in all seinem Farbreichtum, seinen Kontrastverhältnissen und seiner Schärfe. Hierbei gibt es die größten Unterschiede bei Herstellern und Kameramodellen. Sehr wichtig ist auch, ob eine Kamera bei höheren Empfindlichkeiten Bildrauschen produziert, ähnlich der »Grobkörnigkeit« auf den früheren Filmen. Ein anderes wichtiges Element ist das Objektiv einer Kamera. Seine Größe variiert zwischen einer »Kontaktlinse« bei einer Kompaktkamera bis zu einer großen Linse bei einer Spiegelreflex. Die Qualität von Lichtmessung und Verschluss bestimmt schließlich, ob exakt belichtet wird. Es gibt also viele Faktoren, wobei nicht immer gilt: »je teurer, desto besser«. Vergleichen Sie vor dem Kauf aktuelle Testergebnisse in den Fachzeitschriften.

Nachplappern

Keiner hatte wirklich Ahnung davon, also war Nachplappern am sichersten. Die Folge ist, dass wir uns noch immer – fälschlicherweise – mitten im Megapixel-Wettrennen befinden. Eine Kamera mit 9 Megapixeln wird wohl dreimal so gut sein wie eine mit 3 Megapixeln. Die Folge ist, dass Menschen Kameras mit sehr vielen Pixeln kaufen und Fotos mit mehr Pixeln machen, als sie brauchen, wodurch die Speicherkarten schneller voll sind, wodurch sie Speicherkarten mit größerer Kapazität kaufen müssen, wodurch auch die Festplatte des Computers schneller voll ist und sie einen neuen Computer kaufen, und weil sie auch all die Pixel an Tante Annie in Neuseeland mailen wollen, brauchen sie obendrein noch die schnellste DSL-Verbindung. Die Industrie lacht sich ins Fäustchen. Die »Drucknorm« ist normalerweise viel zu streng für den Durchschnittsverbraucher, aber niemand sagt einem das. Manche tun auch genau das Gegenteil: Sie machen Fotos mit zu wenig Pixeln, nur damit viel auf die Speicherkarte passt. Das ist auch wieder nicht richtig. Was ist das klügste? Probieren Sie es aus und verlassen Sie sich auf Ihre eigenen Augen.

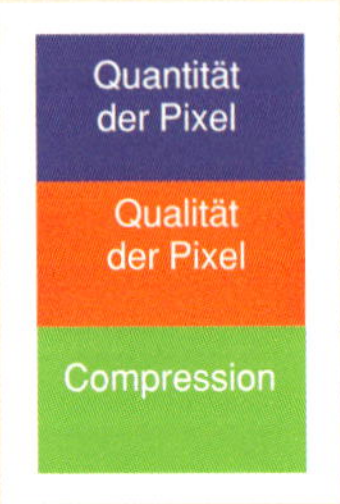

◀ **Fotohandy** Die Qualitätssäule des Fotos von David im Schwimmbad, das mit einem Fotohandy gemacht wurde. Die Qualität in jedem einzelnen Feld ist eingeschränkt. Doch das sagt noch nichts aus über die kreative Qualität!

Glauben Sie Ihren eigenen Augen

Bei all dem wird das Wichtigste eines Fotos vergessen: Es soll schön sein! Sehen Sie sich das Foto von David im Schwimmbad an: nur 0,3 Megapixel und mit einer Kamera gemacht, die gar keine Kamera ist, sondern ein Mobiltelefon. Die Daten dieses Fotos sind stark komprimiert und »wiegen« nur 33 KB. Das ist 1/30-stel von einem MB (1 Megabyte = 1000 KB), und wenn man eine Speicherkarte von beispielsweise 128 MB hat, passen darauf 30 x 128 = 3840 solcher Fotos. Das wären zehn bis zwanzig Fotoalben voll mit Jugenderinnerungen. Es kommt eben nur darauf an, ein schönes Bild zu erkennen und zu fotografieren. Und dafür haben Sie dieses Buch. Das Foto des auf seinem Dromedar balancierenden Tuareg enthält übrigens nur 102 KB und lässt sich mühelos auf 30 x 45 cm vergrößern.

Davids Foto lässt sich mühsam auf DIN-A-4-Format (20 x 30 cm) vergrößern. Allerdings sieht man dann wohl einzelne Pixel. Aber 13 x 18 cm ist gutes Druckformat. Ein gut geglücktes, mit einem 2-Megapixel-Handy der ersten Generation aufgenommenes Foto kann man bis auf das Format 50 x 75 cm vergrößern. Die meisten Menschen drucken ihre Fotos nur 10 x 15 cm groß aus. Bei fast allen Kameras lässt sich die Pixeleinstellung vermindern. Tun Sie das jedoch nicht bedenkenlos, sondern machen Sie Testreihen mit verschiedenen Einstellungen und drucken Sie diese in einem Format aus, das Sie häufig brauchen. So werden Sie die ideale Einstellung finden. Experimentieren Sie auch mit dem Kompressionsgrad. Bei wichtigen Fotos stellen Sie Ihre Kamera wieder auf ihr Topniveau.

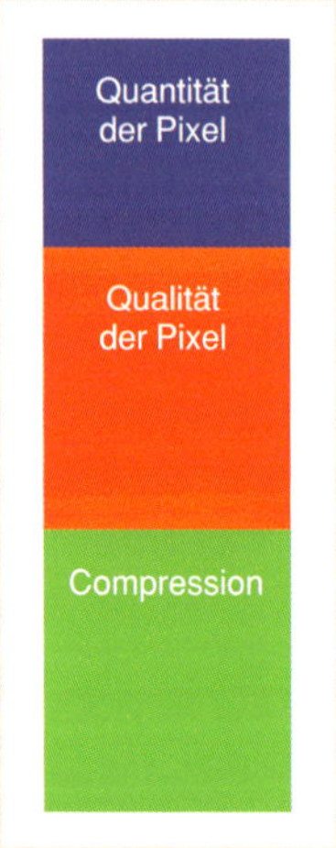

◀ Die am häufigsten verwendete Einstellung zum Fotografieren kann aussehen wie diese Säule. Sie haben bei der Quantität der Pixel Abstriche gemacht und stark komprimiert. Die Qualität der Pixel verändert sich aber niemals, es sei denn, Sie setzen die Empfindlichkeit herauf. Verwirrend ist, dass bei einigen Kameras der Kompressionsgrad »Qualität« genannt wird.

Glauben Sie Ihren eigenen Augen: Der Nationale Pixeltest

Um endlich mit dem Megapixel-Mythos aufzuräumen, hat der Autor dieses Buches in den Niederlanden den Nationalen Pixeltest ins Leben gerufen. Ein einfacher Vorgang: Reise in ein fotogenes Land (das Auge will auch etwas davon haben) und mache dort Fotos mit verschiedenen Kameras, preisgünstigeren und teureren. Drucke die Fotos in unterschiedlicher Auflösung von Pixeln groß aus (50 x 75 cm). Lasse anschließend eine Gruppe von Menschen die Ausdrucke beurteilen.

Das fotogene Land war Tunesien, die Kameras waren von Nikon, Panasonic, Casio, Pentax und Fujifilm, die Ausdrucke wurden in dem Geschäft einer Lebensmittelkette gemacht. Während einer Tourismusmesse des niederländischen Automobilclubs ANWB in Utrecht wurden sie präsentiert und beurteilt. Wichtigstes Ergebnis: Für eine Vergrößerung auf 50 x 75 cm sind 1,5 Megapixel (MP) ausreichend. Obwohl oft behauptet wird, dass 1,5 MP nur für Ausdrucke von 10 x 15 cm taugen. Spielt die Kamera dabei eine Rolle? Ja. Eine Nikon D70 (maximal 6 MP) mit einem guten Objektiv liefert schönere Pixel als eine Casio Exilim EX-Z55 mit einer klitzekleinen Linse, obwohl Letztere immerhin über 5 MP verfügt. Es gibt natürlich einen großen Preisunterschied zwischen den Kameras, und der muss irgendwie begründet sein.

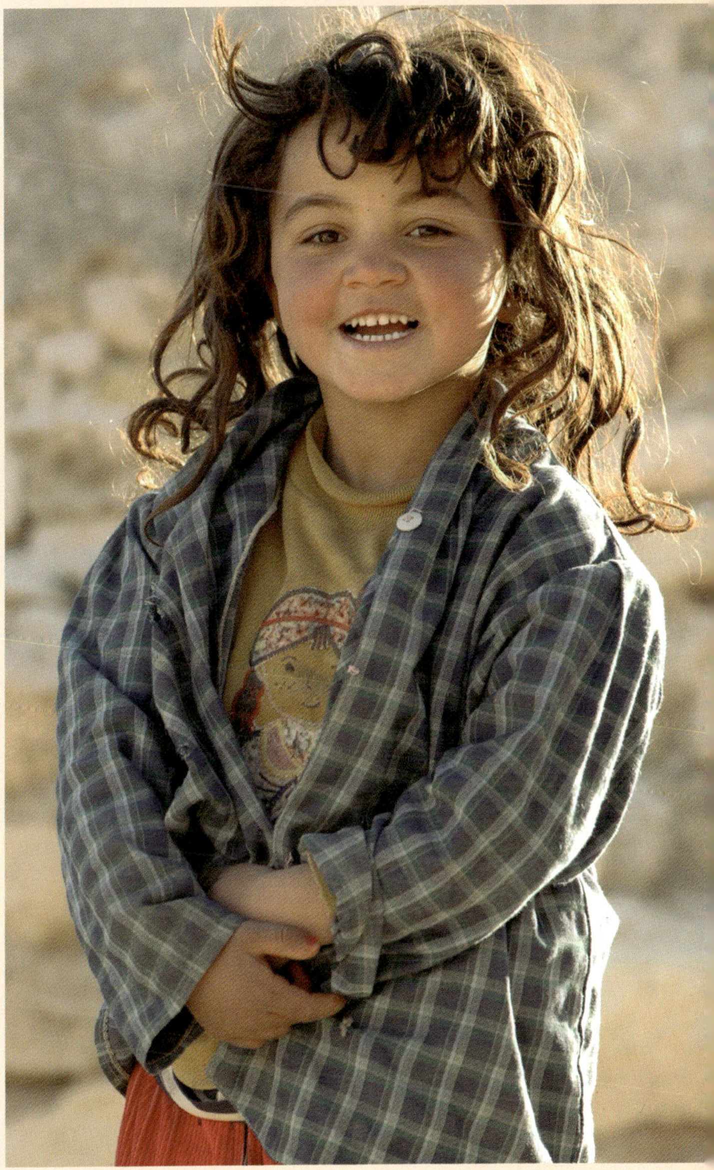

▸ Pixelkid
Dieses Pixelkid aus Südtunesien wurde, ausgedruckt im Format 50 x 75 cm, auf der niederländischen Anweb-Tourismusmesse ausgestellt. Es gab zwei Versionen: Für die eine sind 1,5 MP gebraucht worden, für die andere alle 6 ursprünglich verfügbaren Megapixel. Der Unterschied war kaum sichtbar. Mehr noch: Vierzig Prozent derjenigen, die beide Fotos beurteilten, fanden die Version mit der niedrigeren Auflösung schöner. Mit etwas Abstand betrachtet waren beide Versionen identisch. Das Foto wurde mit einer Nikon D 70 Spiegelreflex mit einem guten Teleobjektiv gemacht, zusammen im Wert von ungefähr 2500 €.

Pixelspiel

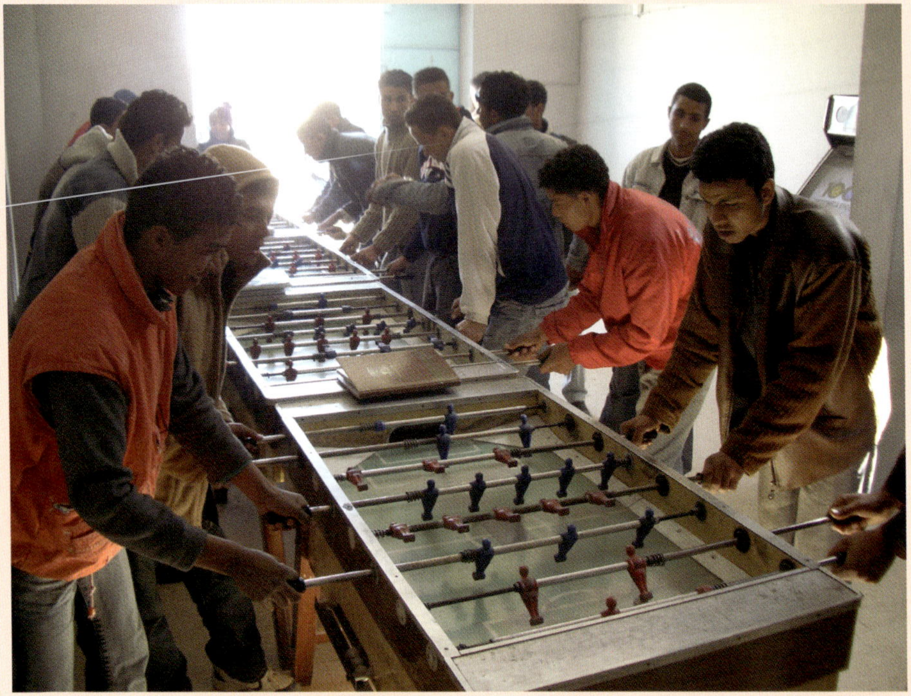

Sind Sie schon vom Stuhl gefallen, oder können Sie noch einige Püffe vertragen? Müssen wir nun alle eine D70 kaufen? Nein, denn ob mit einer Kamera gute Fotos gemacht werden, hängt nämlich vor allem von Ihnen ab: von der Person hinter der Kamera. Ein gutes Foto können Sie auch mit einer einfacheren Kamera machen, einer Casio zum Beispiel. Die lässt sich auch leichter in die Tasche stecken und sehr flexibel handhaben. Mit einem Handy ist das Fotografieren natürlich noch einfacher. Diese jungen Leute, die in Südtunesien Tischfußball spielen (siehe auch Kapitel 4), wurden mit einer etwas mehr als 400 € teuren Casio Exilim EX-Z55 aufgenommen. Beim Pixeltest auf der Tourismusmesse schnitt dieses Foto besser ab als das gleichartige Foto, das mit einer Nikon D70 gemacht wurde. Auf dem D70-Foto wird das Licht nicht so schön vom Boden auf die Beine der Jungen reflektiert. Das Foto mit der Nikon war allerdings viel detailgenauer, und die Überstrahlung an der Tür war geringer. Aber die Kreativität zählte hier mehr. Voilà.

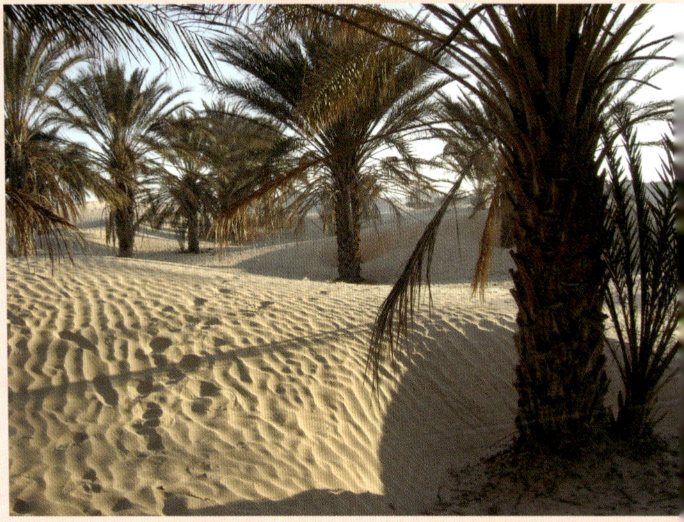

Pixel-Oase

Dieses Foto, aufgenommen mit einer Fujifilm FinePix E550, wurde für den Nationalen Pixeltest in Auflösungen von 12 MP (diese Kamera »rechnet« Pixel hinzu), 6 MP, 3 MP und 0,75 MP ausgedruckt. Beim Aufhängen musste man schon eine Lupe zur Hand nehmen, um den Unterschied zwischen 12, 6 und 3 MP zu sehen. Aus einem Abstand von 2 Metern betrachtet sah auch die Version mit 0,75 MP gut aus. Dieselbe Oase wurde auch mit einer Nikon D70 fotografiert. Der Unterschied war minimal, obwohl der Himmel beim Nikon-Foto schöner blau wurde und mit der Fujifilm-Kamera eher weißlich.

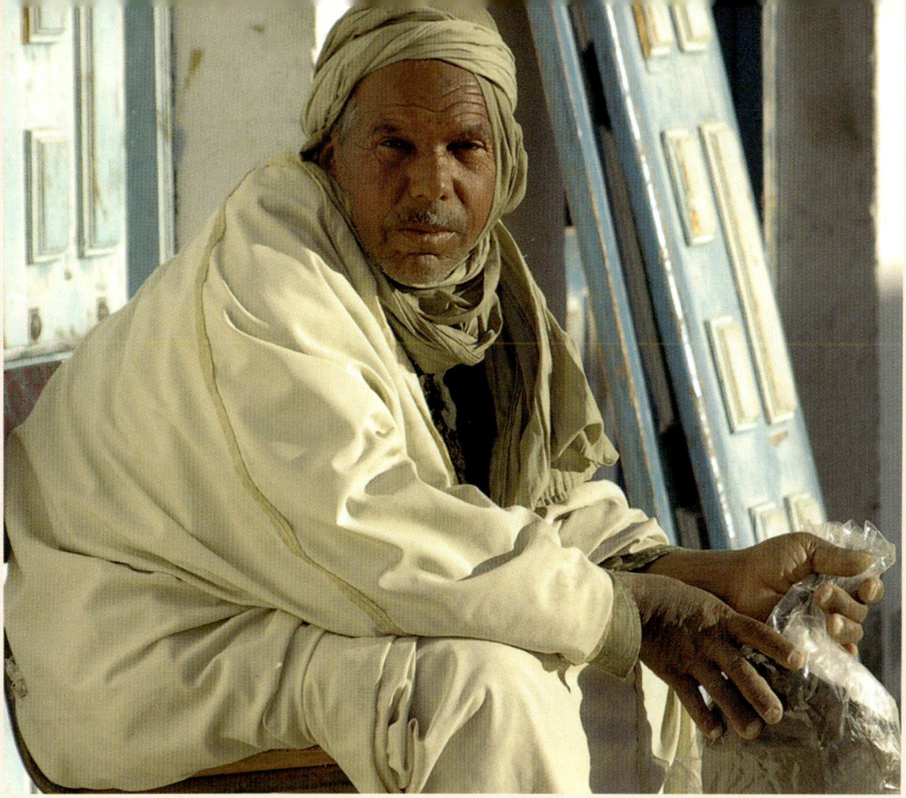

◀ Mr. Pixel
Dieser Tunesier wurde mit einer Pentax *ist Ds Spiegelreflex und einem Teleobjektiv fotografiert (zusammen etwa 1000,00 €). Vergleichen Sie dieses Foto mit dem Pixelkid, das mit einer Nikon D70 aufgenommen wurde. Das preisgünstige Pentaxobjektiv steht dem teureren (1600 Euro) Objektiv von Nikon, das übrigens mit Stabilisator versehen ist, in nichts nach. Es gilt das Gesetz des abnehmenden Mehrwertes. Eine kleine Zunahme an Qualität kostet verhältnismäßig viel Geld. Die Frage ist: Haben Sie etwas davon? Hören Sie den Unterschied zwischen einer preisgünstigen und einer teuren, technisch anspruchsvollen Stereo-Anlage? Oder ist die Qualität der gespielten Musik wichtiger?

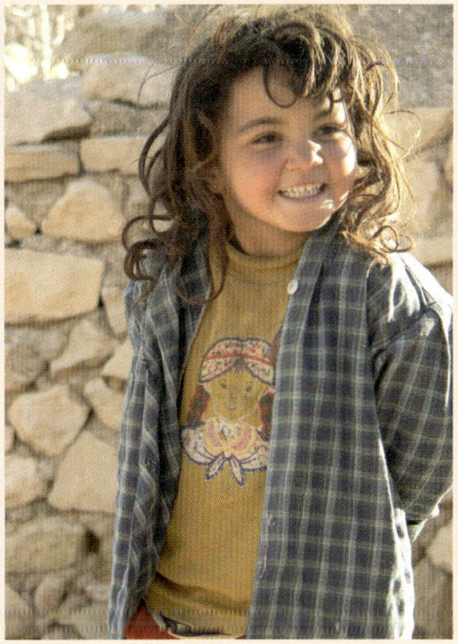

◀ Pixelkid 2
Das Pixelkid vom Anfang, jetzt fotografiert mit einer Panasonic Lumix FZ-20 für 700 €. Das Auge bemerkt kaum einen Unterschied zur Version der Nikon D70. Die Panasonic verfügt über etwas weniger Pixel als die Nikon: 5 MP statt 6 MP.

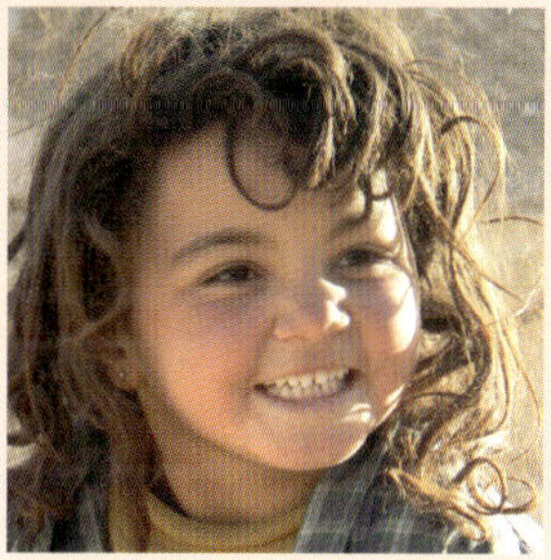

▶ Foto Nikon
Ein »schärferes« Bild von der D70, sie kostet aber 3,5-mal so viel (obgleich es auch preisgünstigere Nikonlinsen gibt). Die Panasonic für 700 € hat einen 12-fachen optischen Zoom von Leica.

◀ Foto Panasonic
Der Ausschnitt zeigt, dass die Panasonic ein etwas verschwommeneres Bild mit weniger schöner Durchzeichnung liefert.

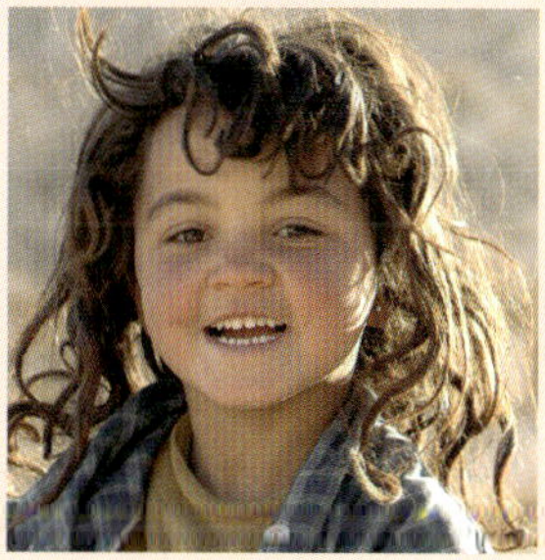

Pixelrennen: geringerer Mehrwert

Für die (digitale) Fotografie gilt insgesamt das Gesetz des abnehmenden Mehrwerts: Für doppelt so viel Geld bekommen Sie keine doppelt so gute Kamera. Oder auch: Für ein geringfügig besseres Bild bezahlen Sie unverhältnismäßig viel Geld. Dies gilt auch, wenn man nicht in Euro rechnet, sondern in Pixeln. Eine Kamera mit 6 MP macht bestimmt keine doppelt so schönen Bilder wie eine mit 3 MP.

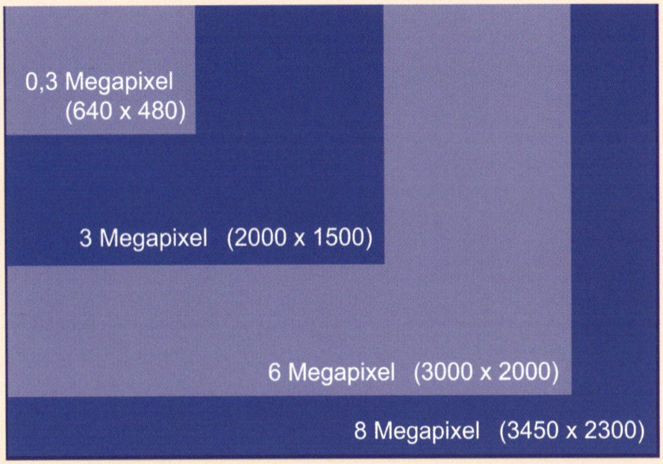

▲ Diese Grafik zeigt das genaue Verhältnis zwischen einigen gängigen Auflösungen und der Anzahl der in der Höhe und in der Breite produzierten Pixel. Angenommen, Sie hätten nun die Wahl zwischen einer Kamera mit 6 MP und einer mit 8 MP, worauf achten Sie dann? Der Unterschied in der Anzahl der Pixel ist (fast) zu vernachlässigen. Oder anders gefragt: Glauben Sie, dass Sie mit einer 8-MP-Kamera bessere Fotos machen als mit einer 6-MP-Kamera, nur weil sie 2 MP mehr hat?

Schlussfolgerung

In diesem Kapitel wurde gezeigt, dass nicht allein die Pixelmenge für gute Bilder verantwortlich ist. Auch zeigte sich, dass man mit sehr wenigen Pixeln schöne Fotos machen kann, die sich für großformatige Ausdrucke eignen. Der beste Rat ist: Glauben Sie Ihren eigenen Augen. Bestimmen Sie anhand von Probeausdrucken, mit wie vielen Pixeln Sie auskommen, bis zu welchem Format Sie vergrößern und wie stark Sie komprimieren können. Wollen Sie eine neue Digitalkamera kaufen, können folgende Informationen hilfreich sein.

Es gibt grob gesagt drei Typen von Kameras.

Kompaktkamera
Klein genug, um schnell nach ihr greifen und aufnehmen zu können (schöne Momente zum Fotografieren gehen schnell vorbei), dabei preisgünstig. Optischer Zoom meist beschränkt auf 3-fach bis 5-fach. Zur Ergänzung: Ihr Handy, dessen größter Vorteil ist, dass Sie es immer dabeihaben (schöne Momente kündigen sich nicht im Voraus an).

Brückenkamera / bridge camera / Prosumerkamera
»Mittelformat«-Kamera und etwas teurer. Ihr größter Vorteil ist, dass sie im Durchschnitt über ein 10-faches Zoom verfügt. Sehr gut zu bedienen und eigentlich handlicher als eine Spiegelreflexkamera. Ihr Nachteil ist, dass sie etwas langsamer ist als der folgende Typus.

Spiegelreflexkamera
Zunehmend beliebtes Modell leidenschaftlicher Foto-Amateure, die so viel Kontrolle wie möglich über ihre Aufnahmen haben wollen. Nachteile: größer und schwerer (obgleich sie immer leichter werden), und für Weitwinkel- und (ordentliche) Teleaufnahmen braucht man unterschiedliche Objektive. Aber das ist auch ein Vorteil: Da man die Objektive einzeln kaufen und austauschen kann, lässt sich auch deren Qualität den jeweiligen Ambitionen anpassen. Meist lassen sich auch noch ältere Objektive aus vordigitalen Zeit gebrauchen, dann aber muss man den »Verlängerungsfaktor« einrechnen (siehe Kapitel 2).

Was die Möglichkeiten angeht, sind die Unterschiede zwischen diesen drei Kameratypen nicht so sehr groß. Bei allen dreien lassen sich meist die Pixelmenge, der Kompressionsgrad und Dinge wie Weißabgleich und Empfindlichkeit einstellen. Aktuelle Qualitätsbewertungen finden Sie in Fachzeitschriften. Am besten fragen Sie, ob man Ihnen die Kamera vor dem Kauf ein paar Tage zur Probe überlässt.

ALTES CHINESISCHES SPRICHWORT:

Lass dich von der Kamera nicht unterkriegen

Lassen Sie sich nicht von Ihrer Kamera unterkriegen. Das heißt: Geben Sie nie der Kamera die Schuld für ein Foto, das Sie nicht machen konnten. Denn mit jeder Kamera können Sie einen schönen Moment festhalten, ob sie nun 10, 100 oder 1000 € gekostet hat. Und auch mit der teuersten Kamera lassen sich schlechte Fotos machen.

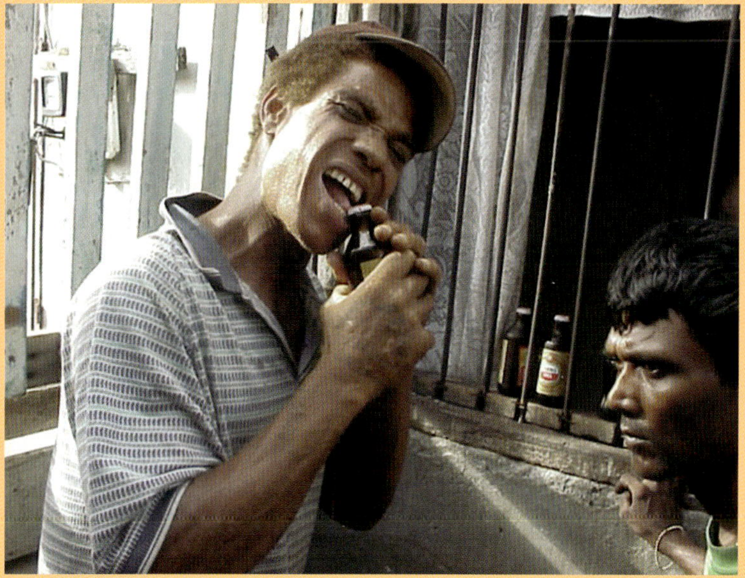

▶ Dieses Foto wurde 2001 mit einer digitalen Kamera von 1998 gemacht: der Sony Mavica MVC-FD81 mit 2-fachem (!) Zoom. Die Fotos wurden auf einer Diskette (1,44 MB) gespeichert, die nur 20 Stück fasste, denn jedes Foto brauchte etwa 62 KB Speicherplatz (640 x 480 Pixel, 0,3 MP). Dieser junge Mann in Paramaribo öffnet mit seinen Zähnen eine Flasche Parbo-Bier. Die Kamera hat das Format einer kleinen Lunchbox. Aber wie wundervoll fanden wir sie damals!

4 Bilder sehen und machen

BILDKOMPOSITION

Ein schönes Bild zu komponieren ist sehr schwierig. Es gibt immer viel zu viele Möglichkeiten, allein was Bildwinkel, Standpunkt, Gebrauch des Zooms, Timing und Belichtung angeht. Eine gute Bildkomposition hängt zum einen von Ihrem – möglicherweise angeborenen – Gefühl für Ästhetik ab und zum anderen von Ihrer Erfahrung. Glücklicherweise gibt es aber auch einige Faustregeln, Tipps, Do's und Don'ts, Muster und Klischees. Aber auch deren Anwendung erfordert Übung. Doch dadurch entsteht Kunst!

Ebenfalls bedeutsam ist die Zeit, die Sie sich für ein Foto nehmen. Viele Leute schauen nur schnell durch den Sucher, und schon macht es »klick«. Sie schauen kaum an, was sie fotografieren, und verändern tun sie schon gar nichts. Nehmen Sie sich Zeit, um ein Foto zu machen. Es sei denn natürlich, der günstige Moment könnte zu schnell vorbei sein.

Sie entscheiden, was fotografiert wird

▼ Bei jedem Foto, das Sie machen, sollten Sie sich zuerst fragen: Welches sind die essentiellen Dinge, die ich festhalten möchte? Und was sollte außerhalb des Bildes bleiben, weil es nichts zur Sache tut? Bei diesem Foto eines Kamelrennens in Ägypten war deutlich, worum es ging: rennende Kamele, angespannt reitende Beduinen und die felsige Umgebung. Das einzufangen ist geglückt, obwohl es mehr dem Zufall als der Klugheit des Fotografen zu verdanken war, dass diese Szene sich genau vor der Linse abspielte.
Das Foto hätte sicherlich auch aus größerer Entfernung aufgenommen – mit mehr Umgebung – und später am Computer der richtige Bildausschnitt gewählt werden können. Aber das Foto verdankt einen Teil seines Charmes der dynamischen Weitwinkelperspektive. Steht man weiter weg, hat man weniger Dynamik, und die Perspektive wird flacher.

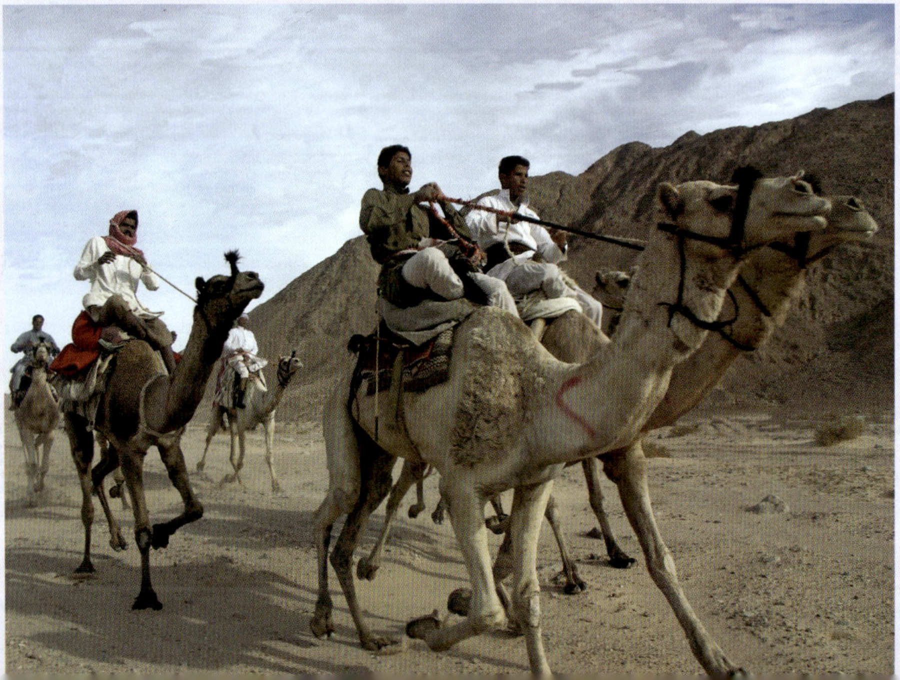

Die Kamera wurde für das Foto mit der Bewegung mitgeführt. Das wurde geübt bei Kamelen, die vor dem Rennen dort entlangkamen. Das ist ein Tipp, wenn Sie gespannt auf den großen Moment warten: Probieren Sie Kameraeinstellungen mit etwas anderem, das vorbeikommt, vorher aus und kontrollieren Sie das Ergebnis. Das Foto wurde übrigens mit Photoshop stark bearbeitet, denn der Hintergrund war voller moderner Strommasten.

Gut AUTO

Empfohlen

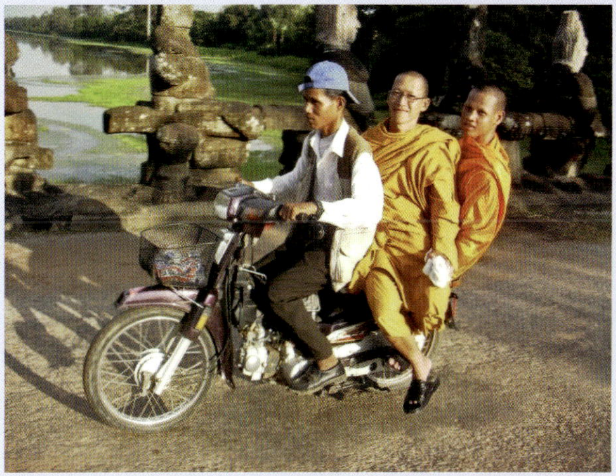

▲ Manchmal fehlt die Zeit zum Üben, beispielsweise weil ein Motorradfahrer, der gleich zwei Mönche auf seinem Motorrad mitnimmt, auch in Kalkutta sehr selten vorbeikommt. Dann heißt es zielen und fotografieren – und hoffen. Hierbei ist es praktisch, wenn Sie die Kamera in Stand-by-Einstellung belassen. Die Erfahrung lehrt, dass – um schnell fotografieren zu können – die Kamera am besten ausgezoomt sein sollte. Sitzen Sie im Auto, zoomen Sie besser ein. Oft kann man nach dem Anhalten nicht schnell genug nah herankommen, wenn man etwas Schönes sieht.

Gut AUTO Empfohlen

Die richtige Position einnehmen

▶ Dieser Mann in Bombay bügelt jeden Tag hunderte von Kleidungsstücken in den »Dobi Ghats«: Ein riesiges Gebiet mit Waschbecken aus Beton, wo Dutzende »Dobi Wallahs« die Wäsche der Stadt reinigen. Es musste viel ausprobiert und gemessen werden, um den Mann gut aufs Bild zu bekommen. Denn worum ging es: um den Mann, die Bügelwäsche und das antike Bügeleisen mit Kohlen. Die einzige Möglichkeit, alle drei in einer schönen Komposition zu vereinigen, war, sich hinzuknien. Damit verstoßen wir zwar gegen eine der Regeln zu Anfang dieses Buches, aber aus gutem Grund.

Gut AUTO Empfohlen

▼ Wenige Menschen sind sich bewusst, dass das »In-die-Hocke-Gehen« (was viele tun, wenn sie ein Foto machen) viel Einfluss auf das Ergebnis hat. So sieht man, dass selbst diese Lämmer ein bisschen bedrohlich wirken, werden sie von einem tiefen Standpunkt aus fotografiert. Warum sollte man das also tun?

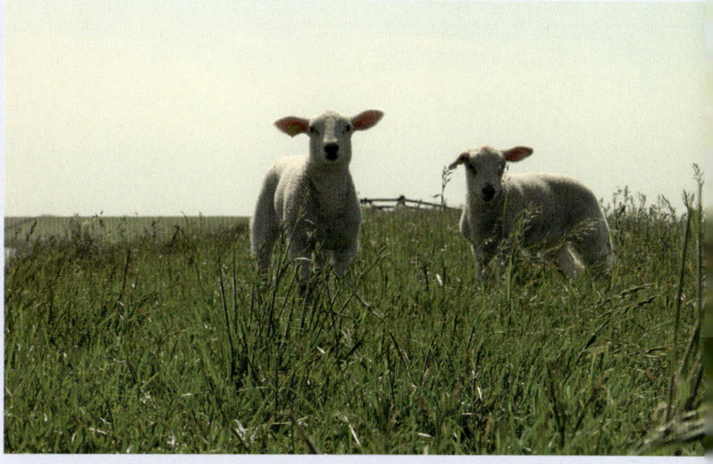

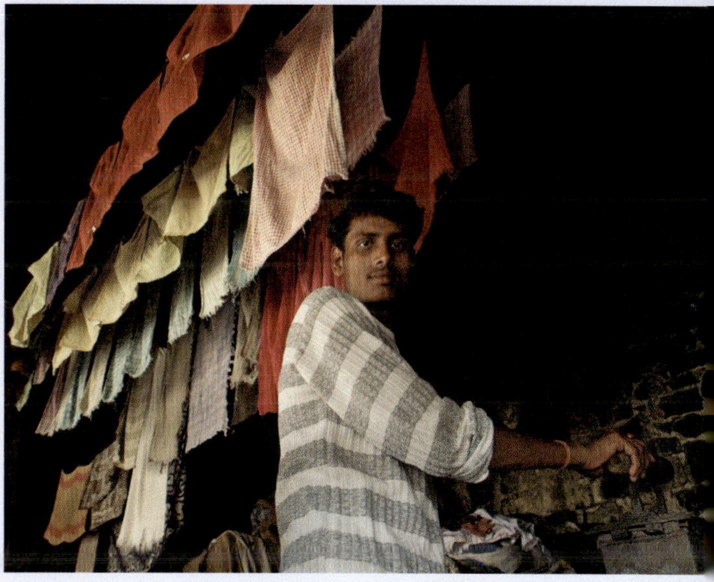

Gut AUTO

Wenig

▶ Wer aufrecht stehend fotografiert, sieht zumindest etwas vom Hintergrund (Ijsselmeer, Deich) und bekommt viel Perspektive. Man denkt nicht oft darüber nach, aber die Höhe, aus der heraus ein Foto aufgenommen wird, ist wichtig für das Ergebnis, vor allem, wenn man eingezoomt hat. Dann bedeutet eine kleine Bewegung schnell einen anderen, wenn auch oft unscharfen, Hintergrund.

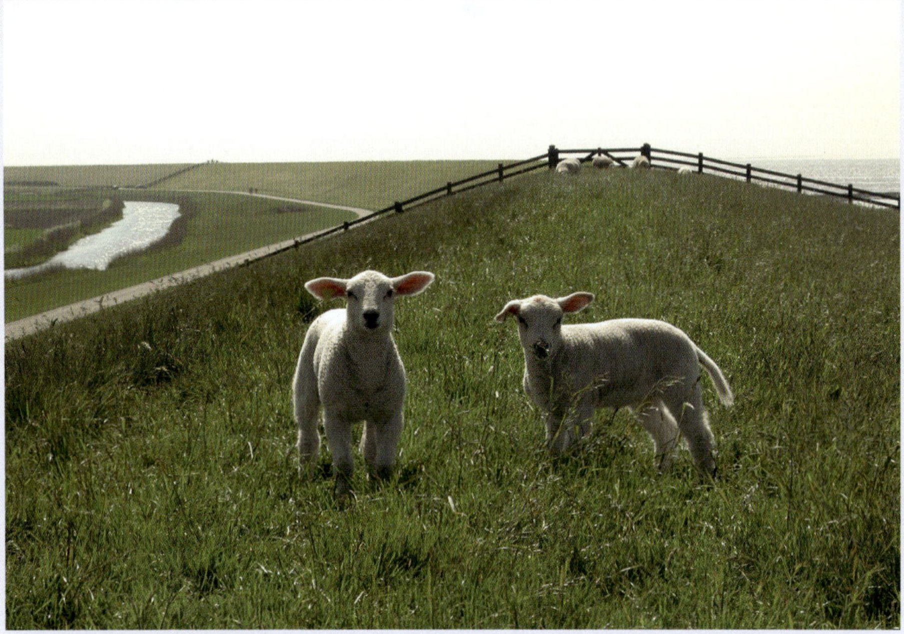

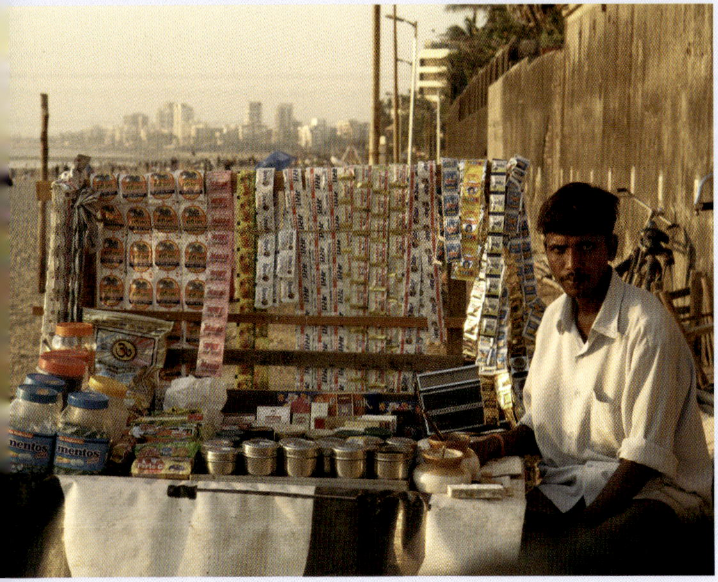

◀ Diese Herren verkaufen überall in Indien Leckereien in kleinen Tütchen, die sie von einem langen Strang abtrennen. Im Hintergrund ist die Skyline von Bombay zu sehen. Man weiß, wo man ist. Wäre der Fotograf nur ein wenig in die Hocke gegangen, hätte dies wirklich »überall« in Indien sein können. Oft geben solche Kleinigkeiten den Ausschlag. Jemand sagte einmal über die Fotografie: »Der Unterschied zwischen einem Amateur und einem Profi beträgt nur ein Inch«. Er bezog sich dabei wahrscheinlich auf derartige Situationen.

Gut AUTO Empfohlen

▶ Der einzige Fall, bei dem Sie unbedingt in die Hocke gehen sollten, ist das Fotografieren von Kindern. Ansonsten entsteht der Elfenbeinturm-Effekt wie bei diesem kleinen Steinverkäufer in Petra (was Stein bedeutet) in Jordanien. Man nennt es auch die Vogelperspektive.

Gut AUTO Empfohlen

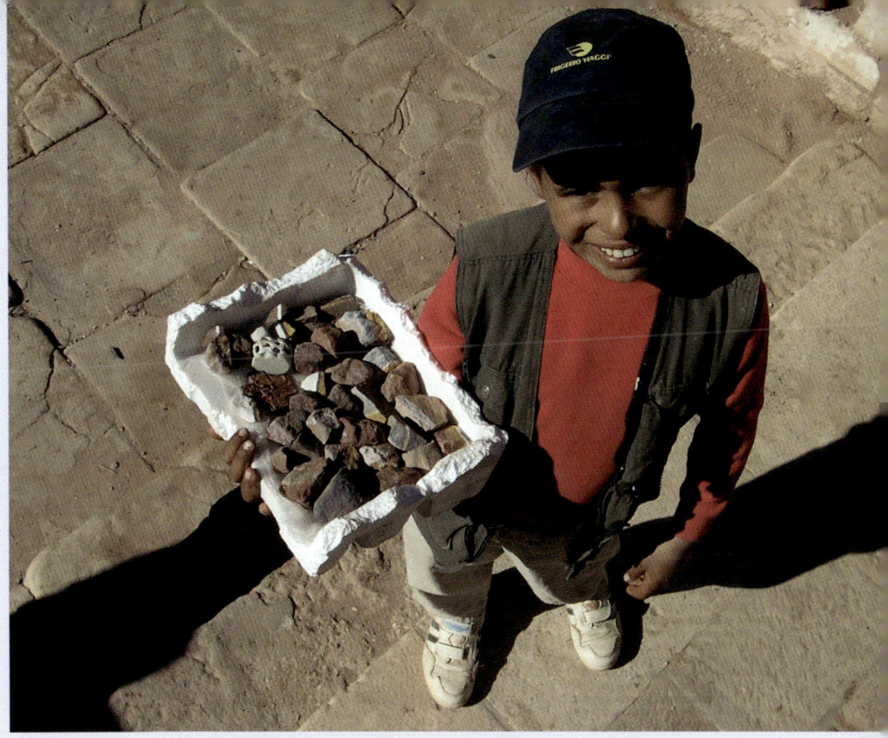

▼ Beim Fotografieren dieses indischen Reisgroßhändlers ist man ebenfalls aus gutem Grund in die Hocke gegangen. Wäre er nicht schon arrogant gewesen, dann hätte er jedenfalls so gewirkt durch das Fotografieren aus dieser Froschperspektive. Vor allem mit Kameras, deren Monitor ausklappbar ist, gelingt dies leicht, genau wie die Vogelperspektive. Da der Autofokus die Zehen des Mannes scharf stellen wollte, wurde per Hand scharf gestellt.

Gut AUTO Nicht AF

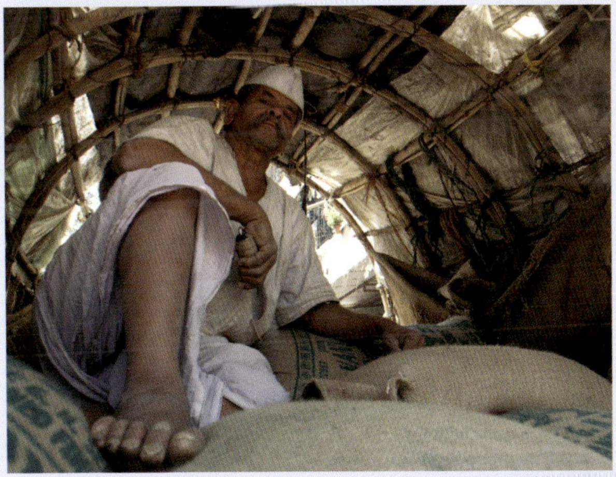

▼ Um Gebäude zu fotografieren, sollte man einen höheren Standpunkt einnehmen. Bleibt man auf Straßenniveau stehen, dann kippen die Gebäude nach hinten weg. Siehe beispielsweise Shanghai am Morgen im vorigen Kapitel. Mit Photoshop lässt sich viel korrigieren (siehe Kapitel 6), aber es ist immer besser, gleich ein gutes Foto zu machen. Für diese Moschee mit kerzengeradem Minarett ist der Fotograf auf ein kleines Dach geklettert. Müllcontainer und Elektrizitätshäuschen genügen auch oft.

Gut AUTO Empfohlen

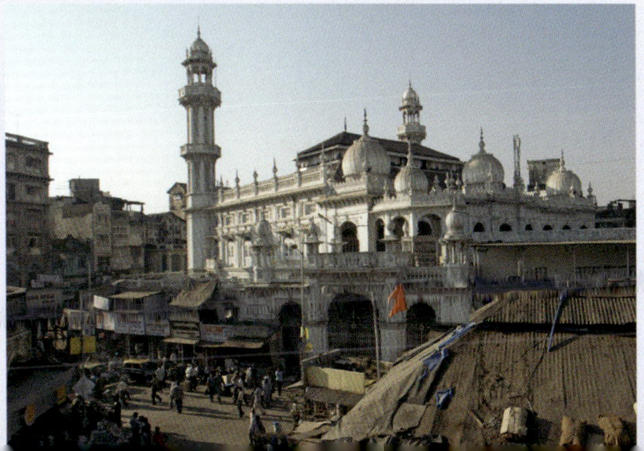

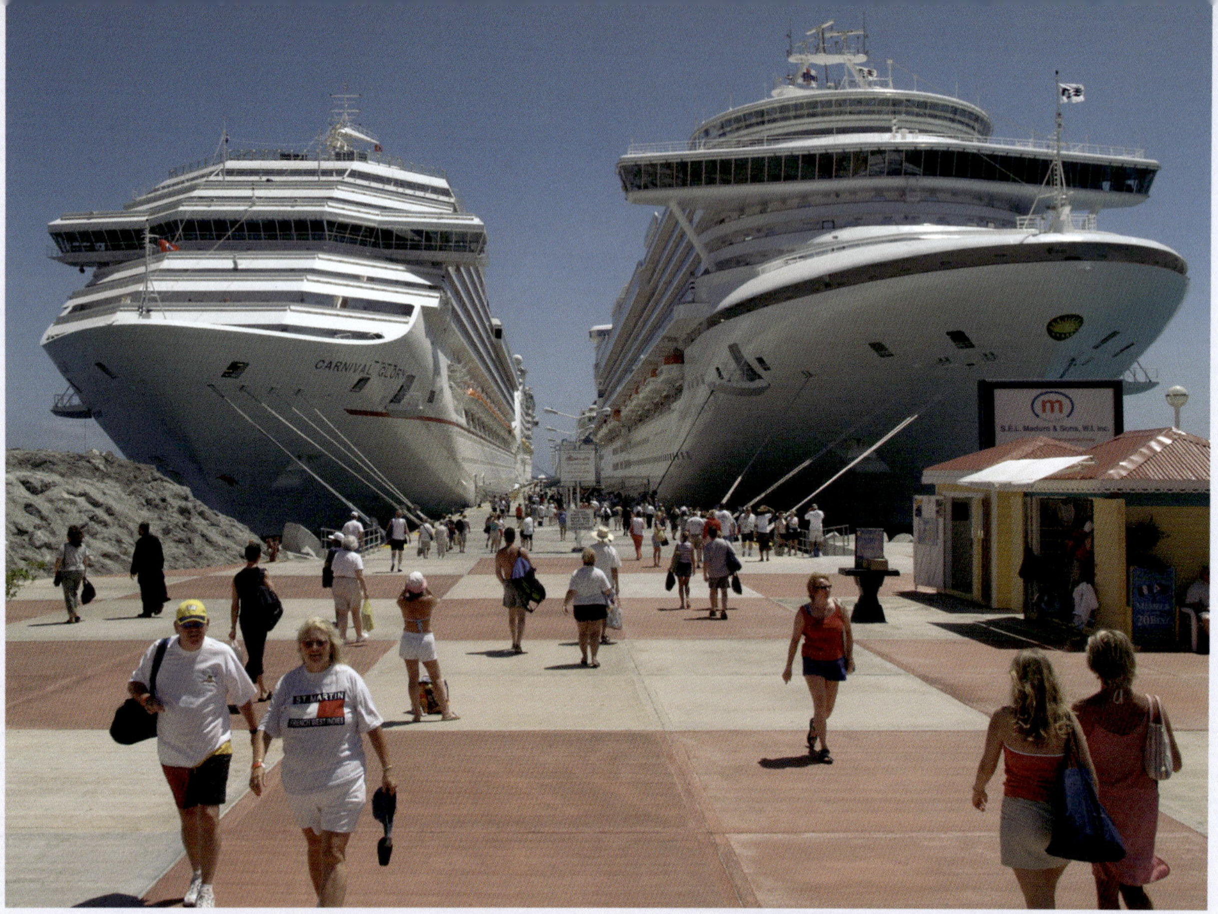

▲ Kreuzfahrtschiffe im Hafen von Philipsburg, Sint Maarten. Um sich etwas über die Masse zu erheben, hat sich der Fotograf auf ein Segelschiff gestellt. Der Unterschied zum Straßenniveau ist gering, aber groß genug, um eine fühlbare Spannung ins Bild zu bringen.

Gut AUTO Empfohlen

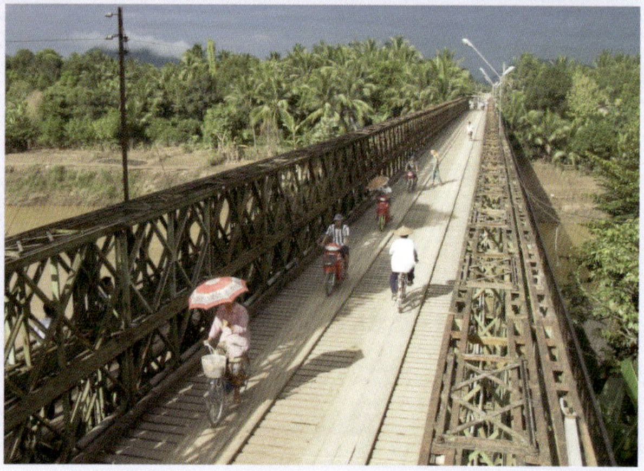

▶ Eine Brücke wie diese über den Mekong in Luang Prabang (Laos) lädt natürlich zum Klettern ein. Die Sonnenschirme auf dem Fahrrad schützen die Fahrer vor der Sonne.

Gut AUTO Empfohlen

Empfohlen Reiseversicherung mit unbegrenzter Deckung

▶ Der Fotograf in Aktion.

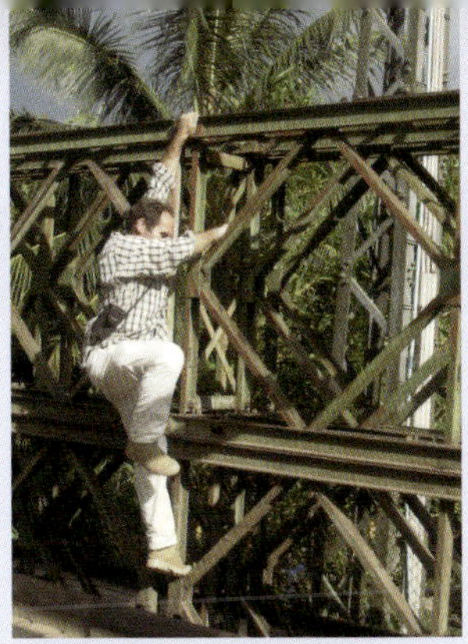

Vordergrund, Hintergrund und alles dazwischen beleben

Schon das Foto der Mekong-Brücke zeigt, dass ein höherer Standpunkt eine spannende Perspektive bietet. Das erreicht man aber auch durch einfaches Auszoomen bis zur Weitwinkelperspektive. Je kürzer die Brennweite und je näher die Kamera am Objekt, desto mehr diagonale Linien auf dem Foto konvergieren (laufen aufeinander zu) oder divergieren (laufen auseinander).

◀ Der Effekt ist optimal, wenn man ein Standfoto macht, so wie hier vom Französischen Gebäude in Shanghai. Man muss aber darauf achten, dass die vertikalen Linien gerade sind. Gelingt das nicht, versucht man, an einer Seite des Fotos die Linien gerade zu halten.

Gut AUTO Empfohlen

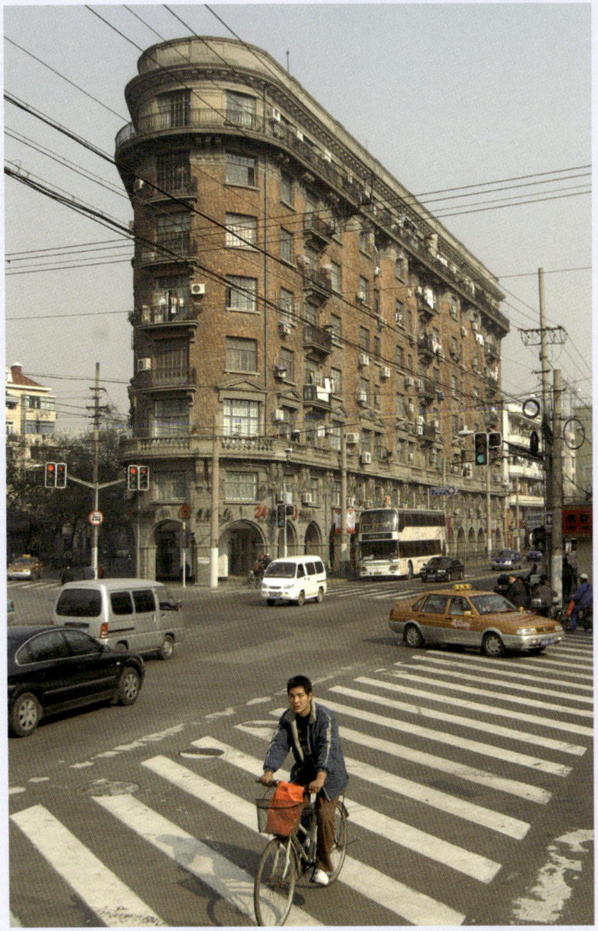

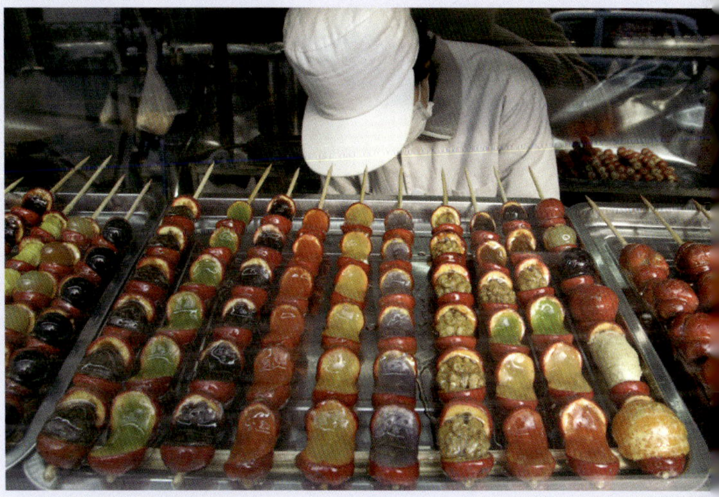

▲ Reihen von glasierten Fruchtspießen in Shanghai bieten eine nette Perspektive auf die beliebten Naschereien in dieser Stadt.

Gut AUTO Empfohlen

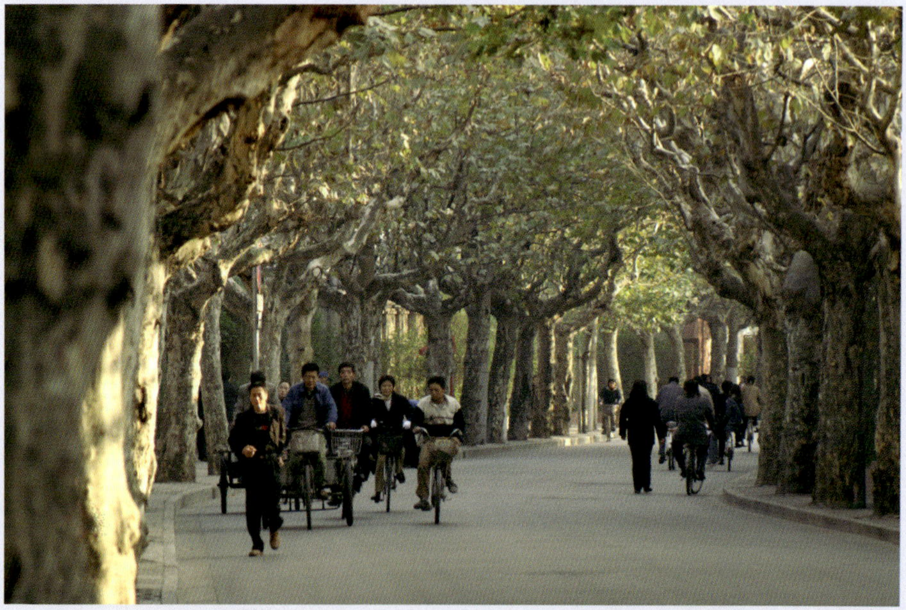

▶ Zum Vergleich eine andere Straße in Shanghai, fotografiert mit Teleobjektiv. Durch das Einzoomen ist die Perspektive in dieser langen Allee verschwunden, die Bäume werden aufeinandergedrückt. Mit einem Weitwinkelobjektiv wären die Bäume auseinandergezogen worden. Die Straße erscheint nun viel kürzer, als sie ist.

Gut AUTO

Empfohlen

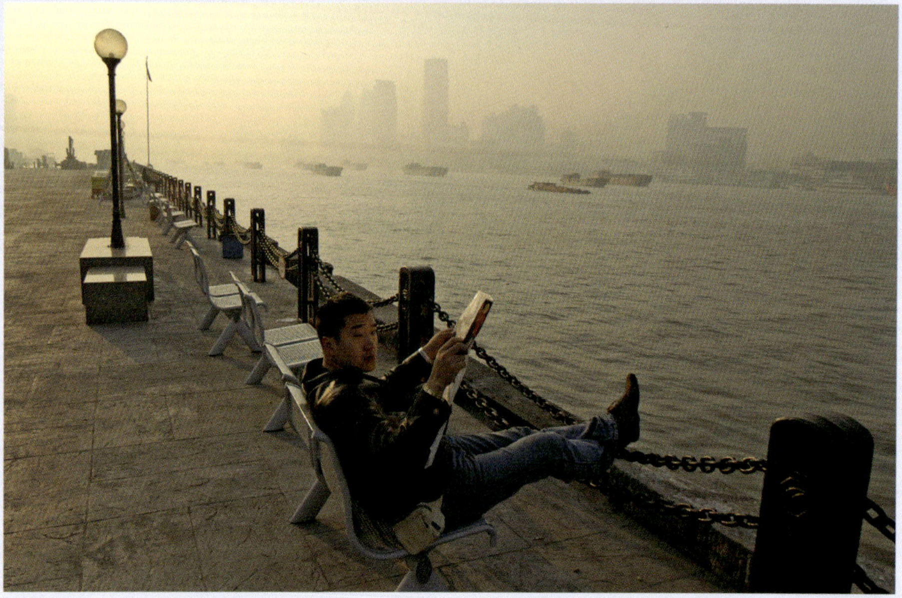

▶ Man kann die Perspektive betonen, indem man etwas oder jemanden im Vordergrund platziert. Ist dies eine Person, sollte man nicht zu nah herangehen. Denn durch die Verzerrung des Weitwinkelobjektivs könnte die Person auch auseinandergezogen werden. Dieses Foto entstand frühmorgens am Huangpu, dem Fluss, der Shanghai durchzieht. Die Hochhäuser, die sich im Hintergrund fast im Nebel verstecken, tragen ihren Teil zu dem großen, wahrnehmbaren Abstand zwischen Vorder- und Hintergrund bei.

Gut AUTO

Empfohlen

Empfohlen

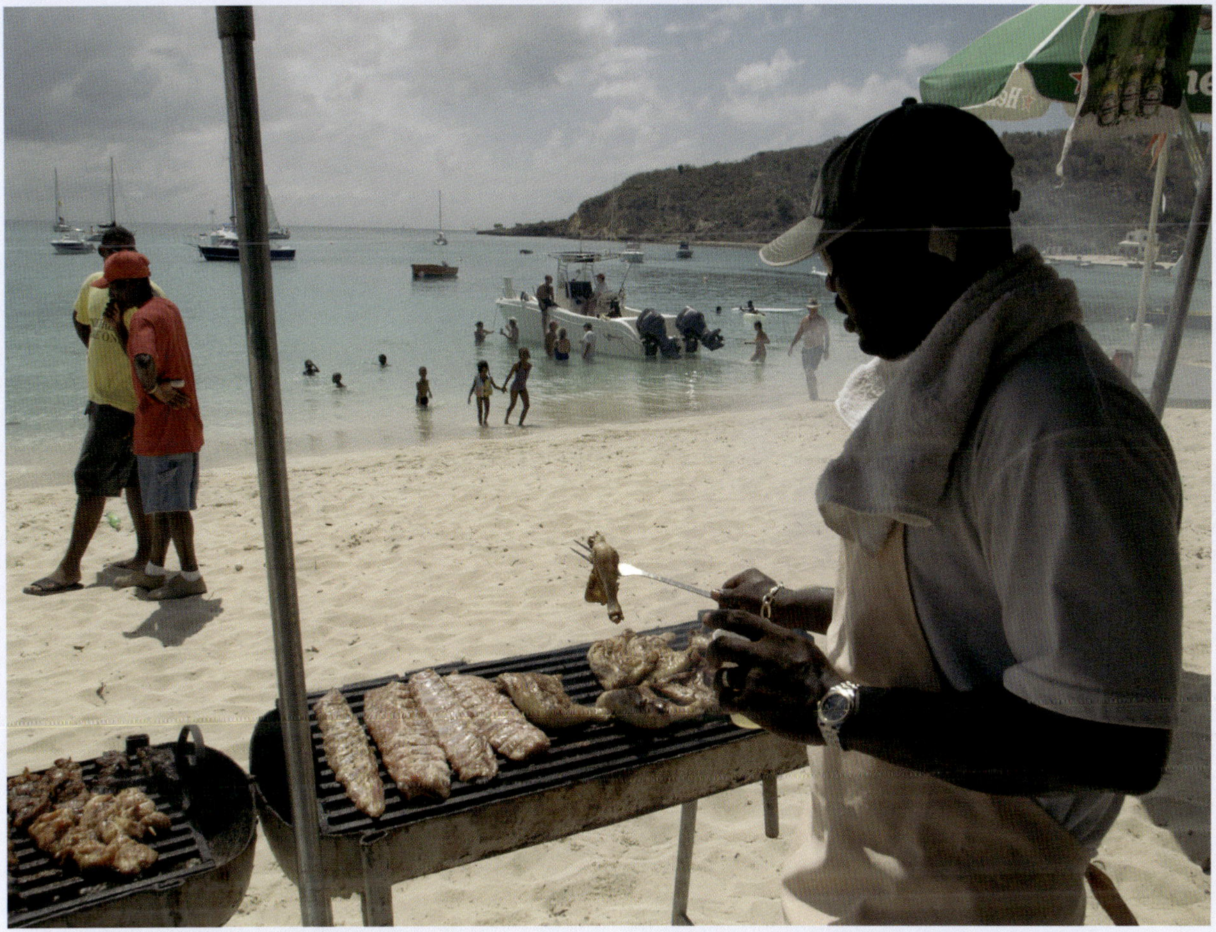

▲ Hier erklärt sich das Verhältnis zwischen Vorder- und Hintergrund beinahe von selbst. Man kann aus verschiedenen Gründen etwas im Vordergrund fotografieren. Auf der Insel Anguilla beispielsweise ist gut erkennbar, dass das Barbecue direkt am Meer steht. Wenn man den Mann von vorn aufgenommen hätte, wäre nur das Hinterland zu sehen gewesen und nicht das kühle azurblaue Wasser. Natürlich wartet man mit der Aufnahme, bis der Grillmeister ein Stück Fisch umdreht. Das bringt Bewegung ins Bild.

Gut AUTO Empfohlen

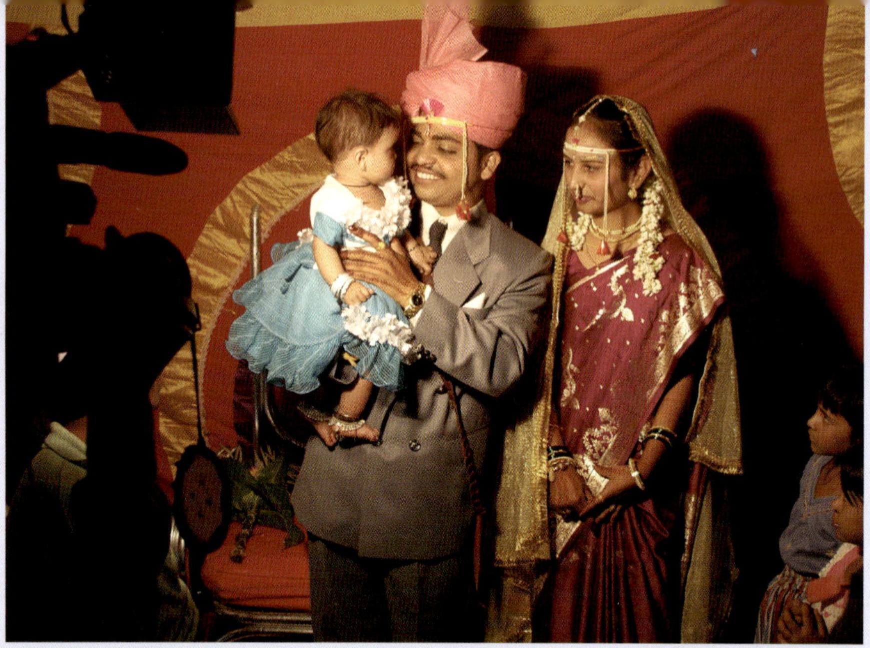

▶ Bei diesem Foto kann man sehen, dass das Ehepaar aus Rajasthan gefilmt wurde. Das bedeutet in Indien, dass es einem ganz schön warm wird. Beachten Sie, dass bei diesem Foto und dem Foto von Anguilla das Bild ohne den Vordergrund weniger interessant gewesen wäre.

Gut AUTO

Empfohlen

Eventuell

▼ In Varanasi, Indien, erfüllt diese Frau im Vordergrund die Rolle des »Pars pro toto«: ein Teil, der für das Ganze steht. Sie ist das Symbol für das, was jedermann hier am Ganges tut: beten und baden. Die Menschen im Hintergrund dienen eigentlich als Illustration bzw. als Bestätigung für ihr Tun. Beachten Sie, dass das Foto einen großen Teil seiner Anziehungskraft dadurch gewinnt, dass der Fotograf ebenfalls im Wasser steht.

Gut AUTO Empfohlen Empfohlen

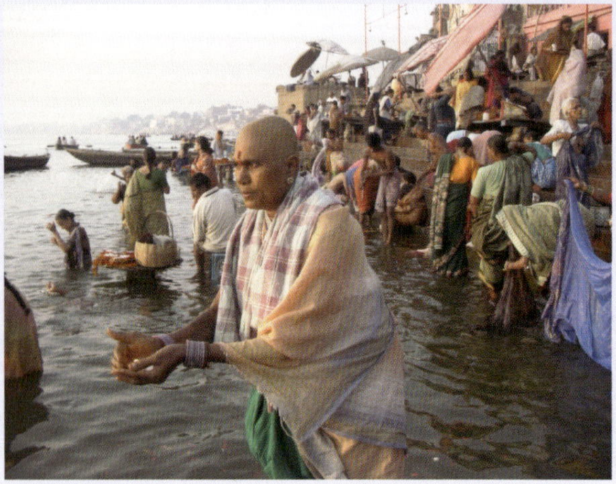

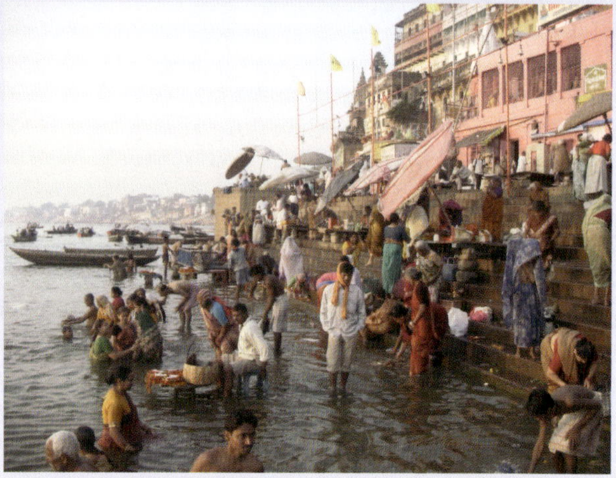

▲ Ein vergleichbares Foto derselben Szene, diesmal jedoch ohne eine Person, welche den Vordergrund belebt und die Aufmerksamkeit auf sich zieht. Das Bild ist jetzt unbestimmt.

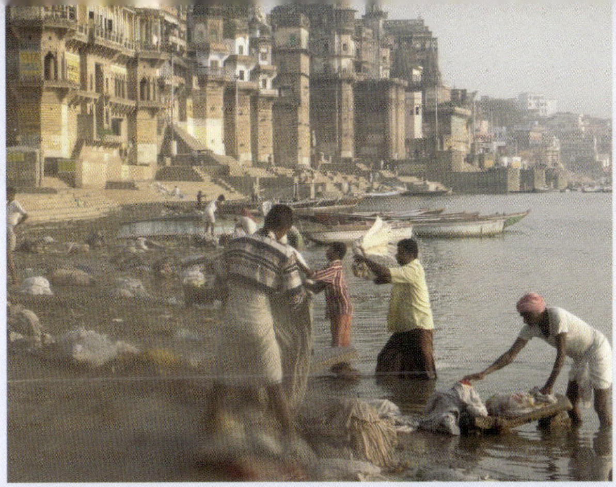

◀ Zum dritten Mal Varanasi. Nun beleben die Kleiderwäscher den Vordergrund und geben den monumentalen Bauwerken entlang des Flusses Tiefe und beleben sie. Ein ganz anderer Gebrauch des Vordergrunds. Das Foto ist am unteren Rand leider etwas unscharf. Der Grund dafür ist, dass Wasser in den Fotoapparat geriet, als der Fotograf auf den glatten Treppen, die in den Ganges führen, ausrutschte. Es ist zugleich das letzte Foto, welches er mit der treuen Ricoh RDC-i700 hat machen können.

Gut AUTO Etwas

Unterwassereinstellung (wenn vorhanden)

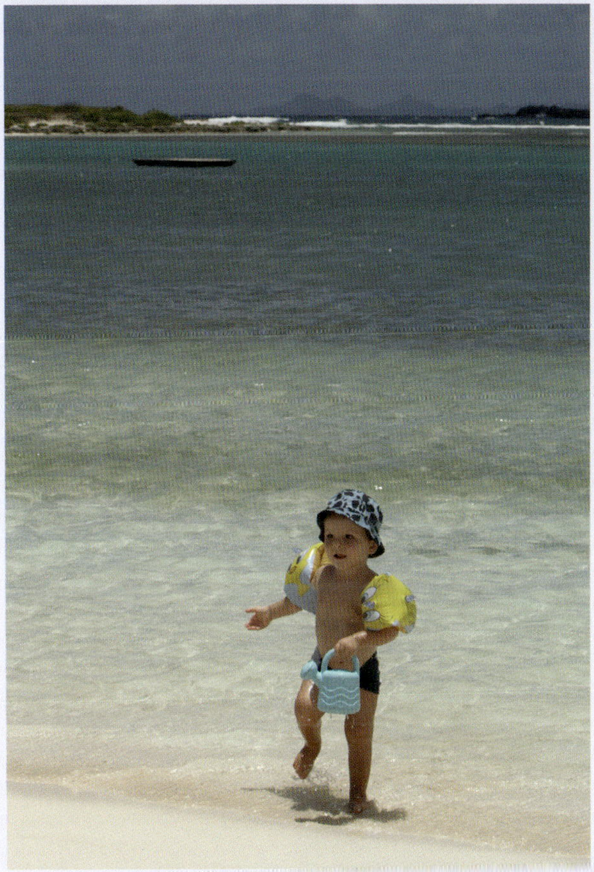

◀ Ohne Vordergrund hätte dieser Hintergrund keine Bedeutung.

Gut AUTO Etwas

▼ Der verschleierte Mann im Jeep sorgt für die Ortsbestimmung und verleiht der berühmten Wüste Wadi Rum in Jordanien, dem einstigen Lieblingsfeldlager von Lawrence von Arabien, T. E. Lawrence, Tiefe. Genau wie bei dem Kind am Strand wurde etwas eingezoomt, um Vorder- und Hintergrund zusammen zu bekommen.

Gut AUTO Etwas

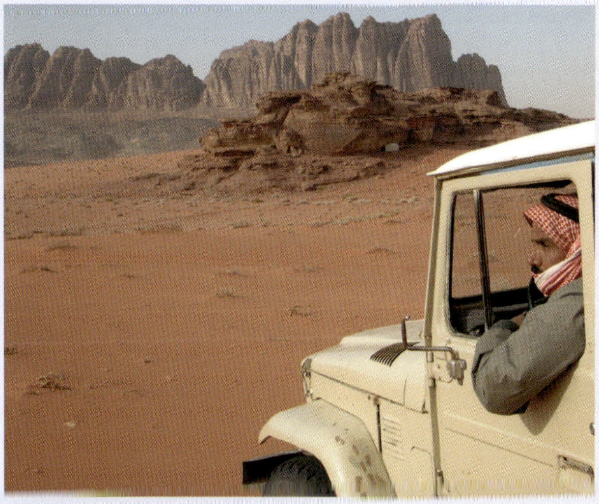

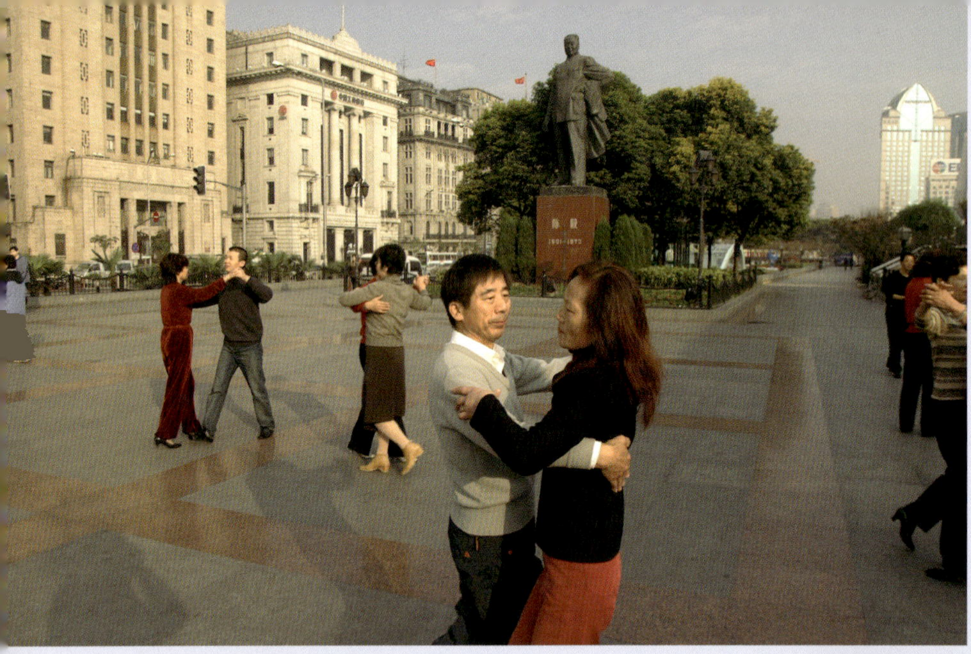

◀ Tanzstunde am Bund, dem Boulevard von Shanghai, am frühen Sonntagmorgen. Die Atmosphäre ist ganz anders als bei der Wasser vergießenden Frau in Varanasi, aber die Bildkomposition ist vergleichbar: Pars pro toto. Es kam auf das Timing (wann tanzen sie an der richtigen Stelle), den Standpunkt des Fotografen und die Wahl eines originellen Tanzpaares an. Letzteres hätte besser sein können.

Gut AUTO

Empfohlen

Empfohlen

Von Nahem sehen Sie besser

▶ Beachten Sie, dass bei diesem Foto in Shanghai die Füße des vordersten Tanzpaares nicht im Bild sind. Das ist auch nicht nötig. Dass sie tanzen, sieht man ja trotzdem, auch an den Füßen der anderen. Wenn die Füße ebenfalls im Bild sind, wirken Menschen immer weiter entfernt. Was man am liebsten sieht, sind Gesichter. Deshalb: Objektiv nach oben richten. Fotografieren Sie von der Mitte nach oben. Füße will man nur im Bild haben, wenn sie von kecken Stiefeletten umhüllt sind oder stramme Waden zeigen.

Gut AUTO Empfohlen

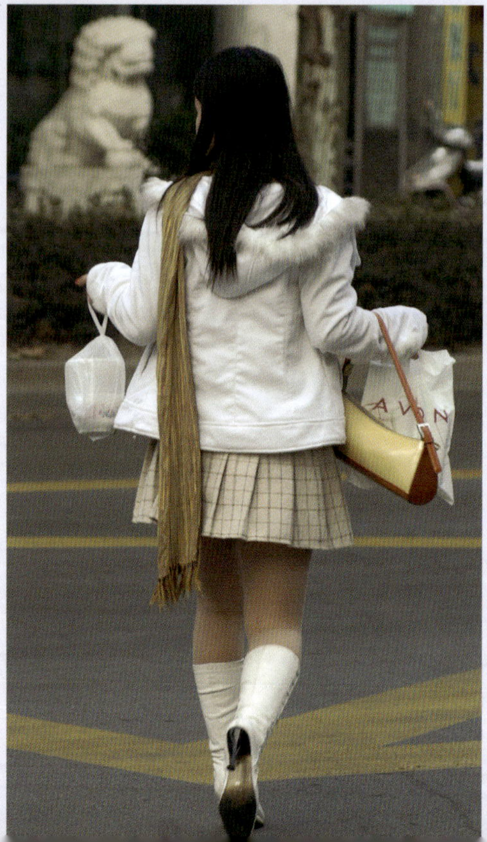

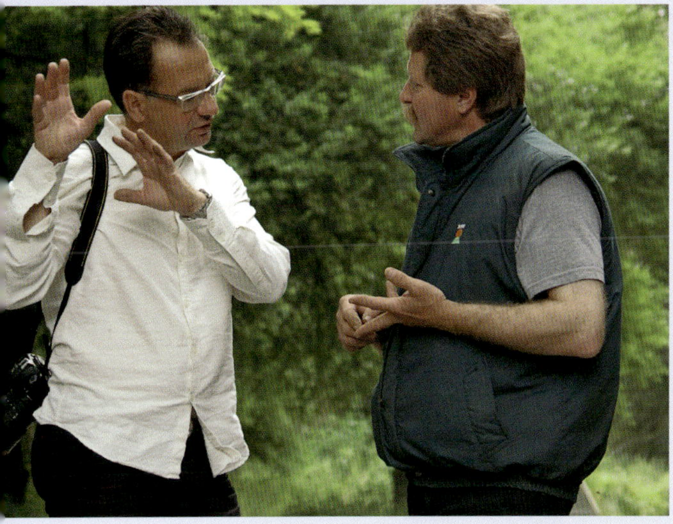

▲ Fotografieren Sie von der Gürtellinie aufwärts, dann sind Gesichtsausdrücke und nonverbale Gesten besser erkennbar.

Gut AUTO Etwas

▼ Noch mehr nach oben und noch eindringlicher: Diese Frau im Bus nach Pondicherry (Indien). Sie hatte wahrscheinlich ein

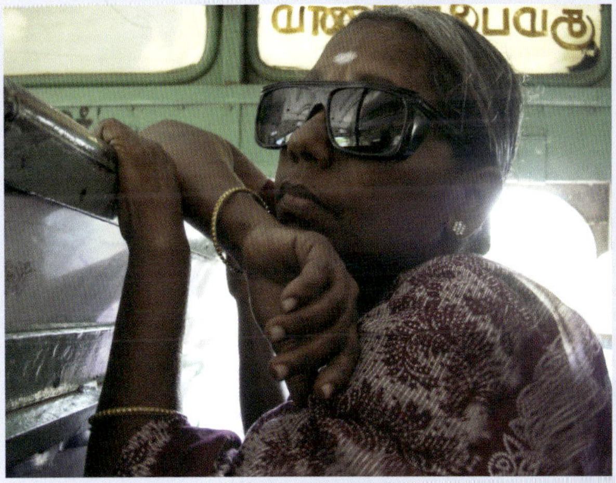

Augenproblem. Faktoren, die dieses Foto anziehend machen, sind der relativ niedrige Standpunkt des Fotografen und die Überstrahlung durch das eindringende Licht. Es wurde nicht eingezoomt, wodurch der Eindruck entsteht, nah dran zu sein. Das Einzoomen vermittelt immer das Gefühl eines gewissen Abstands.

Gut AUTO Empfohlen Eventuell

▼ Bei dieser Frau in Petra, Jordanien, ist verständlich, warum ein Close-up (Nahaufnahme) gemacht wurde. Sie war übrigens eine Souvenirverkäuferin. Die Beduinenmaske wurde vom Fotografen unter der Bedingung gekauft, dass er ein Foto von der Frau mit Maske machen durfte.

Gut AUTO Empfohlen

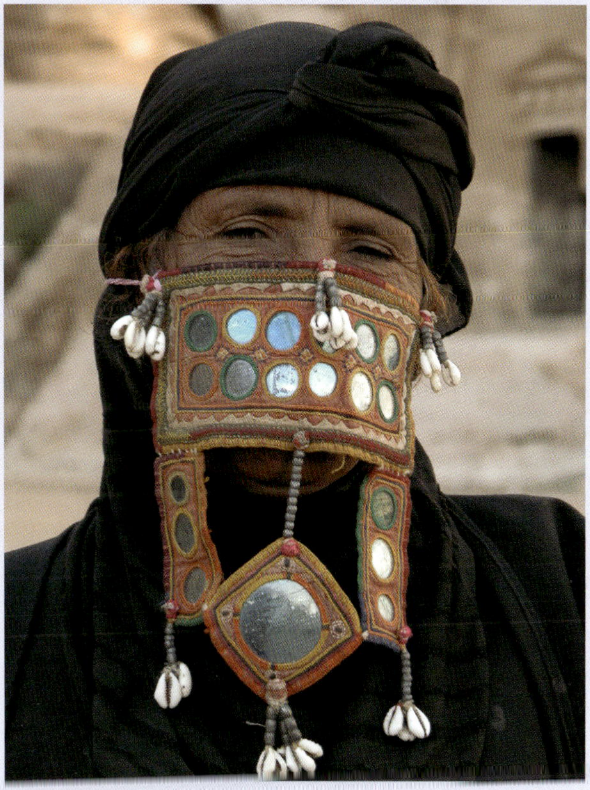

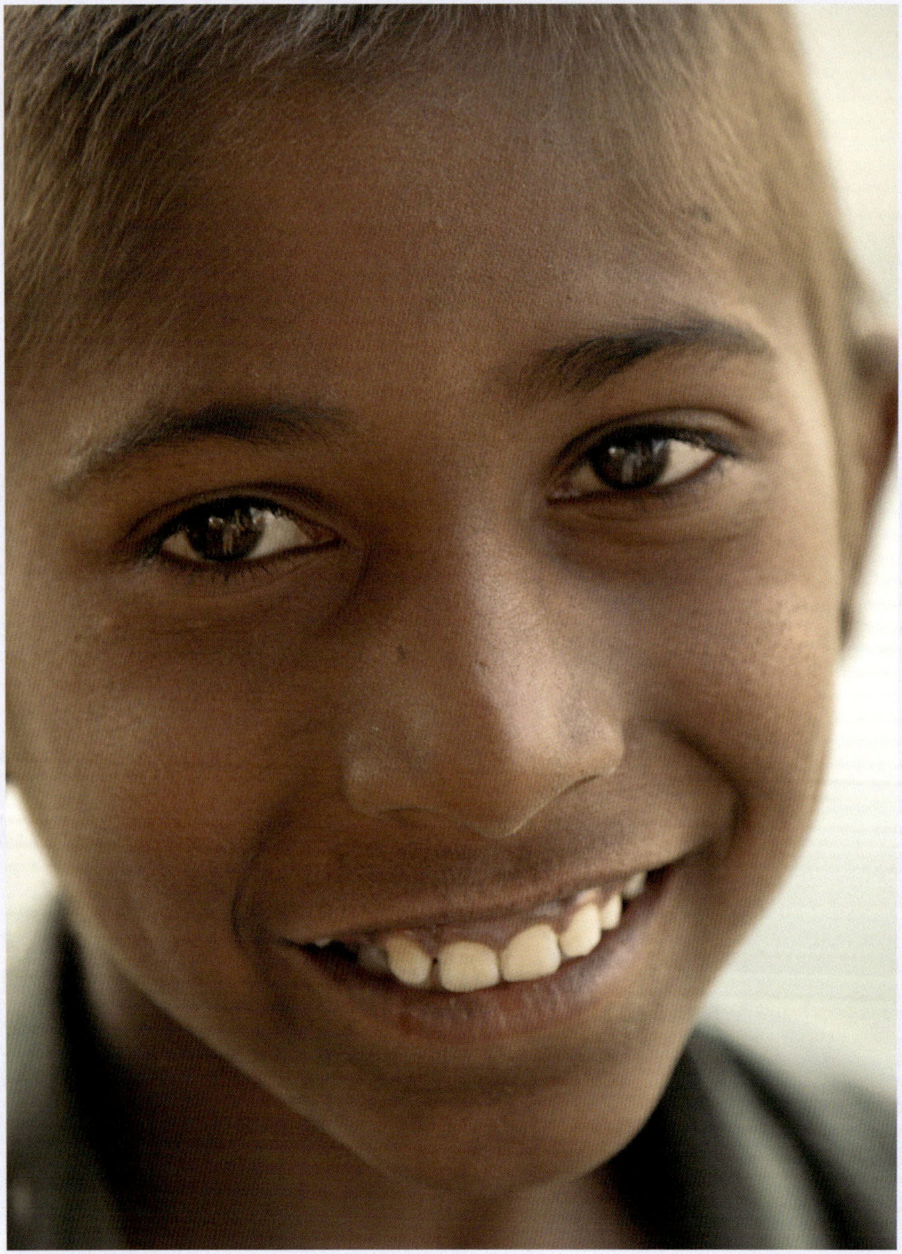

◀ Wie nah heran kann man gehen? Wie nah will man gehen? Bei diesem Foto eines Jungen in Bombay sind nur die Augen und die Zähne scharf. Stellen Sie bei Menschen (und eventuell auch Tieren) immer auf die Augen scharf. Bei großer Nähe muss man die Schärfe meistens von Hand regulieren. Die begrenzte Schärfentiefe wird hier durch den recht langen Brennpunkt (200 mm kbe) und die niedrige Blende (f 2.8) erreicht. Das Foto ist »echt«: Es wurde nicht per Photoshop nachbearbeitet, beispielsweise um bestimmte Teile unscharf zu machen. Um per Hand perfekt scharf zu stellen, kann man eventuell maximal einzoomen, scharf stellen und dann auszoomen, bis der gewünschte Rahmen erreicht ist.

Gut AUTO

Empfohlen

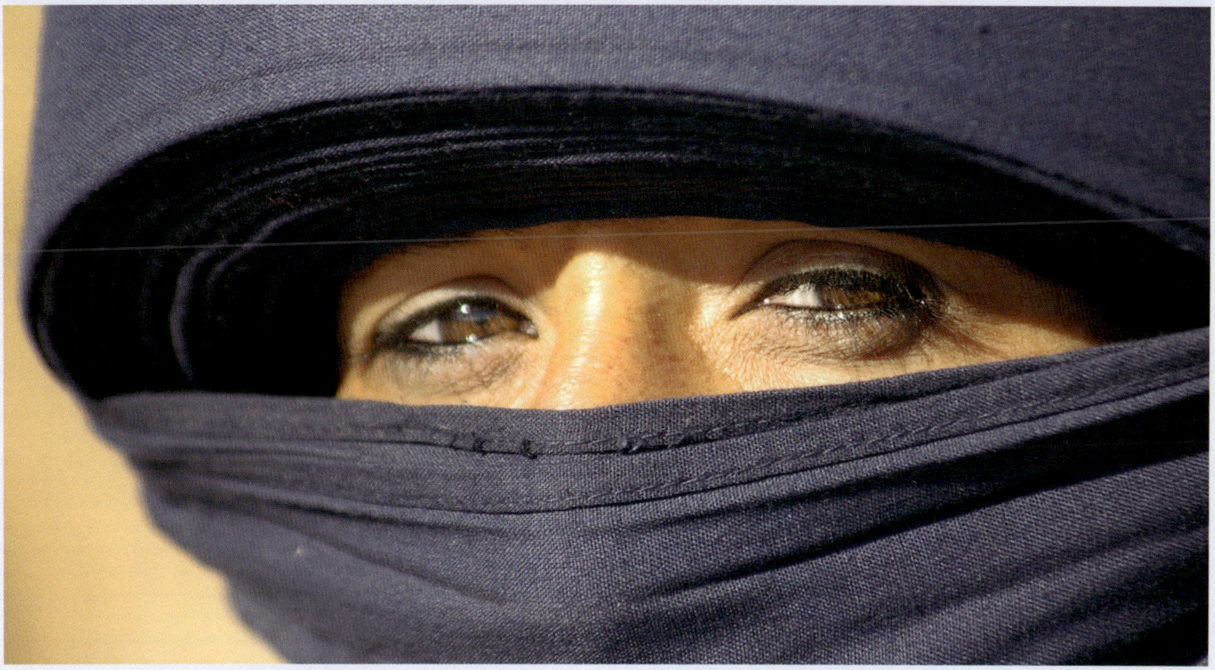

▲ So nah wie möglich herangehen. Dieser Tuareg in Südtunesien zeigte nur seine Augen. Es ließ sich kaum verhindern, dass der Autofokus auf den Gesichtsschleier scharf stellte. Nur das rechte Auge ist scharf.

Gut AUTO Empfohlen

▶ Es gibt natürlich eine Menge von Ausnahmen der Regel, dass man Fotos von Menschen am besten von Nahem machen sollte. Beispielsweise, weil sie zusammen mit dem Umfeld eine schöne Komposition ergeben. Das Wann, Wie und Warum hängt hauptsächlich von Ihrem Gefühl für Ästhetik und Ihrer Fähigkeit ab, ein gutes Bild zu erkennen. Letzteres wächst in dem Maße, in dem Sie die Möglichkeiten Ihrer Kamera kennen lernen und einzusetzen wissen. Die Menschen, denen die angepriesenen Snacks offensichtlich gut schmecken, wohnen in Manaus, Brasilien.

Gut AUTO Empfohlen

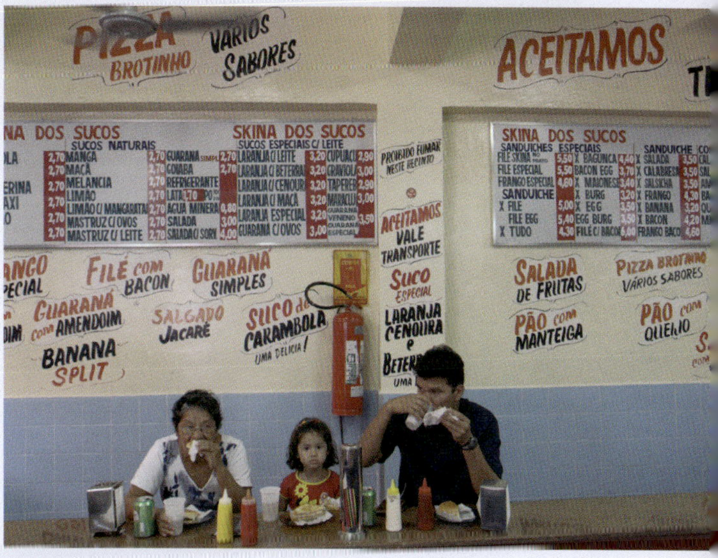

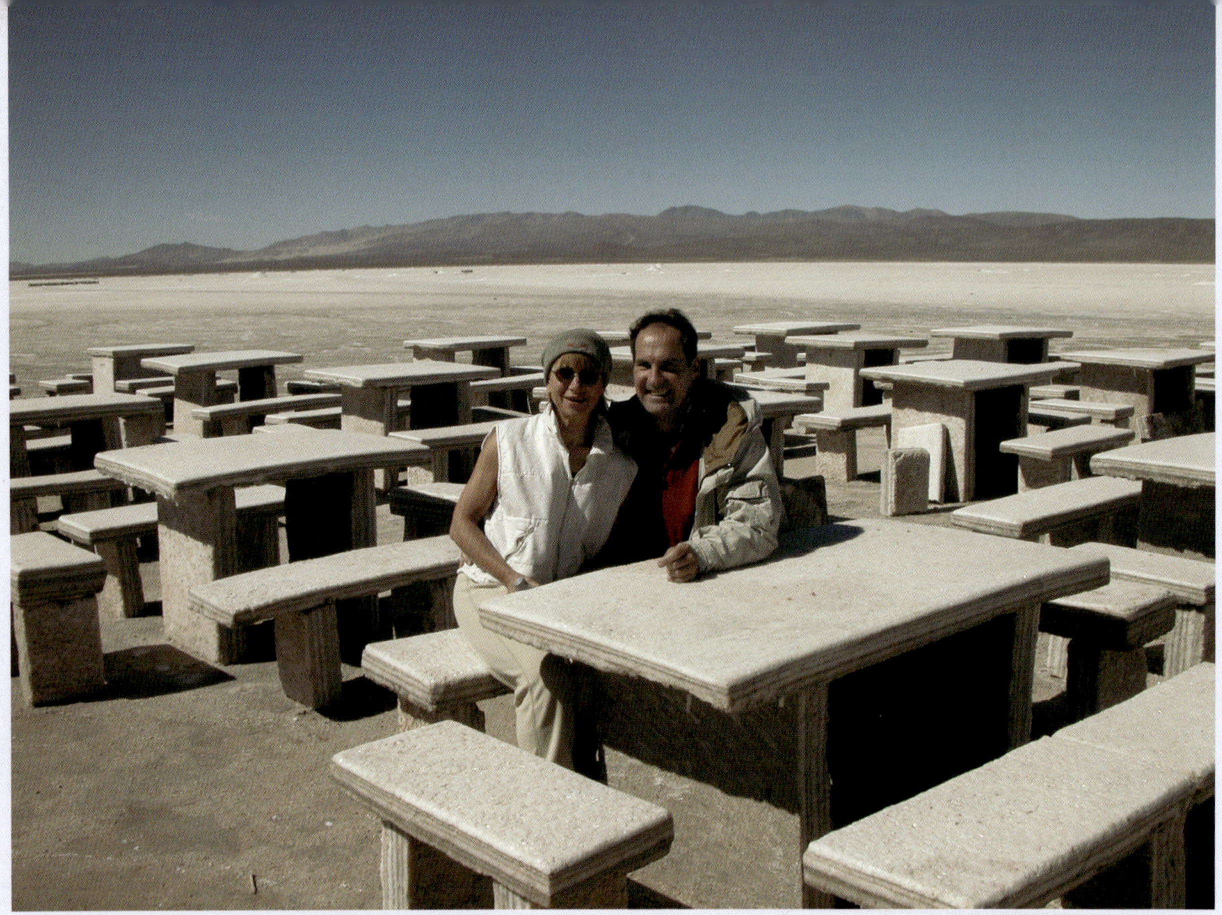

▲ Noch eine Ausnahme von der Regel, möglichst nah an das Objekt heranzugehen. Dies wäre nämlich hier ganz verkehrt, denn die strenge Anordnung und Wiederholung von Bänken und Tischen ginge verloren, wenn man nur einen Ausschnitt wählen würde. Das Mobiliar wurde übrigens aus Salz gefertigt, denn dies ist ein »Salzmeer« in der Nähe von Salta, Argentinien.

▶ Die Perspektive ist weg.

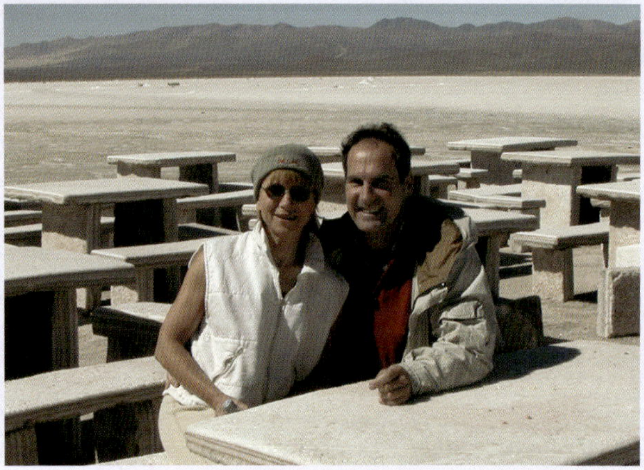

Chaos, Ordnung oder Gleichmaß schaffen

Gut AUTO

Empfohlen

Warum wirkt die Wiederholung von Bänken und Tischen so gut? Weil die Objekte angeschnitten sind. In der Perspektive des Betrachters wiederholt der Rhythmus sich dann außerhalb des Fotos bis ins Unendliche. Versuchen Sie deshalb, nicht »alles« auf das Foto zu bekommen, sondern nur »fast alles«.

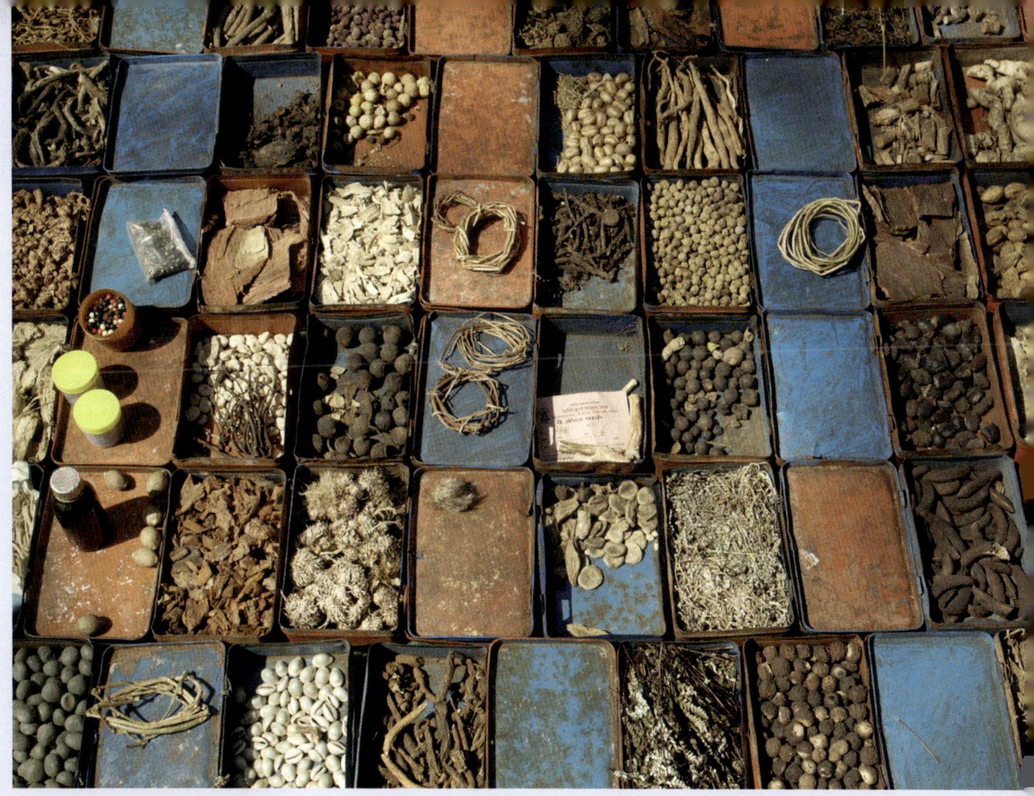

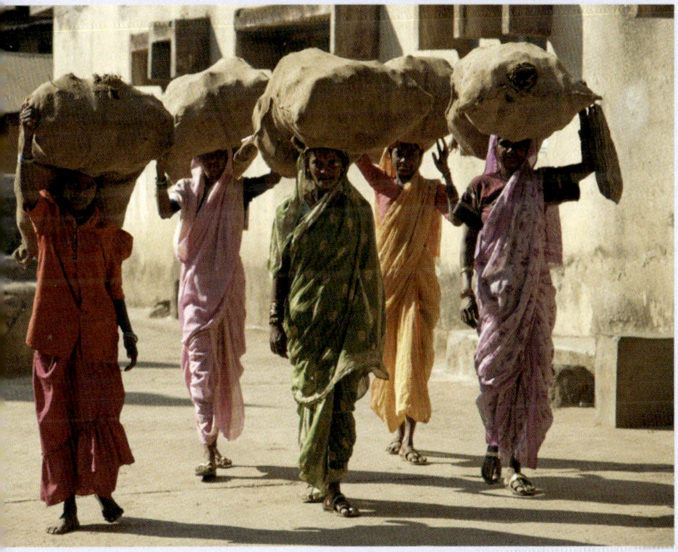

◀ Ordnung und Gleichmaß sind wichtige gestaltende Prinzipien. Sie verlangen genaues Hinsehen und ein Quäntchen Glück, aber auch einen vorausschauenden Blick. Der Fotograf ging ursprünglich hinter diesen Damen in Nasik, Indien, hatte aber eine Vorstellung davon, wie sie von vorn betrachtet wirken würden. Also lief er schnell nach vorn. Wohlwollend ließ ein indischer Gott die Damen plötzlich in Formation laufen.

Gut AUTO Empfohlen

▶ Dies ist nicht Kenia oder Kamerun, sondern es sind die Kennemer Dünen (Nordholland), in denen drei Schottische Hochlandrinder auf Futtersuche umherstreifen. Kurz zuvor wirkte die Gruppe noch chaotisch (siehe kleines Foto), aber mit etwas Geduld und durch die Aufnahme im richtigen Winkel gelang dem Fotografen bei dieser Heimatsafari eine schöne Trophäe.

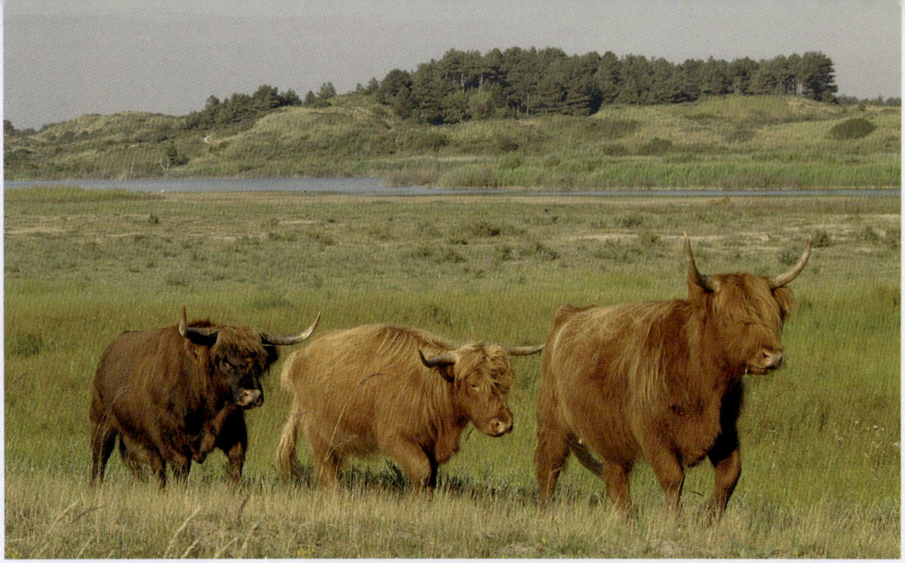

Gut AUTO

Empfohlen

▶ Ein unordentlicher Haufen. Üben Sie sich in Geduld, bis die einzelnen Tiere sich voneinander lösen.

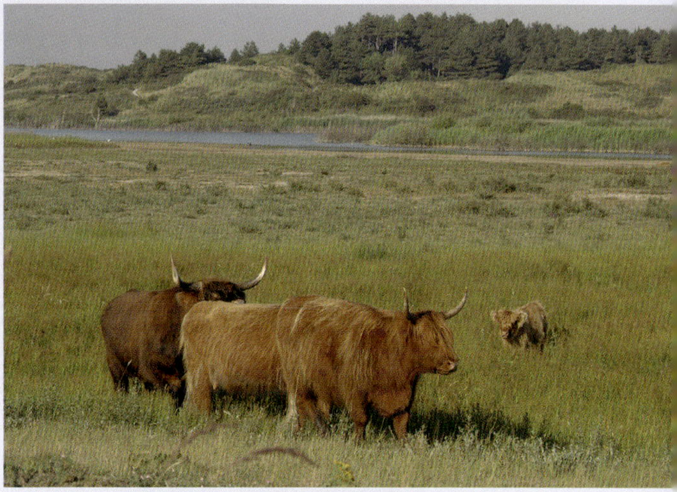

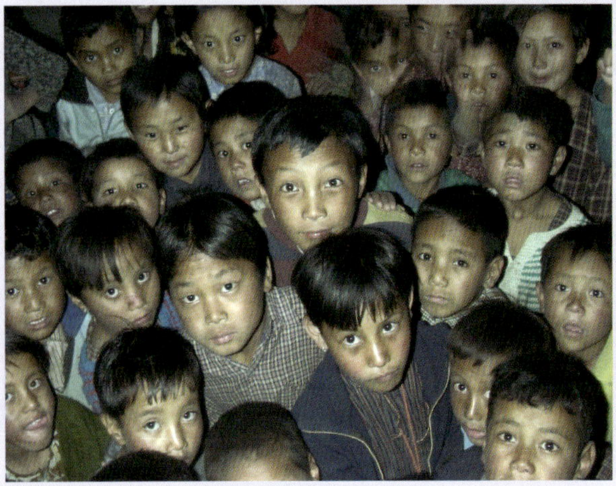

◀ Glücklicherweise gibt es von jeder Regel eine Ausnahme, wie dieses Foto zeigt, bei dem das Chaos der Ausgangspunkt ist. Gleichmaß wird erreicht durch den gleichartigen Augenaufschlag und die Gesichtsfarbe dieser Kinder im indischen Himalaja und mit Blitzlicht zuwege gebracht. Im Allgemeinen gilt jedoch: Erst die Regel beherrschen, dann davon abweichen.

Gut AUTO Empfohlen Empfohlen

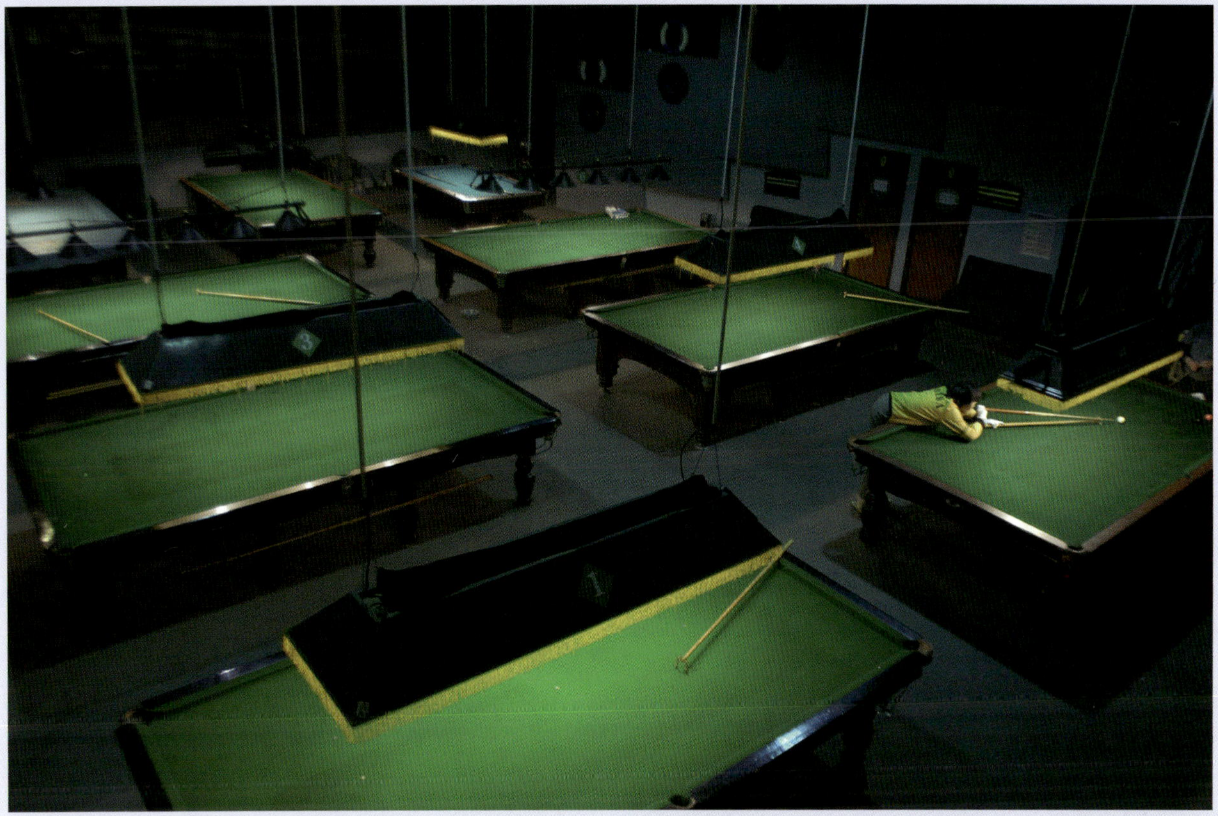

▲ Ein Beweis für die Behauptung, dass eine Störung der Regelmäßigkeit fesselnder sein kann als die Darstellung von lauter Gleichmaß (siehe kleines Foto). Auch die Anwesenheit des Billardspielers macht das Bild interessanter.

Gut AUTO Empfohlen Empfohlen ISO↑

Empfohlen Eventuell

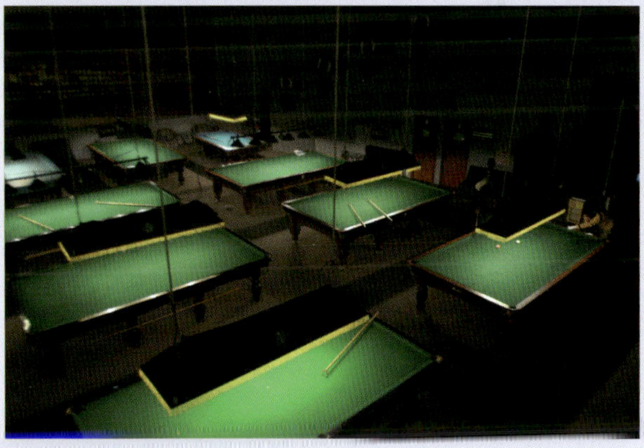

▶ Zahlreiche Billardtische: Das Licht ist schön, aber das Foto hat keine Atmosphäre. Mehr zu Ordnung und Gleichmaß zeigen die Fotos am Ende dieses Kapitels.

Den richtigen Blickwinkel wählen

Schöne Situationen zu erkennen ist das Erste. Dann müssen die richtige Brennweite, die richtige Belichtung und der richtige Standpunkt gewählt werden. Oft gibt es nur einen optimalen Standpunkt und manchmal muss man ein wenig probieren, bis man ihn gefunden hat.

▼ Begeisterte Tischfußballer. Das (preiswerte) Objektiv der Kamera überstrahlt bei der Türöffnung, was hier aber einen Blitzeffekt ergibt. Durch ein Seitenfenster fällt auch noch die Sonne herein und schickt vom Boden Reflexe auf die Beine der Spieler. Das macht das Foto interessant, noch bevor man sieht, wodurch der Effekt entstanden ist.

Gut AUTO Empfohlen Empfohlen ISO↑

Empfohlen Eventuell

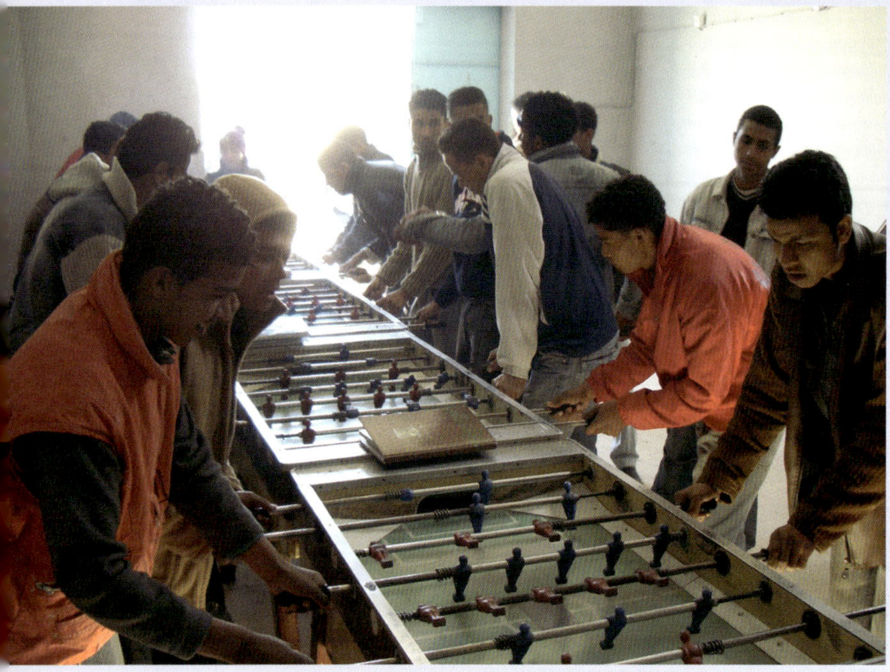

▼ Dieselbe Halle des Jeux in Toujane, Tunesien, aber hier mit deren Licht fotografiert. Das Ergebnis ist langweilig.

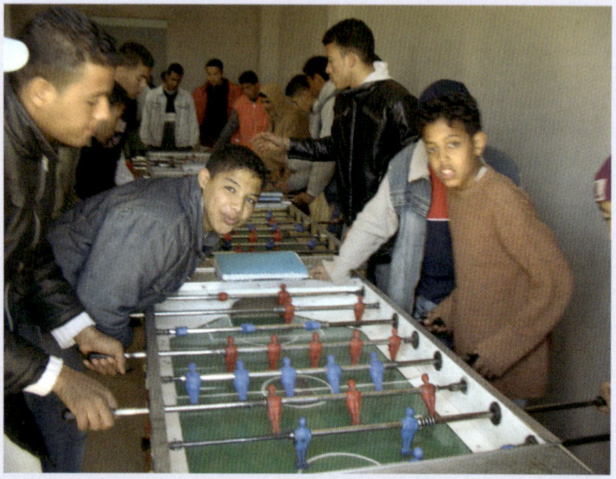

▼ Auch ein netter Versuch, aber kein Treffer.

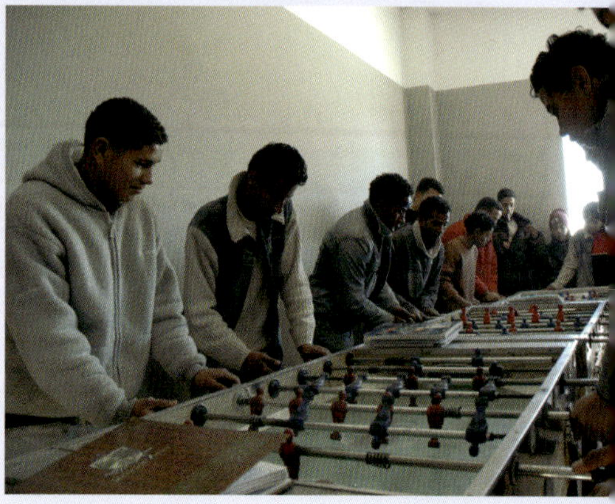

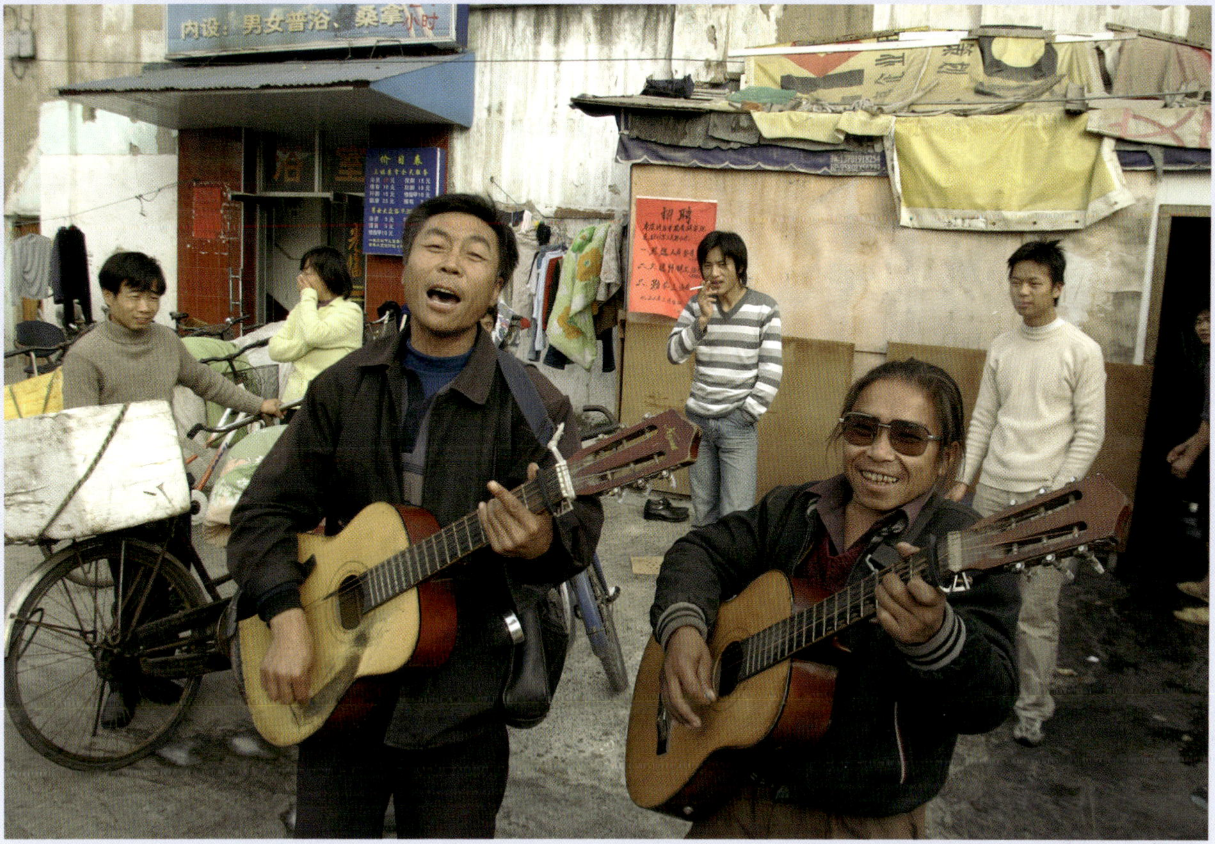

▲ Straßensänger in Shanghai, von diesem Standpunkt fotografiert eine nette Aufnahme.

Gut AUTO Empfohlen

▶ Auch aus diesem Blickwinkel wirkt diese chinesische Ausgabe des niederländischen Schlager-Duos Blue Diamonds originell. Von den vielen Umherstehenden bekamen die Musiker übrigens kein Geld. Die Aufmerksamkeit galt vornehmlich dem sich wild gebärdenden Fotografen. Als Einziger spendete der etwas Geld, damit das Duo weiterspielte und er von jedem Winkel aus Fotos machen konnte. Für die erhaltenen Yuan hat sich das Duo auch gern etwas anders gruppiert.

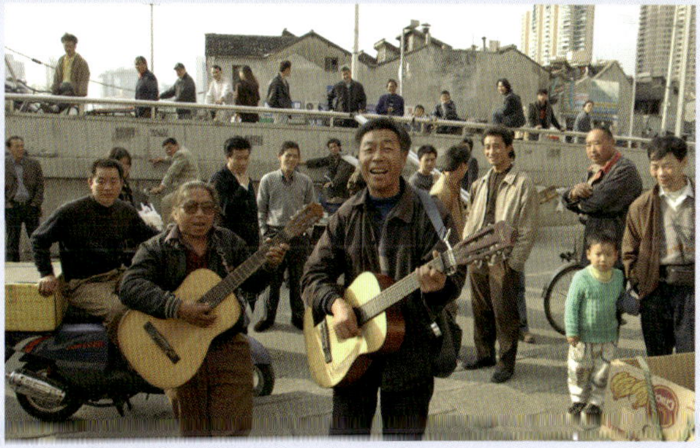

Die richtige Perspektive wählen

Perspektive bedeutet in der Fotografie zweierlei: Blickwinkel und optische Perspektive. Letzteres heißt: Weitwinkel-Effekt oder Tele-Effekt. Jedes Foto ist eine Kombination dieser beiden Perspektiven. Für die richtige Wahl lassen sich keine Regeln aufstellen. Das ist nämlich die Kunst beim Fotografieren, entweder man kann das von allein oder man lernt es durch die Praxis. Natürlich kann man sagen, dass es für jede Wahl einen Grund gibt, und dieses Buch ist voller Beispiele dafür.

Man macht niemals »einfach so« ein Foto aus einem bestimmten Blickwinkel heraus, ebenso wenig benutzt man »einfach so« die Tele- oder Weitwinkelperspektive. Manchmal kann man eine Wahl nicht anders begründen, als dass es so »schöner« war. Gut!

▼ Schwer zu sagen, warum dieses Foto in diesem Moment und aus diesem Blickwinkel »funktioniert«. Es zeigt, dass auch dann eine schöne Komposition gelingt, wenn man sich durch sein Gefühl leiten oder den Zufall eine Rolle spielen lässt.

Gut AUTO Empfohlen

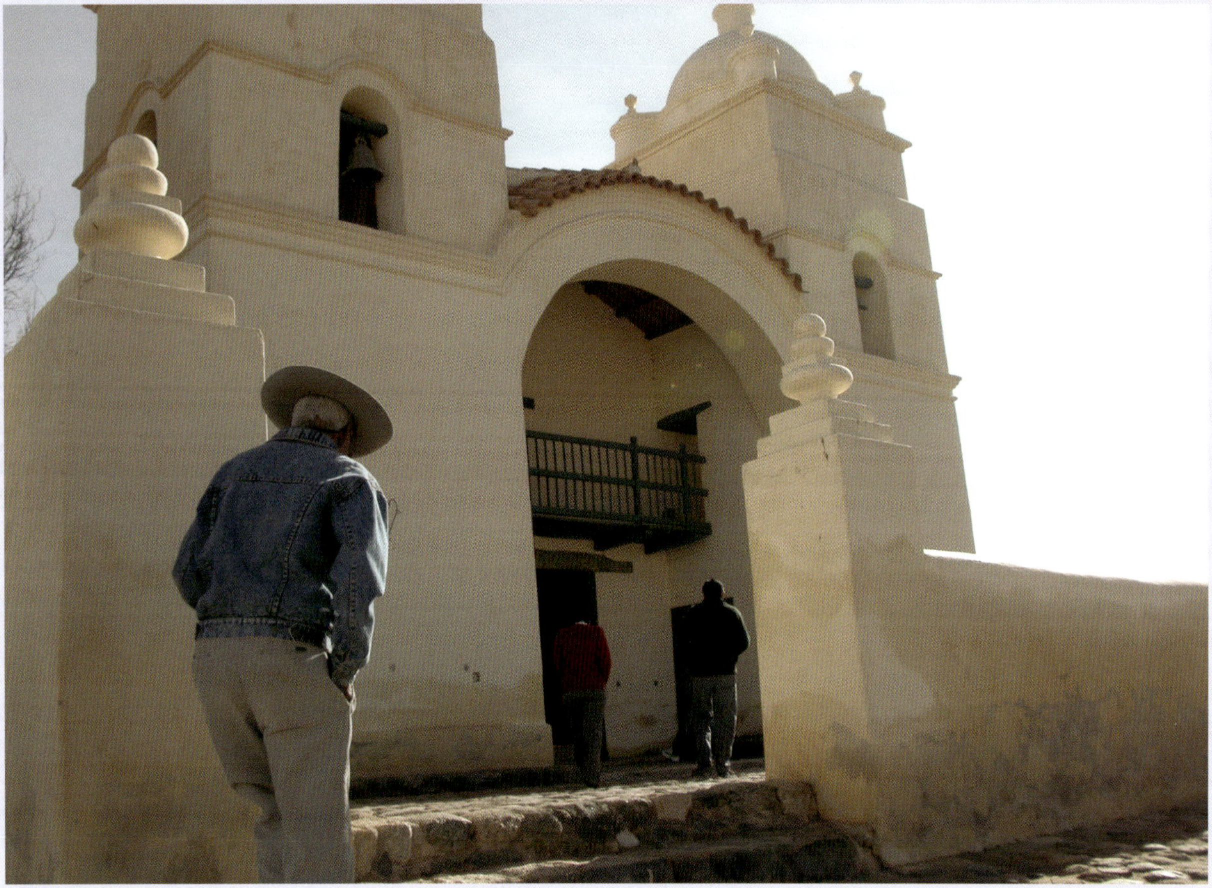

▶ Napoleon sieht hinweg über die Felder von Nordfrankreich, wo in drei Kriegen blutige Kämpfe stattfanden.

Gut AUTO

Empfohlen

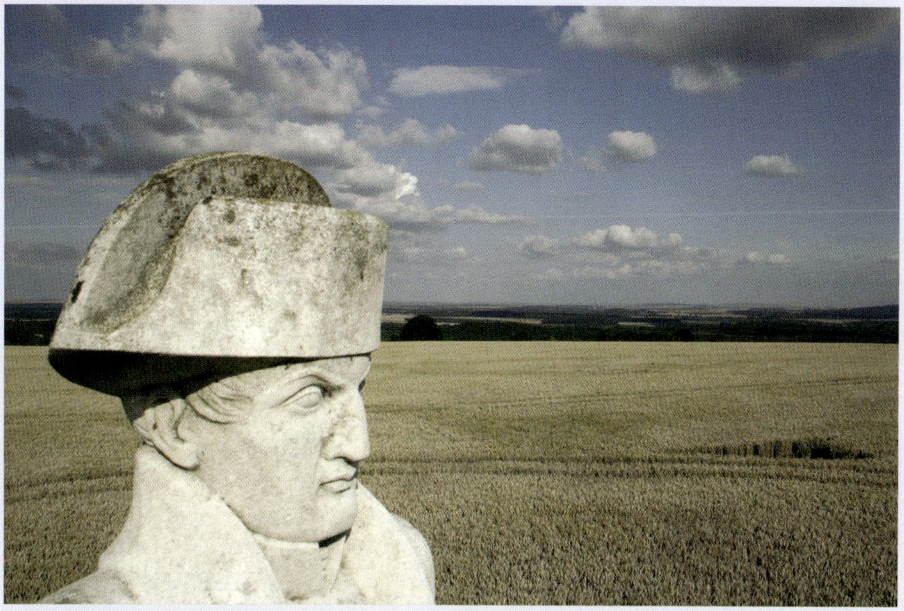

▼ Napoleon vom Boden aus gesehen, nahe beim »Chemin des Dames«, wie der Höhenzug in der Picardie heißt, der vor allem im Ersten Weltkrieg Schauplatz kriegerischer Auseinandersetzungen war.

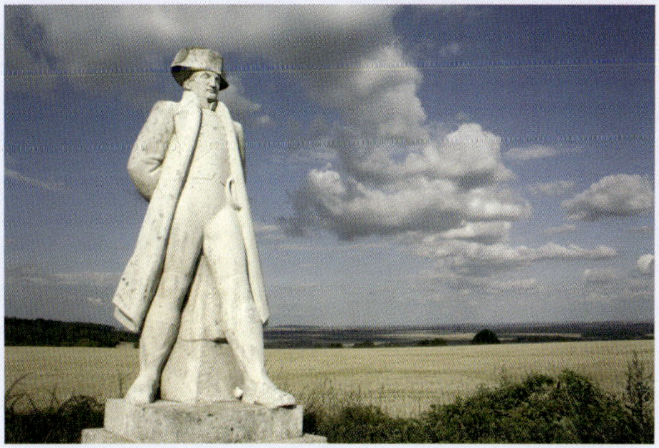

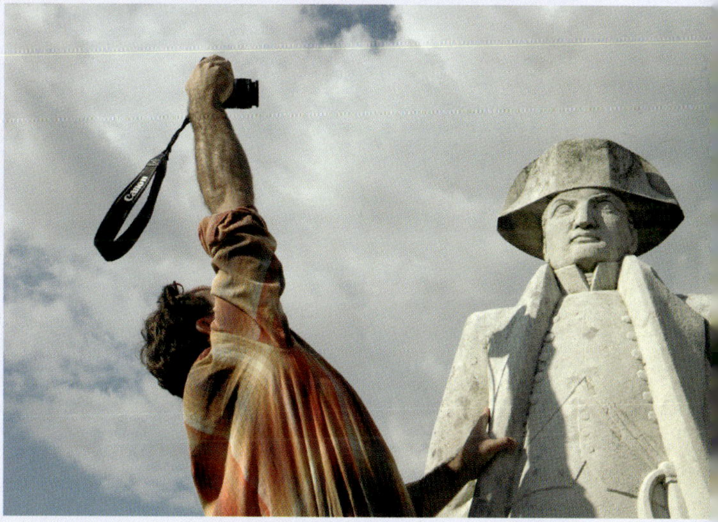

▶ Napoleon von oben fotografiert. Die Kamera hatte keinen Ausklappmonitor zur Kontrolle während des Fotografierens, aber nach einigen missglückten Versuchen kam der Feldherr doch gut ins Bild. (Foto: Robert B.P. van Weperen).

▶ Malerarbeiten auf Sint Maarten. Das Foto wurde mit Weitwinkelobjektiv von schräg unten aufgenommen. So ist das farbenprächtige Haus im Hintergrund schön zu sehen. Die Weitwinkelperspektive vermittelt den Eindruck, ganz nah dabei zu stehen.

Gut AUTO

Empfohlen

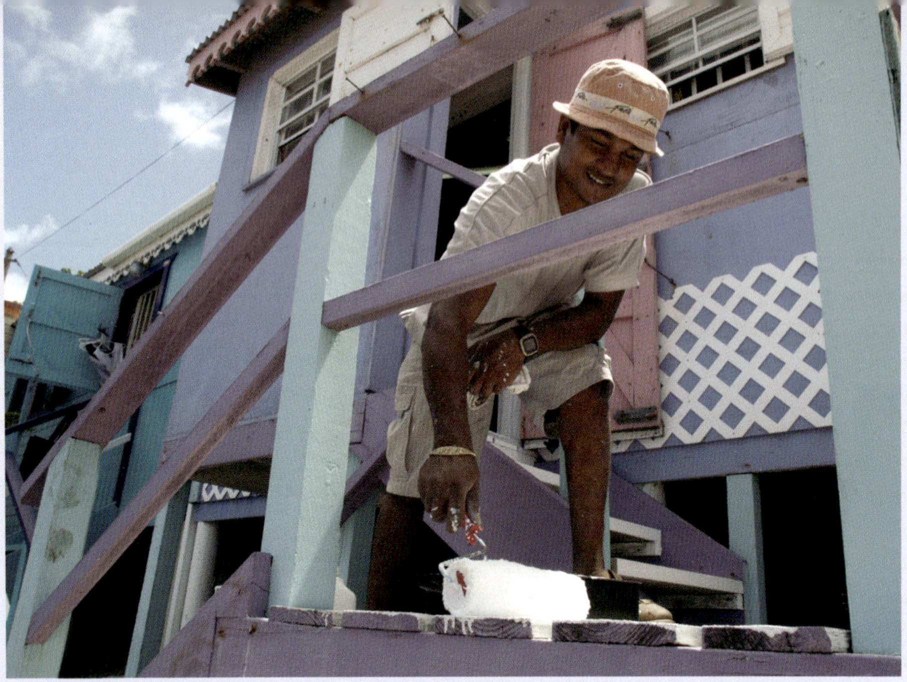

▼ Mädchen in Shanghai. Das Foto wurde mit Teleobjektiv in Augenhöhe des Mädchens aufgenommen. Durch das Teleobjektiv wird der Hintergrund rasch unscharf, dadurch zeichnen sich die Lichtränder auf dem Haar des Mädchens schön ab. In Augenhöhe fotografiert wirken Kinder, andere Menschen oder Tiere am besten: nicht von oben und nicht von unten.

Gut AUTO   Empfohlen

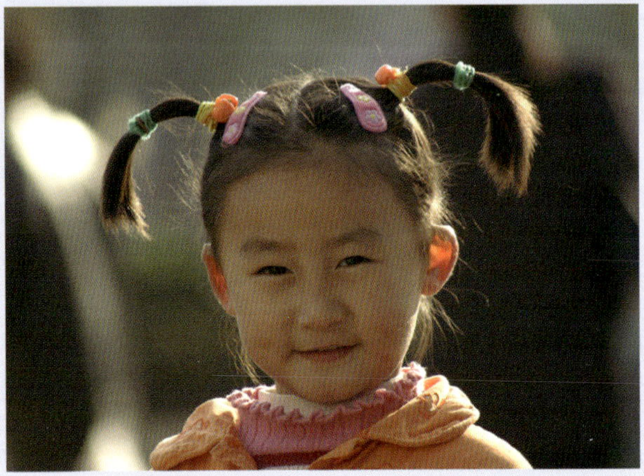

▼ Touristen mit Fremdenführer auf Sint Maarten: Das Schiff im Hintergrund ist nicht zufällig unscharf: Dies ist die Folge des genauen Umgangs mit der Kamera. Durch den Tele-Effekt wird das Foto verdichtet: Die Aufmerksamkeit richtet sich nur auf die zwei Bildelemente, die eine Rolle spielen.

Gut AUTO   Empfohlen

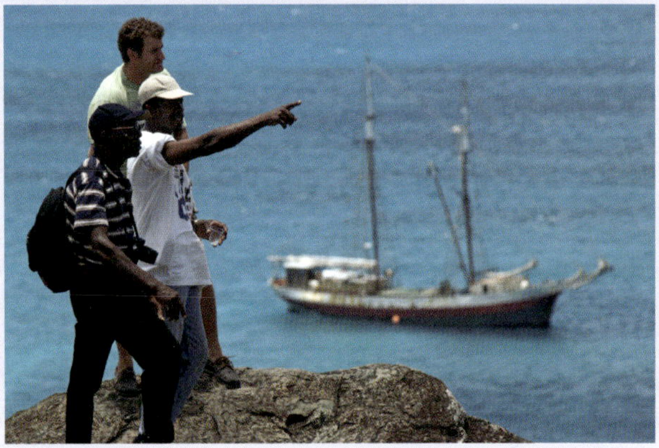

Die Aufmerksamkeit lenken

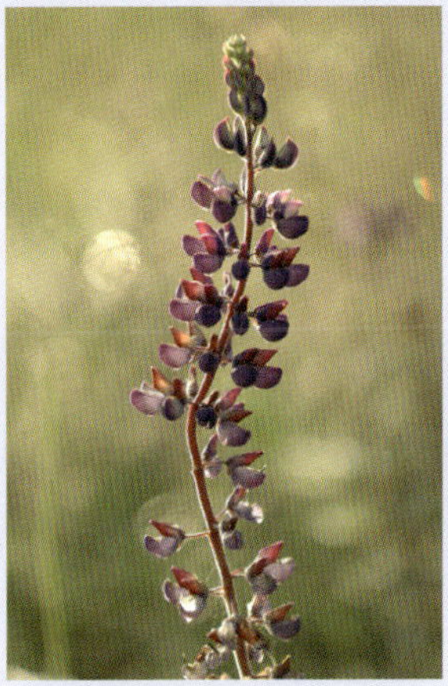

◀ Die einfachste Art, um die Aufmerksamkeit auf etwas zu lenken, ist das Einzoomen eines Details. Auch bei Detailfotos zählt die Qualität des Lichtes, wie hier die tief stehende Sonne, wodurch kleine Lichtränder entstehen. Bedenken Sie, dass sich ein dunkles Objekt am besten gegen einen hellen Hintergrund absetzt und andersherum.

Gut AUTO

Empfohlen

Eventuell

▼ Spielen mit Schärfe. Die Aufmerksamkeit richtet sich auf den Fisch und weniger auf das Mädchen. Andersherum wäre es auch möglich, aber weniger gut gewesen und hätte eher wie ein Versehen gewirkt.

Gut AUTO Empfohlen Eventuell

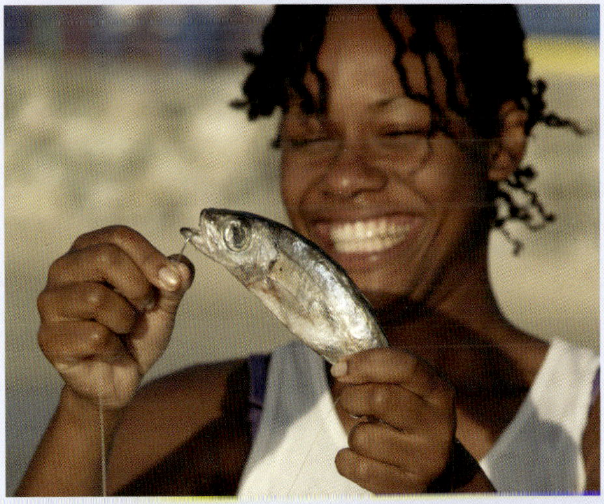

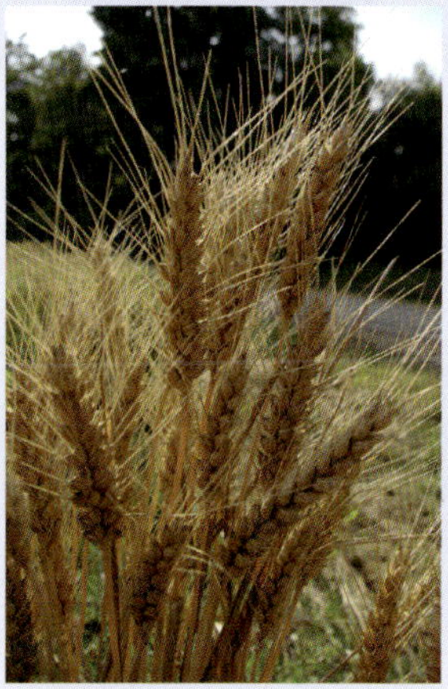

▲ **Makro**

Fast jede Digitalkamera verfügt über eine Makro-Einstellung (Symbol: Blümchen), mit der sich aus größter Nähe Fotos machen lassen. Das Objektiv steht dann faktisch in Weitwinkeleinstellung.

Gut AUTO

Empfohlen

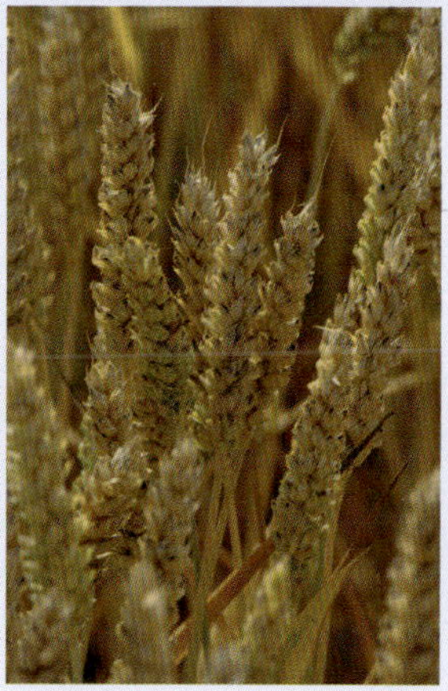

▲ **Tele**

Dasselbe Objekt, aber jetzt mit Teleobjektiv aufgenommen. Im Vergleich mit der Makroeinstellung kann man hier mit der Schärfe spielen und besser bestimmen, was auf dem Foto zu sehen sein soll.

Gut AUTO

Empfohlen

▶ Die »Nah«-Fotografie kann einen verfremdenden Effekt haben. Dies ist weder der Wollpullover der Nachbarin noch das in Falten gelegte Fell eines Hundes, sondern es sind Schneeflocken im Gegenlicht.

Gut AUTO

Empfohlen

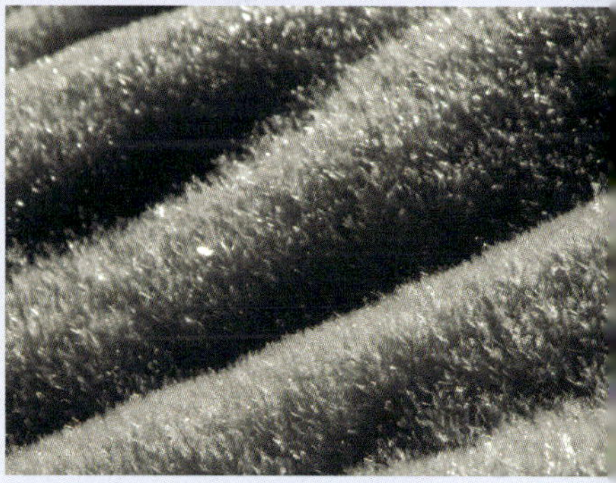

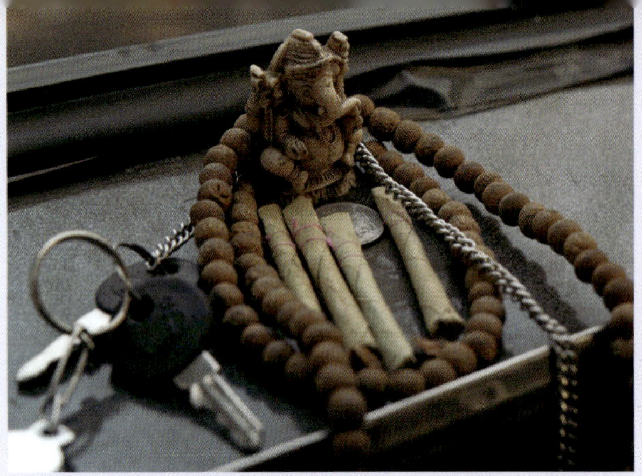

▲ Bedeutungsvolle Details auf dem Armaturenbrett eines indischen Taxichauffeurs: der Gott Ganesha (der Glück für den Weg verheißt), billige »Bidi«-Zigaretten, eine hinduistische Gebetskette und die Kofferraumschlüssel.

▼ Um die Aufmerksamkeit auf etwas zu lenken, ist nicht immer große Nähe erforderlich (mit Tele oder tatsächlich). Die ist auch mit etwas Abstand erreichbar, beispielsweise indem ein großer Teil des Fotos leer gelassen oder mit einem sich wiederholenden Motiv gefüllt wird, das nicht zu viel Aufmerksamkeit auf sich zieht. Siehe auch das kleine Mädchen mit dem Meer auf S. 73.

Gut AUTO Empfohlen Empfohlen ISO↑

Empfohlen Eventuell

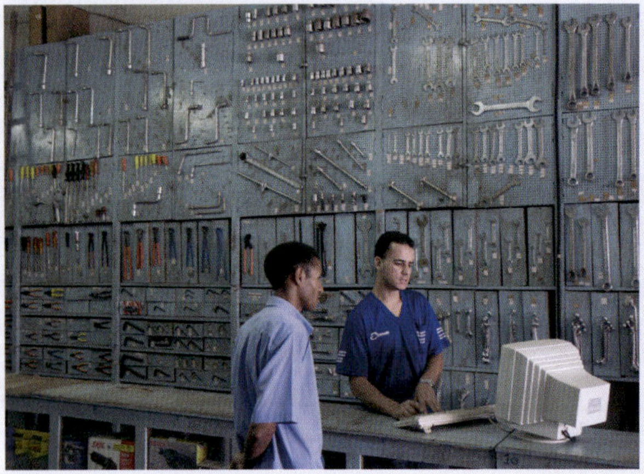

▼ In früheren Zeiten wurde an Fotos wie diesen in der Dunkelkammer herumgebastelt. Man wollte beispielsweise das Gesicht besser zur Geltung kommen lassen. Beim Vergrößern des Negativs auf Fotopapier wurde dann das Gebiet rund um das Gesicht von Frank etwas länger belichtet. Dieser Bereich wurde dann dunkler. Vielleicht wurde auch einen Softfilter etwas länger benutzt, mit dem man im Nachhinein weichzeichnen konnte.

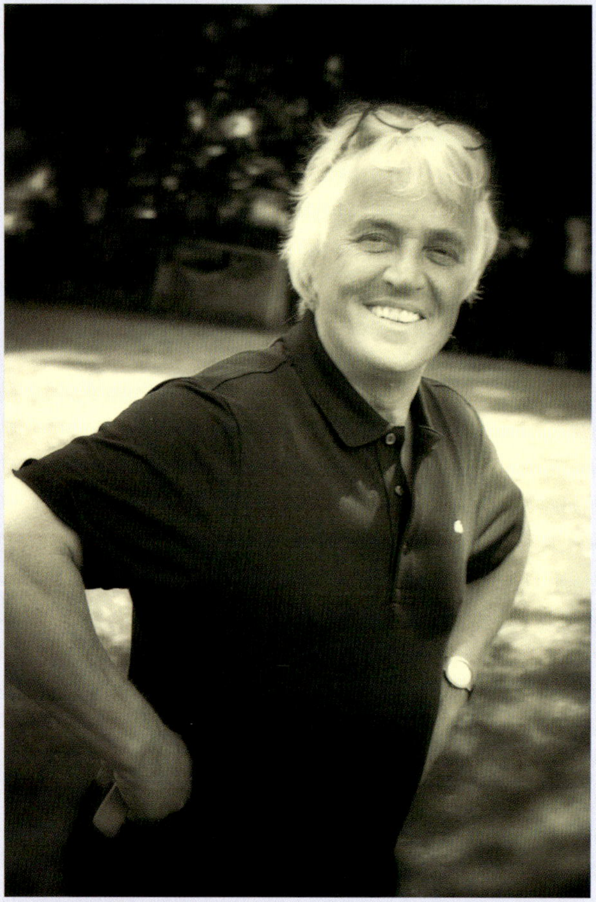

Gegenwärtig gibt es Photoshop und als Erweiterung dazu das Programm »nik Color Efex Pro 2.0«, womit man all diese Dinge im Handumdrehen erledigen kann: Mehr über das Bearbeiten von Fotos erfahren Sie im Kapitel 6.

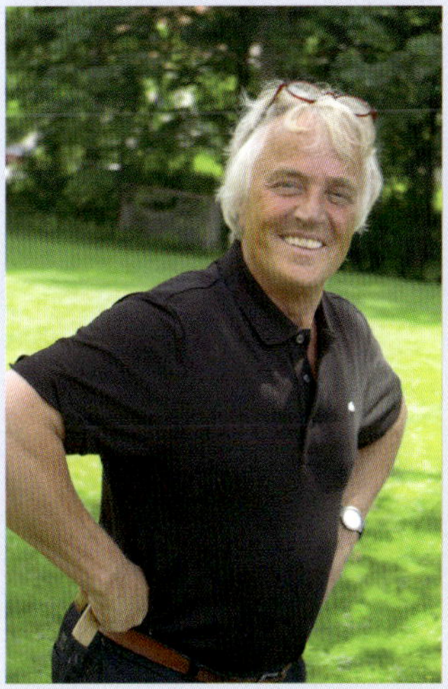

Gut AUTO

Etwas

◀ Das Original; eine eher etwas langweilige Aufnahme. Mit »nik« wurde das Bild zweifach bearbeitet: monochrom (das ist etwas anders als schwarzweiß, eher sepia), hell/dunkel in mittlerer Einstellung und klassischem Soft Focus.

Quer- oder Hochformat?

Gefühlsmäßig machen wir die meisten Fotos im Querformat. Kameras sind genau wie Computer und Fernseher darauf ausgerichtet. Ein querformatiges Foto entspricht dem Sehvermögen des Menschen, dessen Gesichtsfeld ebenfalls viel breiter als hoch ist. Eigentlich wäre das in der Fotografie ja egal. Aber weil wir ein Foto erst sehen müssen, bevor wir es machen, und wir mit unseren Menschenaugen vor allem »quer« sehen, machen wir die meisten Fotos querformatig. Für Abweichungen gibt es meist gute Gründe.

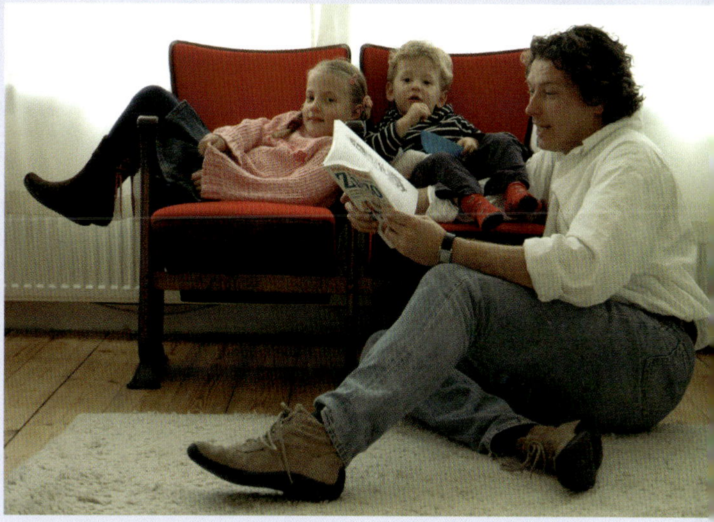

▲ Eine charakteristische Bildkomposition, für die ausschließlich das Querformat in Frage kommt.

Gut AUTO Empfohlen

Empfohlen ISO↑ Empfohlen

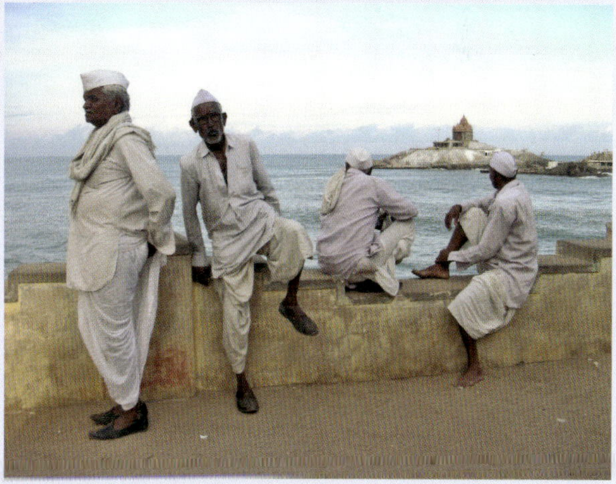

▶ Eine Szene, die sich für das Querformat geradezu anbietet und die nicht im Hochformat aufgenommen werden könnte, ohne das harmonische Bild zu zerstören. Das Bild war schon da, der Fotograf musste nur noch scharf stellen und auslösen.

Gut AUTO Empfohlen

▶ Porträts wirken meist im Hochformat am besten, aber aus begreiflichen Gründen haben wir bei diesem konzentrierten Polizisten in Shanghai eine Ausnahme gemacht. Es wurde übrigens nicht ohne Grund rechts vom Zeigefinger etwas Platz freigelassen. Das gibt dem Foto Luft. Auch bei einem sich bewegenden Objekt ist es gut, ihm in Bewegungsrichtung etwas Raum zu lassen.

Gut AUTO

Empfohlen

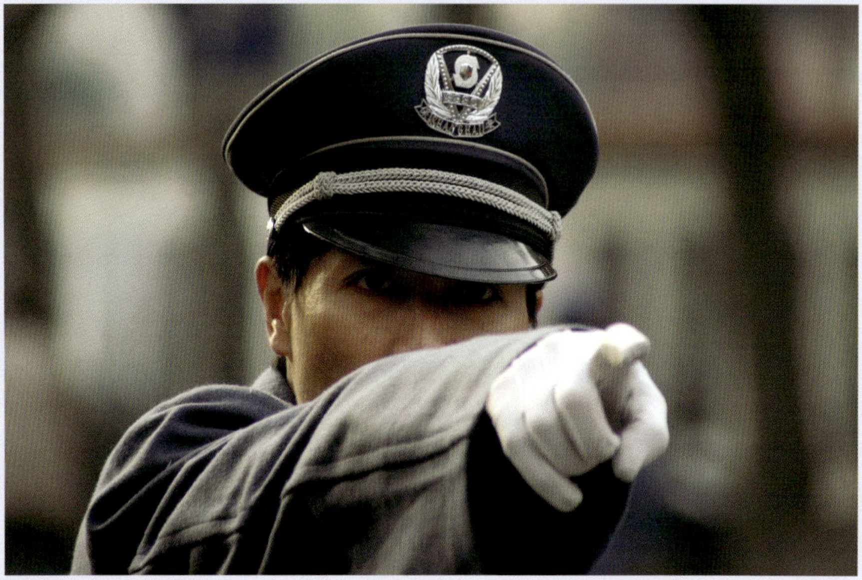

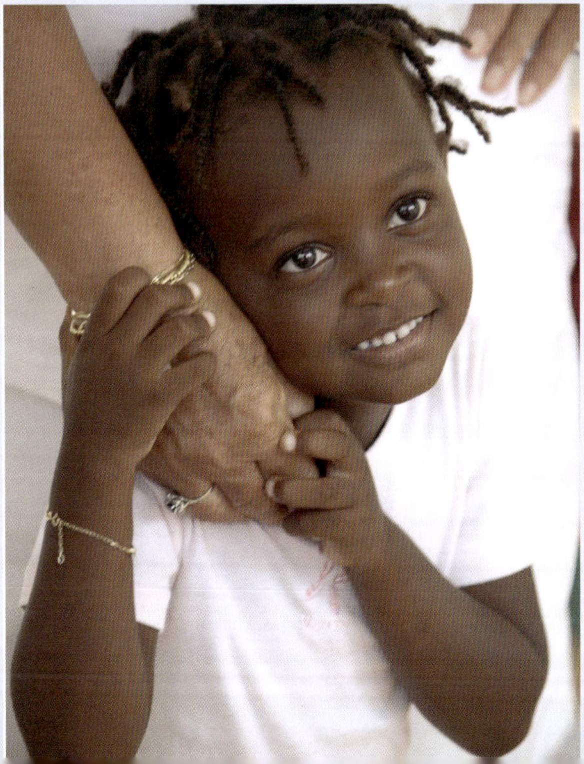

◀ Symbolisches UNICEF-Foto, bei dem das Hochformat die Aussage des Fotos optimal verstärkt.

Gut AUTO Etwas

▶ Der betende Mann und sein Spiegelbild zwingen den Fotografen hier zu einer hochformatigen Aufnahme.

Gut AUTO

Empfohlen

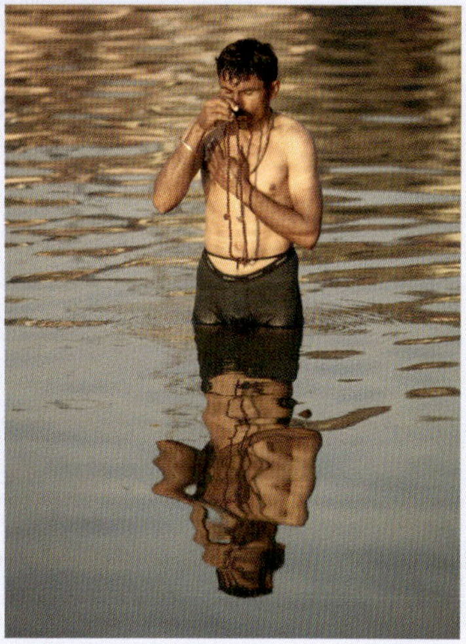

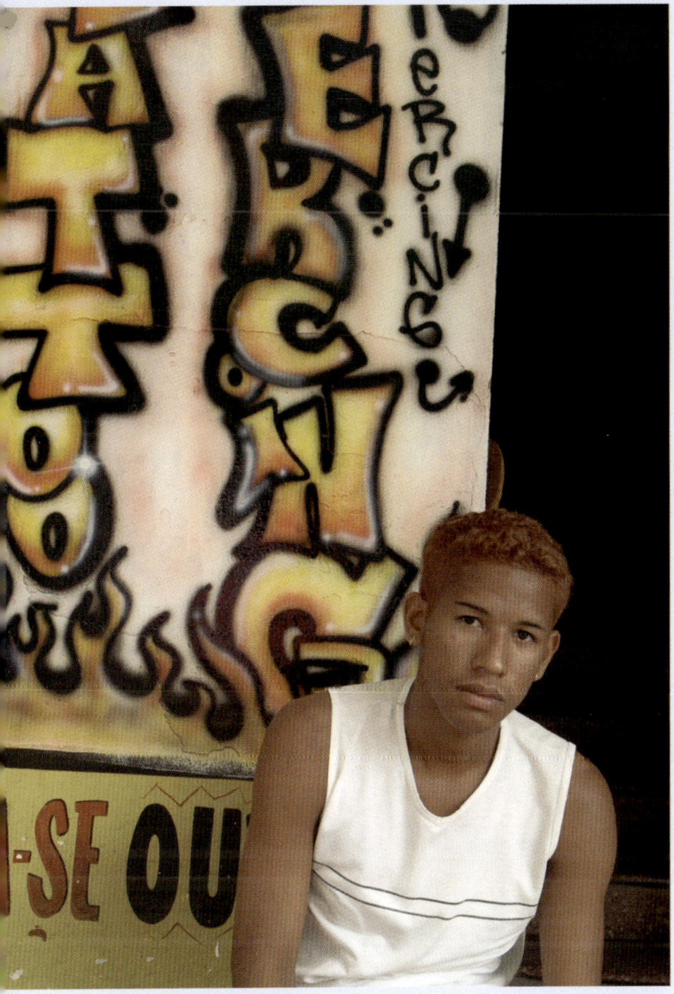

Goldener Schnitt

Eine bekannte Kompositionstheorie ist die vom goldenen Schnitt. Er gibt ein Verhältnis wieder, das in der Natur häufig vorkommt und als harmonisch empfunden wird. Der goldene Schnitt teilt eine Linie oder die Länge eines Objekts so in zwei ungleiche Teile, dass das Verhältnis des kleineren zum größeren Teil das gleiche ist wie das Verhältnis des größeren zum Ganzen. Oder auch $b : a = a : (a + b)$. Mit dieser Formel kann man beispielsweise die ideale Höhe des Horizonts bei einem Foto bestimmen. Aber einmal abgesehen von der Frage, ob Sie beim Fotografieren Zeit haben, um dies alles auszurechnen, kann ein Bildelement diese Theorie gefühlsmäßig schon zunichte machen. Folgen Sie deshalb ihrem Gefühl, aber versuchen Sie, Ihre Wahl zu begründen, wie das bei fast allen Fotos in diesem Buch gemacht wurde.

▲ Eine ungewöhnliche Komposition und die einzige Möglichkeit, um auch die Graffiti auf der Mauer zur Geltung kommen zu lassen. Dieses Foto wirft die Frage auf: Wohin stellt man die Hauptperson? Antwort: wohin er oder sie »passt«.

Gut AUTO Etwas

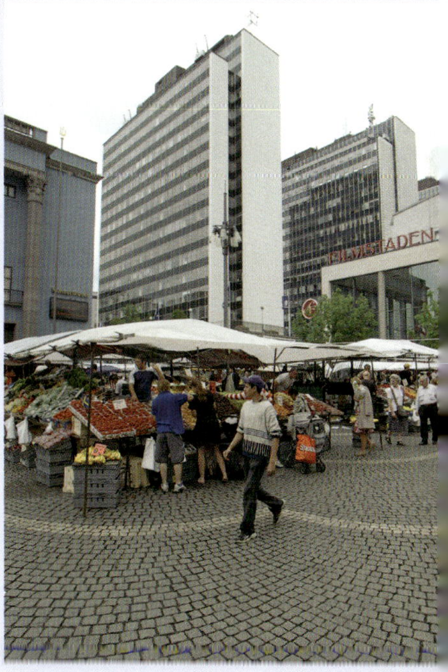

▶ Zuletzt noch ein Grund für das Hochformat in bestimmten Fällen. Gebäude, aus Weitwinkelperspektive querformatig aufgenommen, »kippen« um (siehe Foto nächste Seite). Beim Hochformat ist es einfacher, sie gerade zu halten, doch erfordert auch das große Genauigkeit. Für ein »gutes« Architekturbild ist es am besten, weiter weg zu gehen und einzuzoomen und/oder von einem erhöhten Punkt aus zu fotografieren.

Gut AUTO

Empfohlen

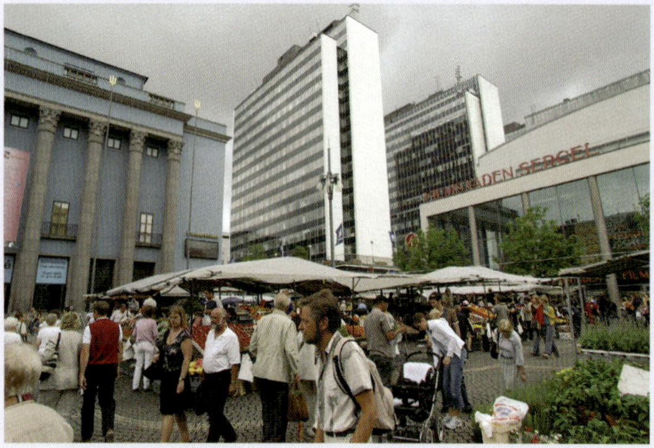

▲ Diese Hochhäuser in Stockholm kippen durch den Gebrauch eines Weitwinkelobjektivs (21 mm kbe) nach hinten, was zu vielen auseinander- und zusammenlaufenden Linien führt. Für die Version auf der vorigen Seite wurde dieselbe Brennweite gebraucht.

Beschäftigen Sie sich mit Bildreim und anderen poetischen Dingen

Zum Abschluss dieses Kapitels einige Vorschläge für Bildkompositions-Themen. Das Suchen nach dieser Art von Themen ist schwierig, meist stößt man ganz zufällig auf sie. Aber nach einigen Jahren kann man eine nette Sammlung aufgebaut haben, vor allem, wenn man einmal in Indien war. Denn, sei es Zufall oder auch nicht, sechs von sieben der für dieses Thema beispielhaften Fotos sind in diesem Land entstanden. Wenn Sie viel unterwegs sind, werden Sie ähnlichen Situationen in verschiedenen Ländern und Kulturen begegnen, aus denen Sie eine schöne Sammlung aufbauen können.

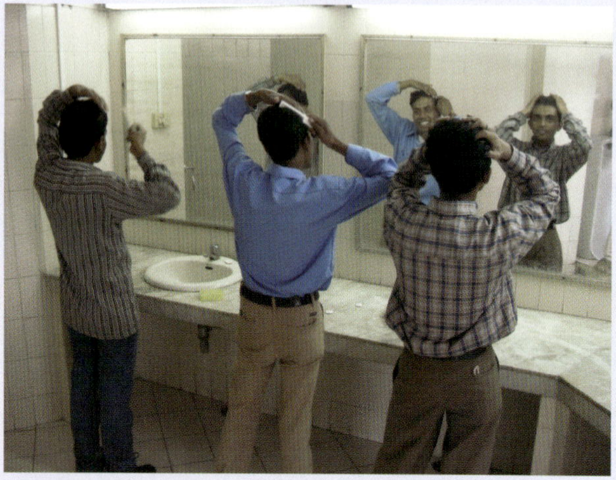

▲ **Spiegelungen**
Auch das Foto des betenden Mannes im spiegelnden Wasser (S. 90) ist ein Beispiel für dieses Thema.

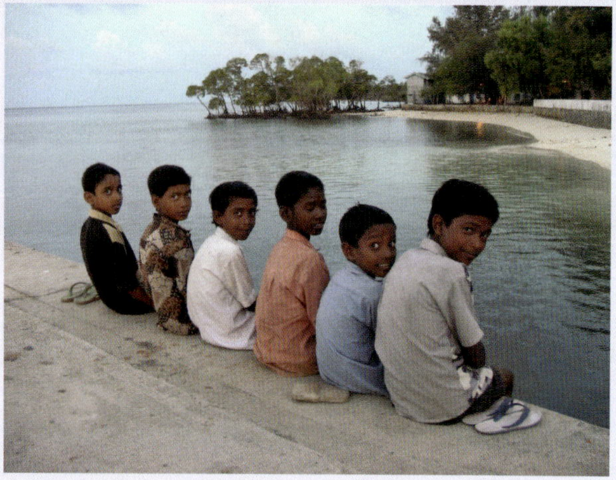

▲ **Reihen**
Sechs kleine Inder saßen auf der Hafenmole der Inseln Andaman & Nicobar (Great Havelock).

Menschen und Buchstaben
Dieses Foto passt zu ähnlichen wie dem brasilianischen »Mann mit Graffiti«.

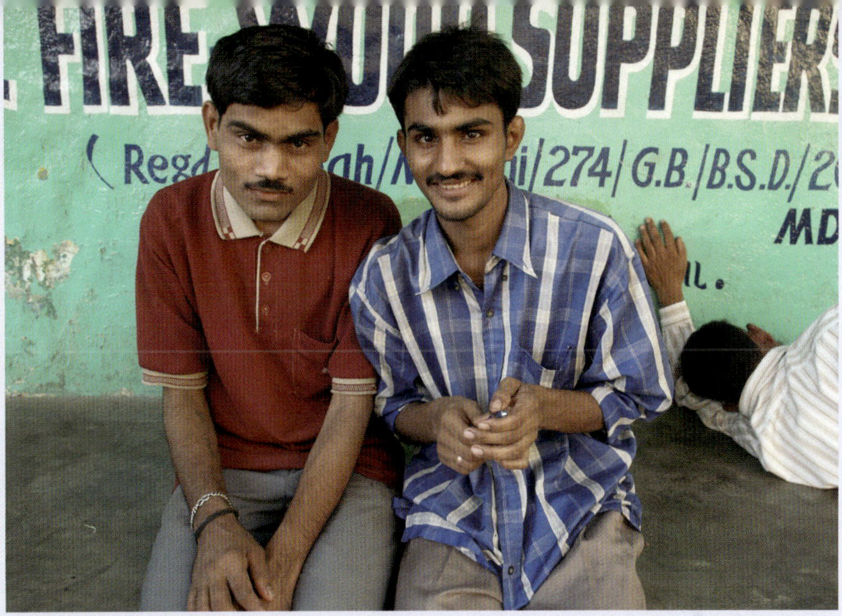

Auch in Shanghai werden Mauern und Fenster beschrieben. Achten Sie auf die ramponierte Kleidung des sich ausruhenden Kochs.

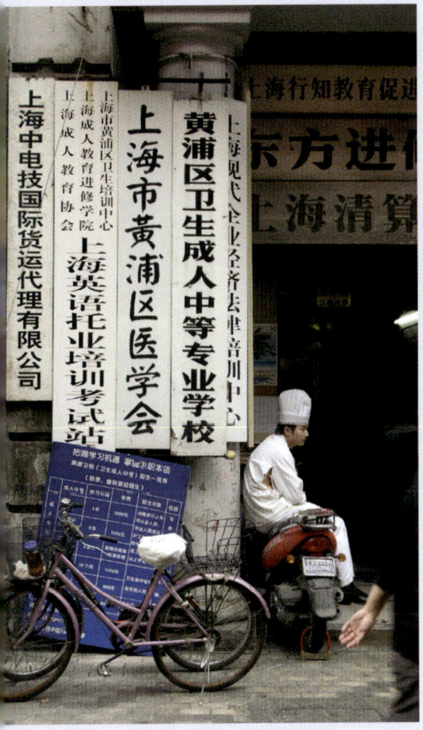

Überfluss
Werfen Sie einen Blick in die glänzende Vielfalt und suchen Sie den Besitzer.

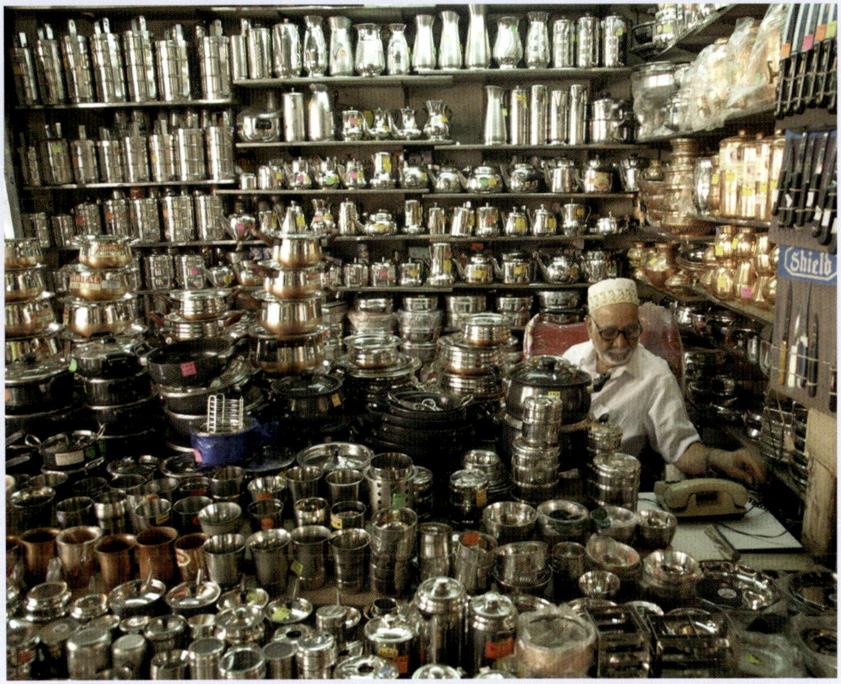

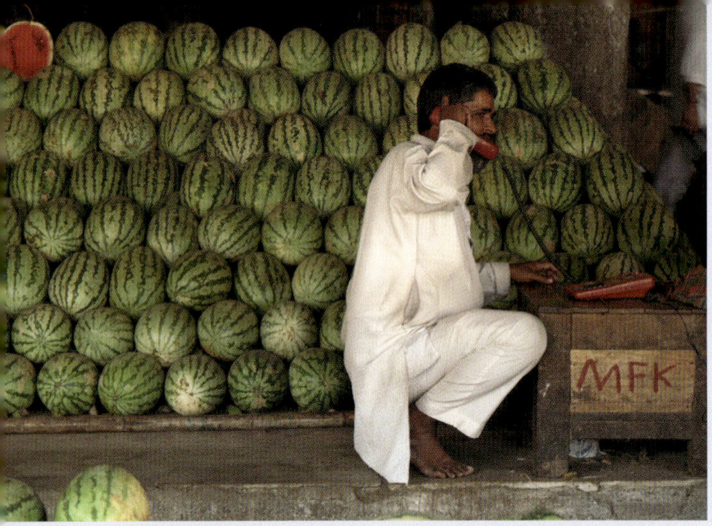

Muster
Die einzige durchgeschnittene Melone links oben im Bild ist ohne Hilfe von Photoshop entstanden.

Bildreim
Das ist das schönste und außergewöhnlichste Thema. Dieser gut gekleidete Angestellte trägt seinen Papierstapel auf dem Arm, ein Passant schleppt einen Stapel Kartons auf seinem Kopf.

Gut AUTO Empfohlen Empfohlen

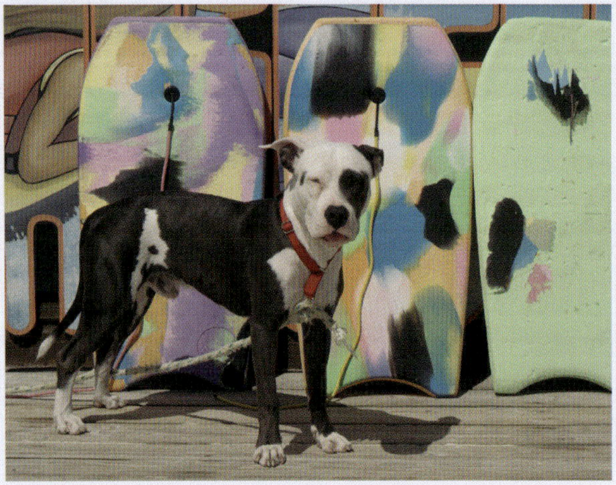

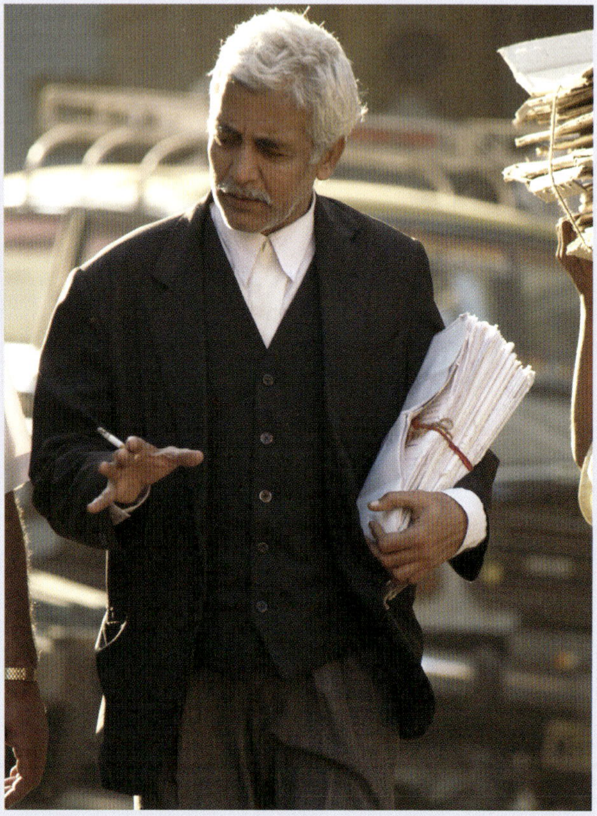

Noch ein unvergessliches Beispiel für Bildreim; Orient Beach, Sint Maarten.

5 Wie mache ich ein schönes Foto von ...?

OBJEKTE RUND UMS HAUS

Die schönsten Fotos sind spontane Fotos. Es passiert etwas Interessantes oder Sie stoßen auf etwas Besonderes, und gleich machen Sie ein Foto. Viele Momente aber gehen natürlich einfach so vorüber, weil man nicht immer die Kamera dabei hat. Handys könnten das Problem lösen, doch nicht jeder hat schon eins, mit dem man fotografieren kann. Dennoch will man gerne Aufnahmen vom Partner oder Kind, von Eltern, vom Auto oder Boot, von der Wohnung, vom Garten oder sogar von den Kollegen machen Aber wie fotografiert man das am besten? Wie kommt alles am besten zur Geltung? Dieses Kapitel beantwortet die Frage.

RAT FÜR ALLE OBJEKTE

Situationen

Festhalten! Wenn Sie ein Foto gestalten, dann fangen Sie Menschen in Bewegung ein und wählen Sie eine kurze Belichtungszeit (siehe Kapitel 2). Sie können die Personen auch bitten, mitten in der Bewegung innezuhalten (rufen Sie: »Stopp«). Dann können Sie länger belichten, vor allem bei schlechten Lichtverhältnissen. Man kann auch versuchen, einen »Ruhepunkt« in der Bewegung zu finden, bei Kindern beispielsweise, wenn die Schaukel vor dem Rückschwung an ihrem höchsten Punkt steht. Das Ziel all dessen ist natürlich, unnatürliche Posen zu verhindern.

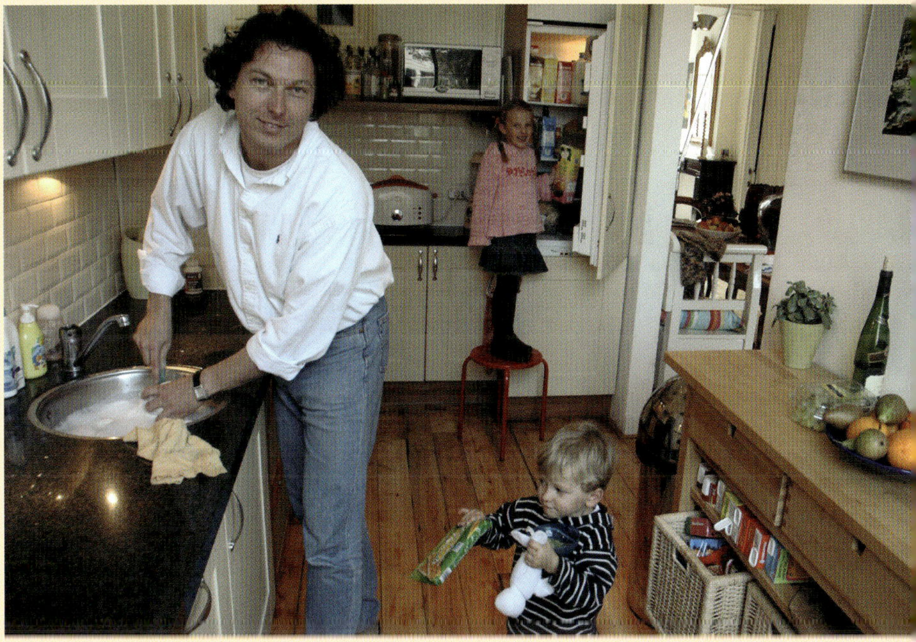

▼ **Alles im Griff!**
Mit diesem Foto sollte gezeigt werden, wie gut Vater Joost (mit der Spülbürste) die Kinder Silke (hinten) und Cas im Griff hat, wenn es um die Hausarbeit geht. Silke war noch zu »steuern« (»Stopp«), aber der kleine Cas begriff das noch nicht so ganz und schleppte eine Packung Kekse nach der anderen heran. Das Foto schaffte es bis auf die Titelseite des internen Mitteilungsblatts des niederländischen Außenministeriums. Darin gab es einen Bericht über die Vereinbarkeit von Familie und Beruf.

Gut AUTO Empfohlen

Empfohlen Empfohlen ISO↑

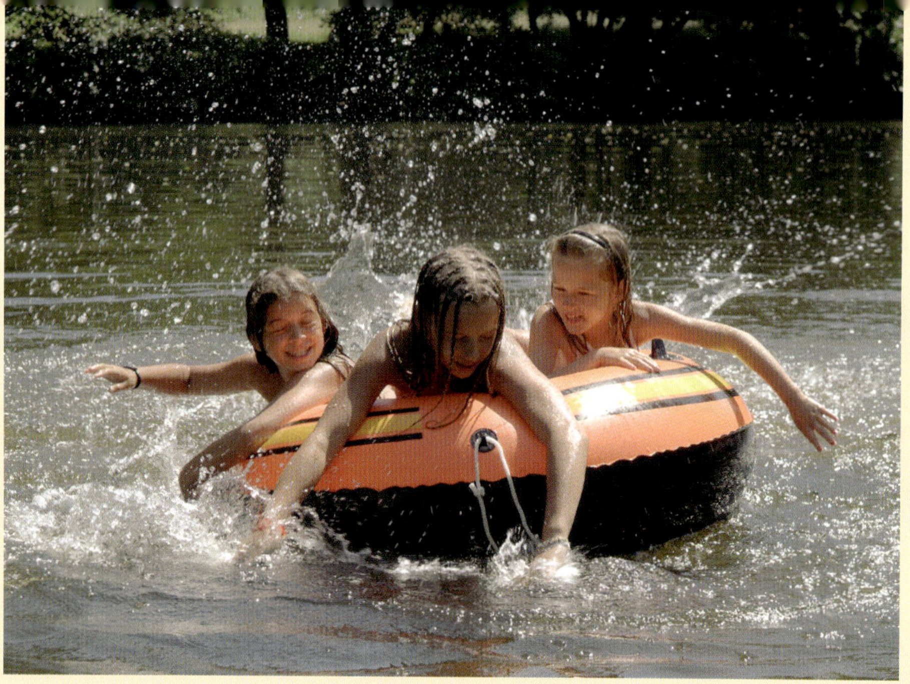

Spritzendes Wasser
Man merkt es nicht, doch dieses Foto wurde richtig gestaltet. Die Kinder wurden dazu ins Boot gesetzt, und der Fotograf bat sie, Wasser in seine Richtung zu spritzen. Er hatte gesehen, dass die relativ tief stehende Sonne durch die Wassertropfen scheinen würde und dass sie sich schön gegen den dunklen Hintergrund abzeichnen würden.

Gut AUTO

Empfohlen

Empfohlen

Menschen

Dreiviertel-Porträt. Wenn Sie ein Porträt machen, bei dem Sie sich nicht viel bewegen können (wie beispielsweise bei Verwendung des Teleobjektivs), dann unterhalten Sie sich am besten mit Ihrem Opfer, damit es ganz entspannt schauen kann. Es hilft auch, wenn derjenige seinen Kopf bewegt: wenn er kurz wegsieht und dann wieder in die gewünschte Position. Ein »Dreiviertel«-Porträt wirkt oft am besten: Die Person sieht schräg in die Kamera. Das Gesicht ist dem Licht zugewendet, die Augen aber auf die Kamera gerichtet. Man sieht nur ein Ohr. Setzen Sie Menschen nicht unmittelbar vor einen Hintergrund, sondern sorgen Sie für viel Raum hinter dem Modell. Mit einem Teleobjektiv wird dieser schön unscharf.

Spitzenfoto
Wer weiß warum, kann immer von allen Regeln abweichen. Von diesem Mann (Ron Bezemer, zugleich Schlussredakteur dieses Buches) wurde behauptet, er sei unfotogen. Aber am Ende eines Tages in Schweden fiel plötzlich ein schönes Licht auf ihn, und schnell war ein gutes Porträt gemacht. Mit einem Teleobjektiv geht das sehr gut. Eventuell bewegt man sich mit der Kamera einmal um das Modell, um das Licht von allen Seiten zu beurteilen.

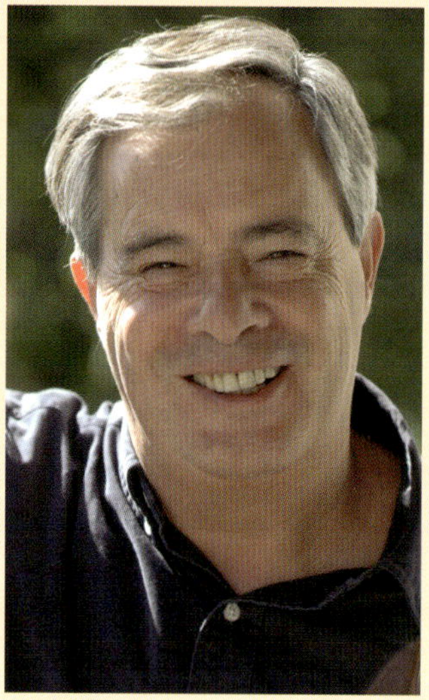

Gut AUTO

Empfohlen

Empfohlen

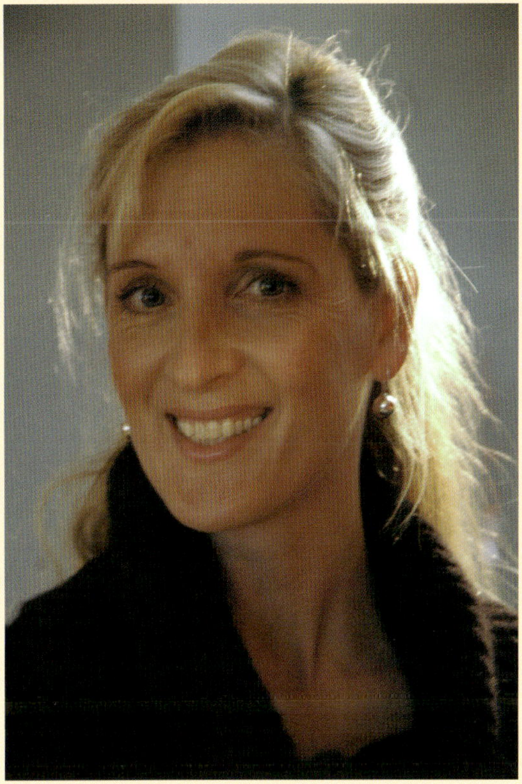

▲ **Ikeasonne**

Wenn es draußen fast dunkel ist, können Sie mit einfachen Mitteln drinnen interessantes Licht kreieren. Auf Mariëlles Gesicht scheint etwas Licht von draußen, aber die Würze bekommt das Foto durch einen Halogenspot von Ikea, der von schräg hinten auf ihr Haar strahlt. Da auf diese Weise verschiedene Lichtarten gemischt werden, muss man ein wenig mit dem Weißabgleich spielen (Kapitel 1), eventuell auch noch nachträglich am Computer. Erhöhen Sie die Empfindlichkeit oder verwenden Sie ein Stativ. Eine Neonröhre gibt schönes sanftes Licht. Mit einem von der Kamera getrennten Blitz können Sie auch gegen die Wand blitzen.

Gut AUTO Empfohlen

Überprüfen WB Empfohlen ISO↑

Objekte

Vor sauberem Hintergrund

Fotos von kleinen Dingen sind schön, wenn keine »Ecke« im Bild zu sehen ist, beispielsweise der Übergang zwischen Boden und Wand. Im Fotostudio gibt es dafür den sogenannten »Rundhorizont«. Eine kleine Ausgabe davon können Sie selbst mit einem Stück Papier oder Stoff schaffen. Sie können auch von schräg oben fotografieren, so dass nur eine Tischplatte oder der Boden auf dem Hintergrund zu sehen ist. Störendes kann man natürlich auch mit Photoshop entfernen. Alternativ können Sie auch einen passenden Hintergrund suchen. Ein Miniaturauto setzen Sie auf die Motorhaube seines großen Bruders. Das Resultat eines selbst ausgedachten Kochrezeptes präsentieren Sie auf einem gedeckten Tisch.

▼ **Zerbrechlich**

Ein Souvenir aus Sint Maarten. Angenommen, die Flasche zerbricht auf dem Weg nach Hause, so kann sie mit Hilfe dieses Fotos rekonstruiert werden. Wenn man einen geeigneten Hintergrund findet, kann man das Objekt in die Höhe halten und mit dem Teleobjektiv einen unscharfen Hintergrund schaffen. Störende Finger können mit Photoshop retuschiert werden. Aber: Eine Person oder eine Hand machen ein Foto anziehender, und man erkennt die Größe des Objekts. Dies ist die Herstellerin und Verkäuferin des Souvenirs, durch welches das Licht schön leuchtet.

Gut AUTO Empfohlen

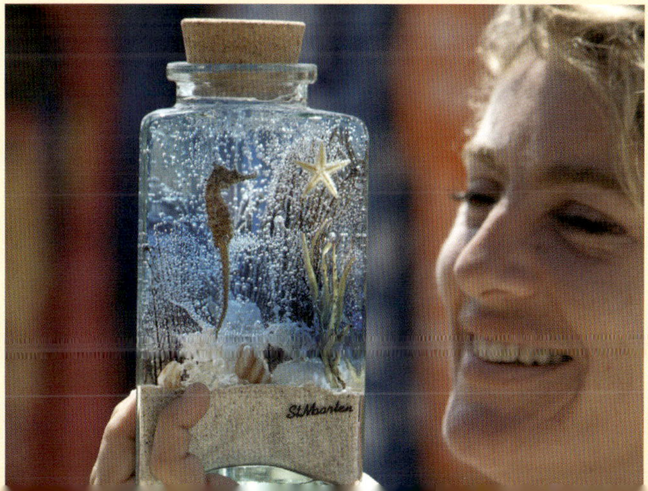

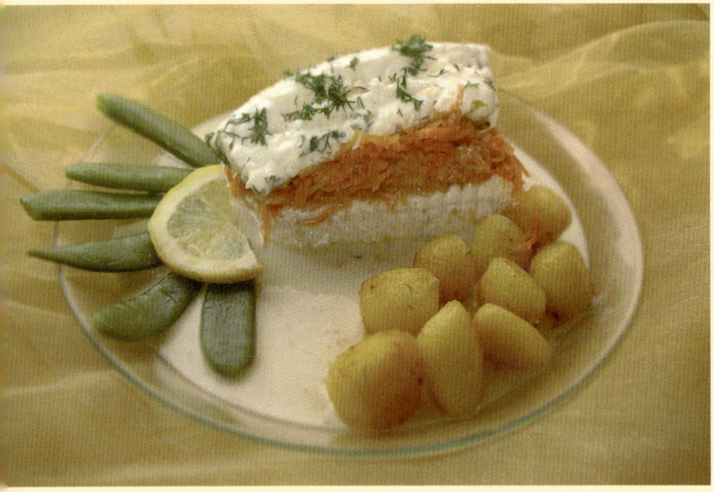

▲ **Bissfest**
Derjenige, der dieses Foto gemacht hat, ist kein Foodfotograf. Das ist ein Gebiet für sich. Aber er hat doch sein Bestes getan, dieses Hausrezept »Isländischer Katfisch à la Edda« schön abzubilden. Wichtig war, den Fisch nur halbgar zu kochen, damit er appetitlich aussieht. Die luftig drapierte »Tischdecke« ist ein schöner Untergrund. Der Teller stand bei einem Fenster, durch das normalerweise die gelbe Abendsonne scheint. Beim Fotografieren leider nicht. Das Hauptgericht mit den geraspelten Möhren war zu dunkel und wurde darum angeblitzt. Das führte zu vielen Reflexen auf der Fischsauce. Ein Taschentuch auf dem Blitz, um das Licht sanfter zu machen, half nicht. Diese Reflexe wurden deshalb mit Hilfe von Photoshop nachträglich entfernt, auch wurden Vorder- und Hintergrund unscharf gemacht. Siehe Kapitel 6.

Gut AUTO Empfohlen

Überprüfen Eventuell

DIE OBJEKTE DER REIHE NACH

Wie mache ich schöne Fotos von Haustieren?

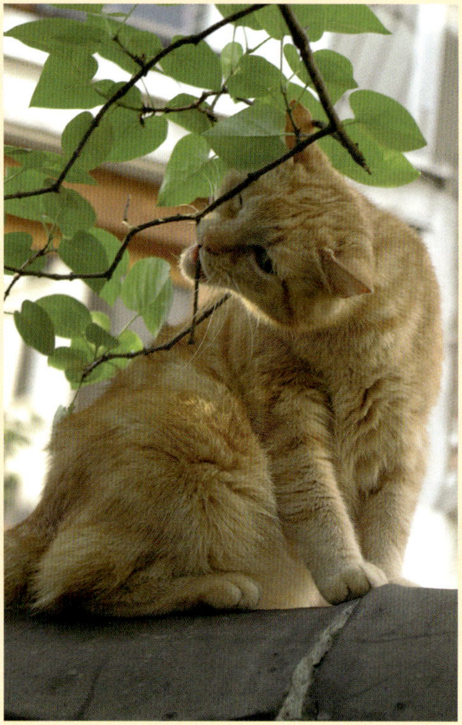

▲ **Timmie, die Nachbarskatze**
Nachbars Kater klettert oft über die Mauern zwischen den Gärten. Und das schien ein hervorragender Platz, ihn zu fotografieren. Denn auf solch einer Mauer konnte er nicht plötzlich in alle Richtungen verschwinden. Brauchte er auch nicht, denn er fühlte sich relativ sicher dort oben. Obendrein brauchte der Fotograf nicht über den Boden zu robben, um ihn auf Augenhöhe festzuhalten. Denn von oben nach unten fotografieren ist nicht schön.

Gut AUTO Empfohlen

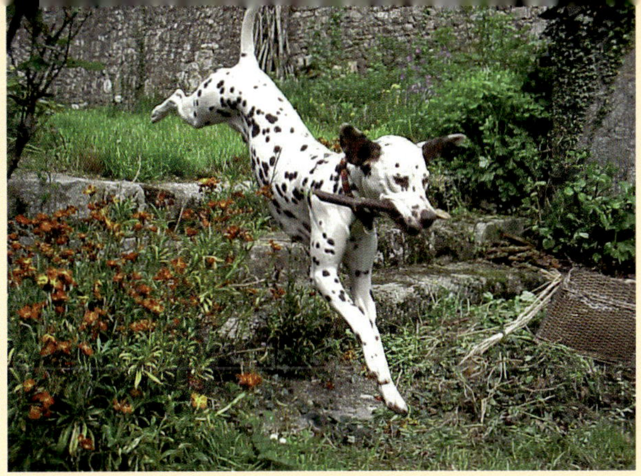

▲ Fallschirm-Ohren
So heißt dieses Foto vom jungen Jacob. Tiere sind schwer zu dirigieren, aber sie spielen gern. Und vieles öfter zu wiederholen macht ihnen nichts aus. Also holte Jacob das Stöckchen jedes Mal, wenn es in den höheren Teil des Gartens geworfen wurde, und sprang, pardauz, über die Steintreppe zurück nach unten. Glücklicherweise behielt er seine Spielfreude, bis das Foto endlich gelungen war.

Gut AUTO Empfohlen

Überprüfen S Eventuell ISO↑

Wie mache ich ein schönes Foto von mir und meinen Freundinnen?

▶ Engelshaar
Sie sind zusammen unterwegs. Geht der Tag zur Neige und scheint noch die Sonne, schauen Sie, wo Sie sich mit dem Rücken zur Sonne hinstellen können. Bitten Sie einen Passanten (oder jemanden, der ebenfalls eine gute Kamera bei sich hat), ein Foto von Ihnen zu machen. Stellen Sie »Tageslicht« bei Ihrer Kamera ein, damit das schöne goldene Licht zur Geltung kommt, lassen Sie ihn oder sie einzoomen und vor allem nicht zu viel Raum einnehmen. Viele Menschen gehen automatisch zu weit weg. Stellen Sie sich schön nah zusammen. Überprüfen Sie das Ergebnis, bevor Sie »Ihren« Fotografen gehen lassen.

Gut AUTO Empfohlen Empfohlen

Wie mache ich ein schönes Foto von mir und meinem Freund?

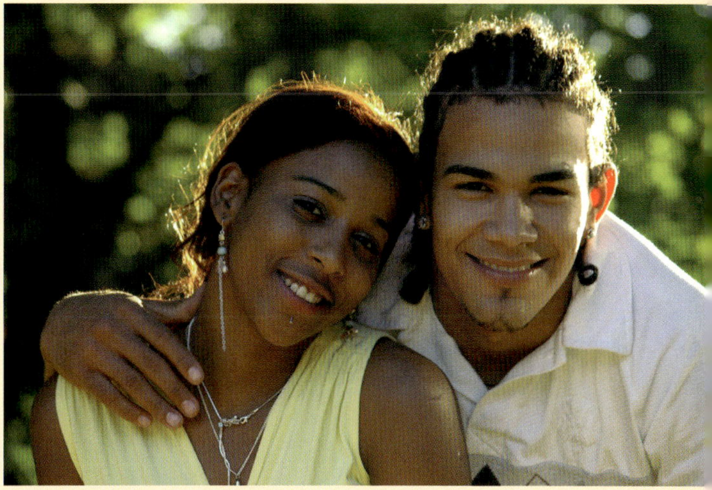

▲ Sie sind gerade zu zweit unterwegs. Geht der Tag zur Neige und scheint noch die Sonne ... und so weiter. Nehmen Sie eventuell dieses Buch als Beispiel mit.

Gut AUTO Empfohlen Empfohlen

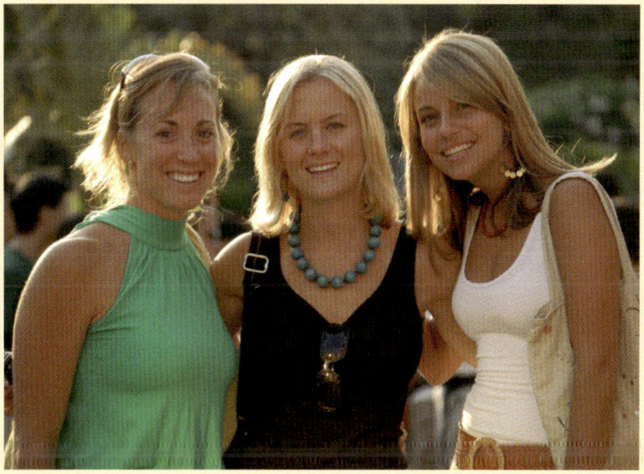

Wie mache ich ein schönes Foto von meiner Hochzeit?

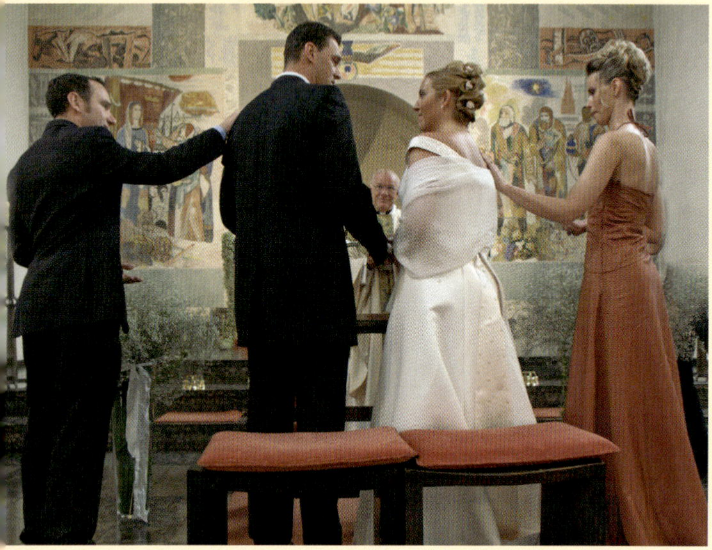

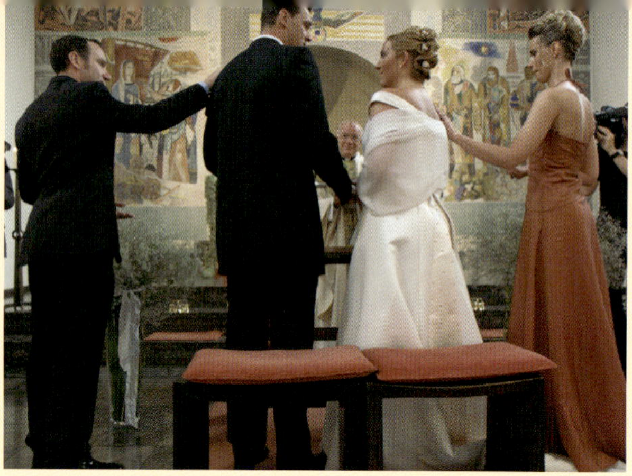

▲ Rechts und links am Bildrand standen andere Foto- und Videografen im Weg und wurden mit Hilfe von Photoshop eliminiert.

▼ Sie bitten »Ihren« Fotografen natürlich auch, die anderen Gäste zu verewigen. Dabei ist ein kleines bisschen Aktivität schon besser als gar keine, also Stehen statt Sitzen.

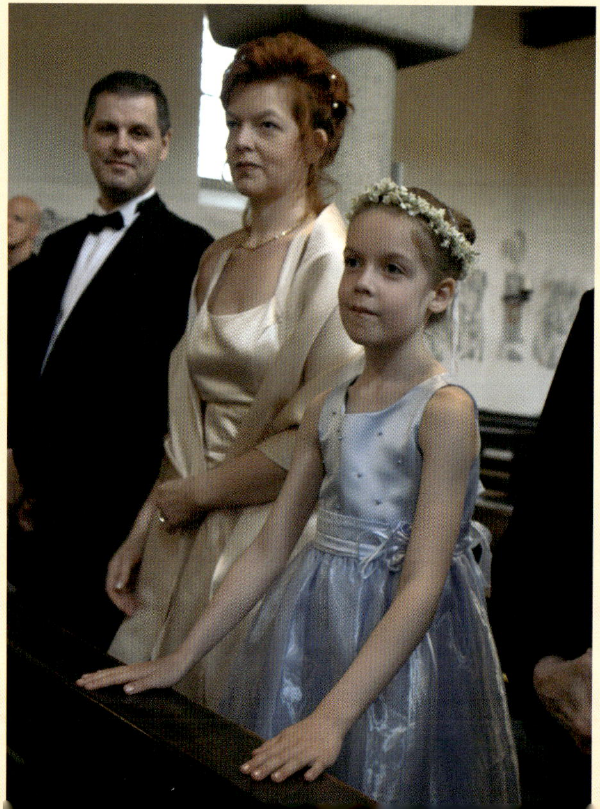

▲ Marry me

Leider ist es noch immer schwierig, zu heiraten und gleichzeitig zu fotografieren. Wollen Sie keinen professionellen Fotografen beauftragen und trotzdem schöne Fotos haben, müssen die von jemand anderem gemacht werden. Geben Sie ihm oder ihr gute Anweisungen, wie: Komm schön nah (habe keine Angst vor stechenden Augen im Rücken, wenn du anderen kurz die Sicht nimmst), schalte den Blitz aus (und setze die Empfindlichkeit hoch) oder stelle den Aufhellblitz ein. Versuche vorherzusehen (bei einer Hochzeit lässt sich oft erahnen, was als Nächstes passiert) und mache ausdrucksstarke Aufnahmen, wie hier bei einer Hochzeit in Keulen. Die beiden Trauzeugen symbolisieren übrigens ihre Unterstützung und halten nicht etwa das Paar fest, um es am Weglaufen zu hindern.

Gut AUTO Empfohlen Eventuell ISO↑

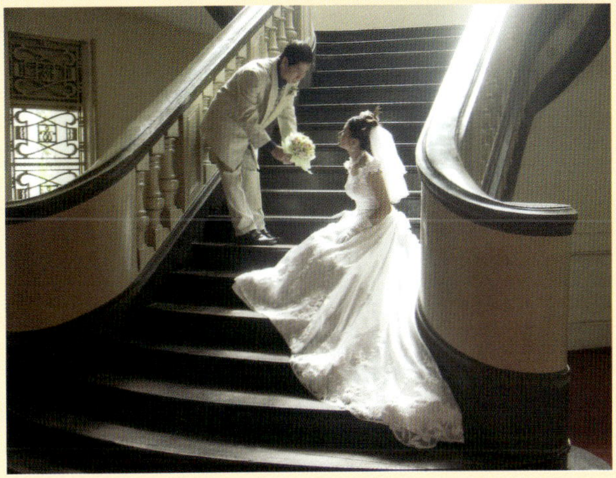

▲ Marry me ... in Saigon

Für die unvermeidlichen »Beautyshots« sucht man natürlich einen Ort auf, von dem man weiß, dass das Licht dort immer schön ist. Brautleute in Ho-Chi-Minh Stadt in Vietnam, dem früheren Saigon, gehen dann zu den Treppen des HCM Stadtmuseums. In der Tat, blendend.

Gut AUTO Eventuell

Wie mache ich ein schönes Foto von meinem Baby?

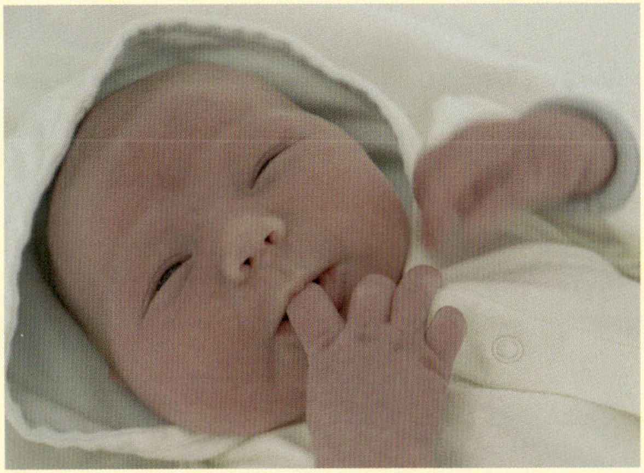

▲ Als es noch keine Digitalfotografie gab, waren Filme und Abzüge der größte Kostenfaktor für junge Paare mit einem neugeborenen Baby. Halten Sie außergewöhnliche und originelle Taten Ihres Babys fest, Handlungen, die den Fotos mehr Spannung geben. Wenn es beispielsweise seinen Finger in den Mund steckt! (Dabei können Sie zur Not nachhelfen.) Natürliches Licht ist selbstverständlich am schönsten für dieses Naturwunder.

Gut AUTO Bisschens Empfohlen ISO↑

▶ In Vietnam ist im November das Licht am schönsten, findet Fotograf Minhhoa, der hier aktiv ist. Für sich selbst möchten Sie es vielleicht etwas spontaner und lebendigere Fotos mit mehr Bewegung. Was halten Sie von einer gemeinsamen Fahrt auf dem Fahrrad? Die Braut auf der Stange. Oder auf der Schaukel oder in einem Karussell? Studieren Sie die (digitalen?) Fotobücher anderer Autoren. (Tipp: Bei Online-Fotoshops können Sie elektronisch ein Buch zusammenstellen, das für Sie gedruckt und gebunden wird. Es gibt zahlreiche Themen, unter anderen »Hochzeit«).

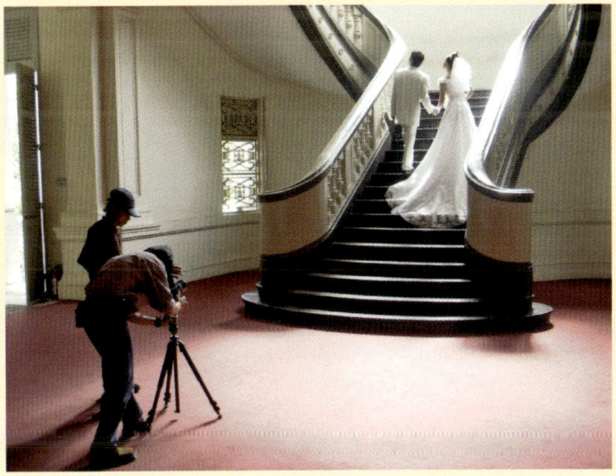

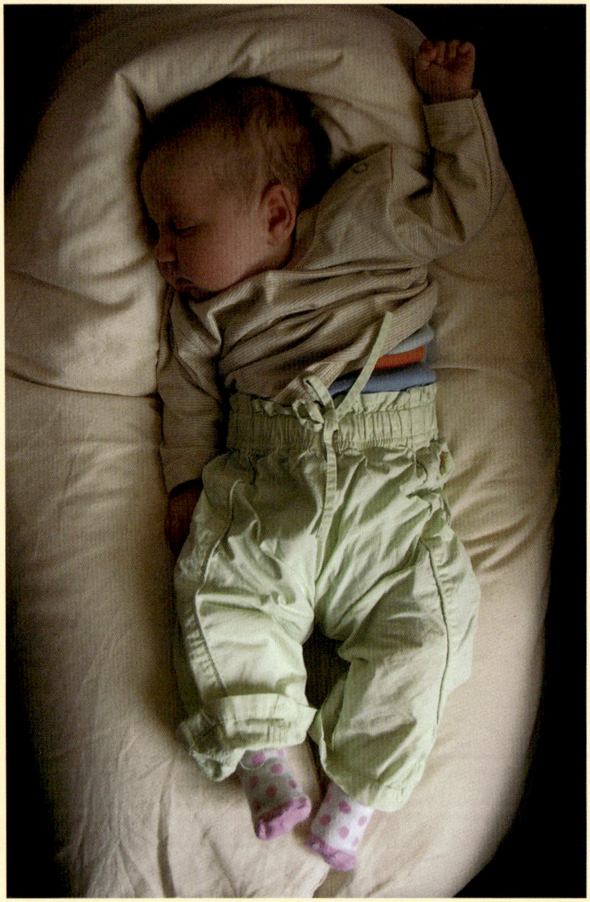

Wie mache ich ein schönes Foto von meinen Pixelkids?

Das digitale Fotografieren von Kindern (Pixelkids) ist eine unerschöpfliche Quelle der Freude. Es gibt so viele Aspekte, dass der Autor deshalb dazu ein eigenes Buch veröffentlicht hat. Hier beschränken wir uns auf eine Handvoll Tipps. Im Rest des Buches finden Sie noch mehr Kinderfotos, die Sie ermuntern und anregen sollen.

▶ Eine Theateraufführung Ihres Kindes ist eine ideale Möglichkeit für interessante Fotos. Warten Sie nicht bis zur Aufführung selbst, sondern gehen Sie zu den Proben oder in die Garderobe. Dann nehmen Sie auch die Spannung wahr, die Sie sicher festhalten möchten. In einem Moment wie diesem fragen Sie Yanna, ob sie mal kurz in die Kamera gucken würde. Klick! Kein Blitz nötig, das Neonlicht macht seine Arbeit, genau wie das Zoom.

Gut AUTO Empfohlen Empfohlen ISO↑

▲ Jane Mary, schlafend neben dem Fenster. Wäre das Fenster auf der anderen Seite gewesen, hätte man ihr Gesichtchen besser sehen können.

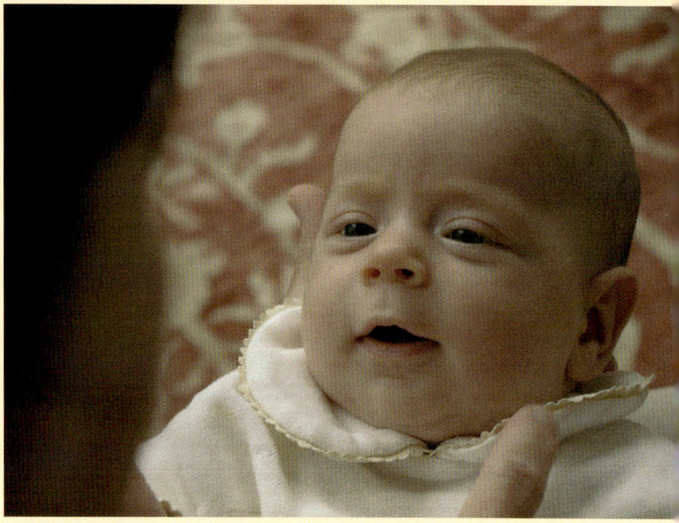

▶ Vita, auf die das Licht der Dachterrasse fällt, reagiert auf das Lächeln ihrer Mutter. Deren Kontur ist links im Bild unscharf zu sehen. Dafür ist das Zoom gedacht.

Gut AUTO Empfohlen Empfohlen ISO↑

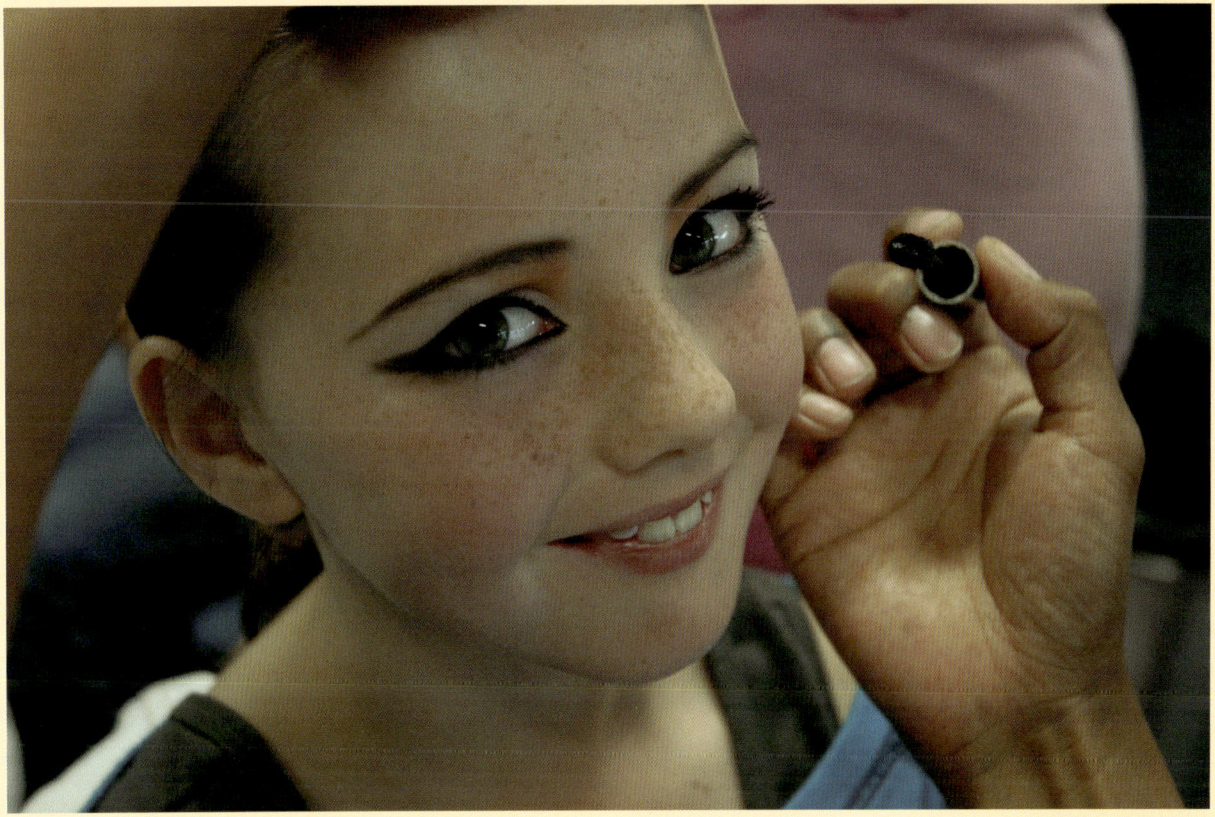

▶ Sanne in ihrem rosa Zimmer. Durch die vielen rosafarbenen Oberflächen ist auch das Licht rosig, was wir einfach so belassen haben. Denn das gehört zu Sanne. Das heißt, dieses Jahr. Wie ihr Zimmer im nächsten Jahr aussehen wird, ist noch eine Überraschung. Deshalb machen wir dann wieder ein Foto, so wie jedes Jahr. Das gibt einen schönen Überblick.

Gut AUTO Empfohlen Empfohlen ISO↑

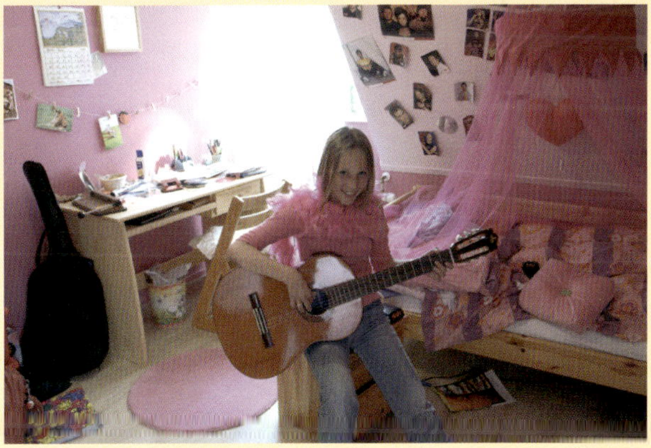

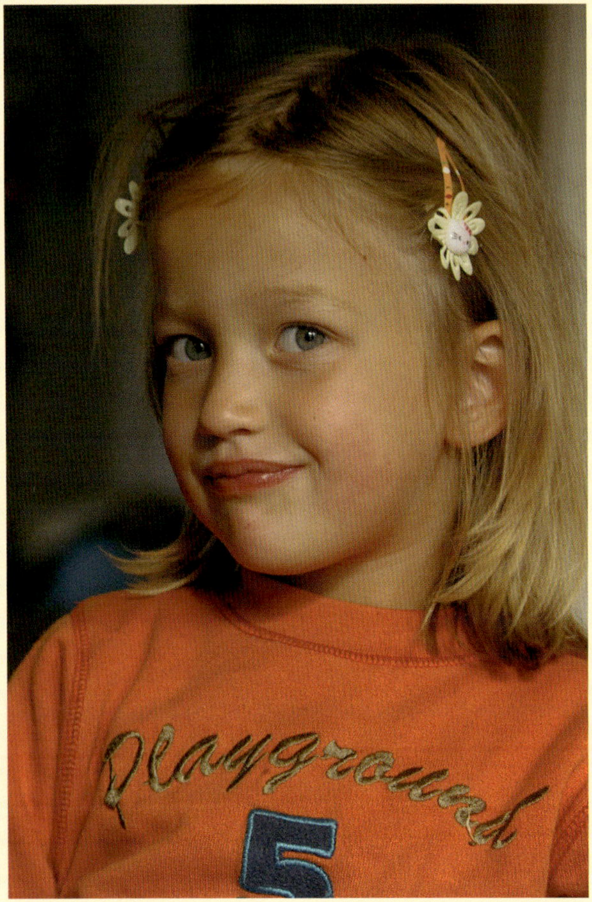

▲ Julia, mit einem bedeutungsvollen Blick, ein wenig eingezoomt neben dem Fenster. So einfach ist das.

Gut AUTO Empfohlen [Porträt] Empfohlen ISO↑

Wie mache ich ein schönes Foto von meiner Familie?

▼ Durch Bewegung entsteht Aktion. Femke, Gerard, Julia (auf den Schultern) und Vita (auf dem Arm) gehen die Straße entlang, in der sie wohnen.

Gut AUTO Empfohlen [Porträt]

Überprüfen S Empfohlen ISO↑

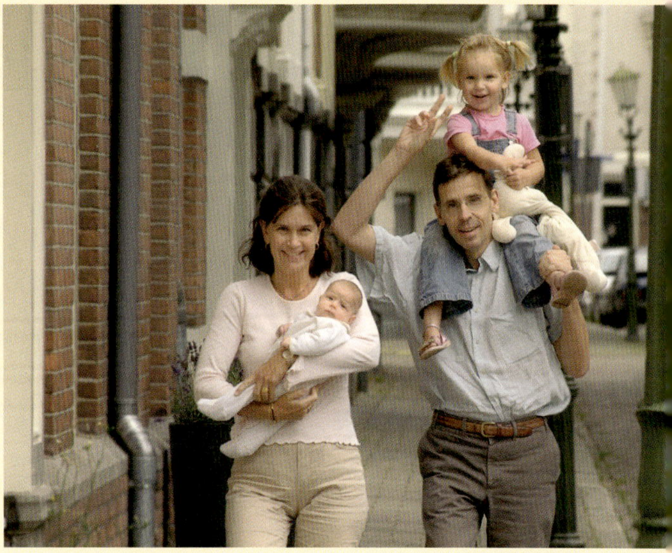

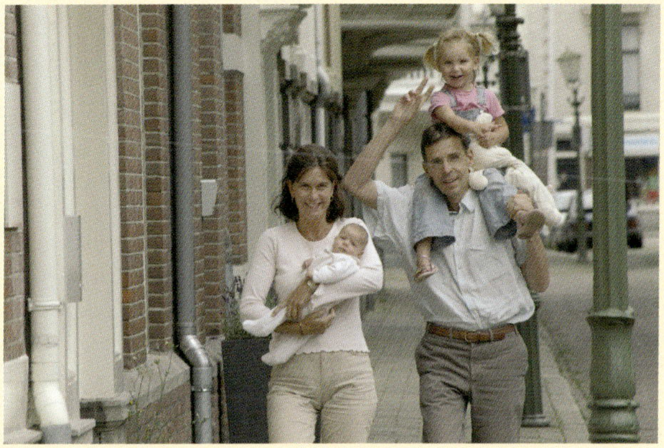

▲ Es war bewölkt und das Licht grau und langweilig, wir aber haben die Sonne mit einem speziellen Programm scheinen lassen. Auch wurden störende Einflüsse eliminiert, wie die Türklingel und die Farben des Ladens im Hintergrund. Die unscharfen Teile wurden noch unschärfer gemacht. Lesen Sie im nächsten Kapitel, wie diese Bildbearbeitungen ausgeführt wurden.

▶ Trotz des langweiligen Lichtes konnte durch die Aufnahme mit Teleobjektiv dem Bild Spannung verliehen werden, vor allem durch das Fehlen von Schärfentiefe. Dieses Foto wurde nicht nachbearbeitet.

Gut AUTO

Empfohlen

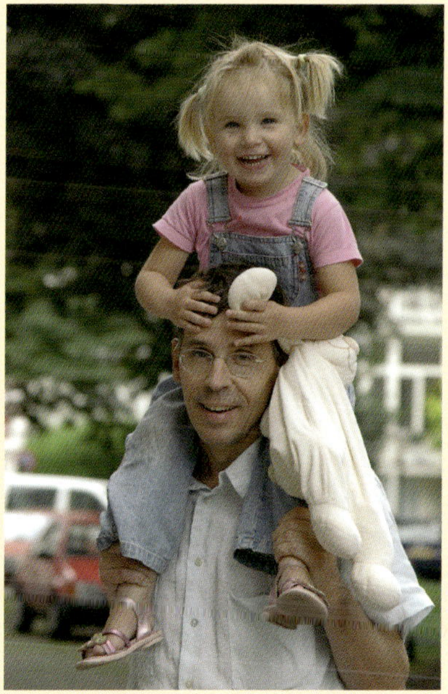

Wie mache ich ein schönes Foto von meinem Mann?

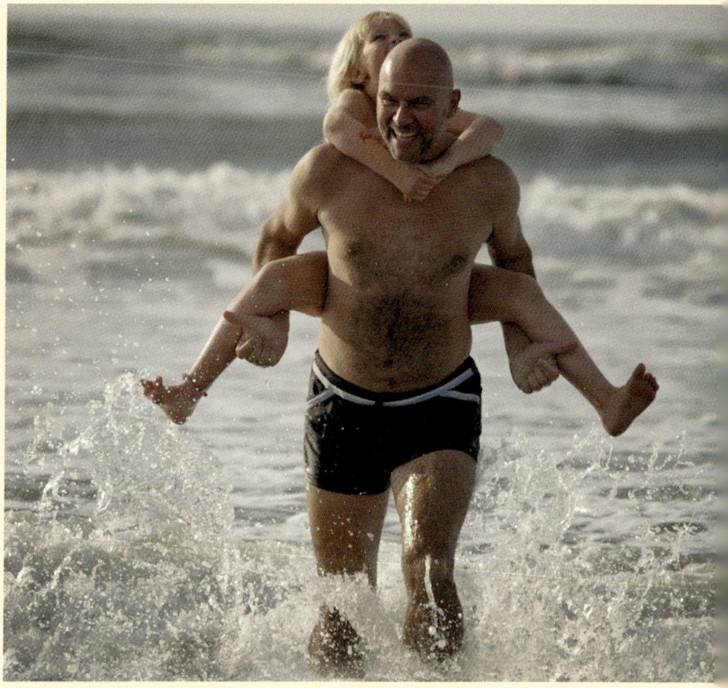

▲ Wildfänge

Erkennen Sie ein schönes »Setting« für ein wirkungsvolles Bild von Ihrem Mann. Gibt es ein prachtvolleres Bild als ihn, wenn er mit Ihrem Kind auf dem Rücken aus dem Meer kommt? Die Sonne steht tief und wirft schöne Lichtränder auf die Personen. Sie haben das Zoom benutzt, um das Meer gleichsam näher an sich heranzuholen. Mit Teleobjektiv haben Sie übrigens auch mehr Kontrolle darüber, in welcher Größe diese beiden Wildfänge aufs Foto kommen. In der Tele-Einstellung bleiben die beiden, wenn sie auf Sie zukommen, längere Zeit mehr oder weniger gleich groß im Bild. Mit Weitwinkel ist der ideale Moment nur sehr kurz. Dieses Foto von Vater Jan Hendrik und Tochter Charlotte ist am Computer stark nachbearbeitet worden. Wie? Das lesen Sie in Kapitel 6.

Gut AUTO Empfohlen Empfohlen

Wie mache ich ein schönes Foto von meiner Frau?

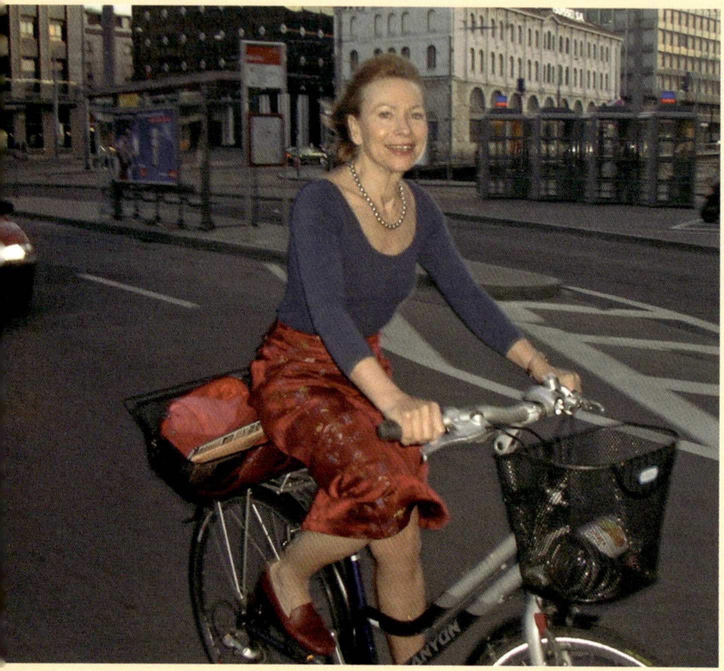

▲ Flitzende Fahrradfahrerin

Auch beim Fotografieren Ihrer Frau gilt natürlich, dass Bewegung von Vorteil ist, mit oder ohne Kinder. Hier fährt Edda gegen Abend durch das Stadtzentrum ihres Wohnortes Genf. Das Foto wurde von einem anderen Fahrrad aus gemacht. Die Verschlusszeit war dafür recht lang (1/60 sec.), und das Bild ist dadurch etwas verwackelt. Die Kamera und Edda hatten offensichtlich nicht ganz dieselbe Geschwindigkeit. Durch den Aufhellblitz ist aber ein wie eingefroren wirkendes Bild darüber gesetzt. Das Ergebnis: unscharfe Konturen einer ansonsten scharfen Frau. Das Foto wurde mit einer Kompaktkamera gemacht, bei der das Bild durch den Monitor gut erkennbar ist. Denn während des Radelns durch den Sucher zu gucken ist ein bisschen gefährlich.

Gut AUTO Empfohlen Empfohlen

Wie mache ich ein schönes Foto von meinem Vater?

▼ Konzentration

Bei einem Foto von Ihrem Vater denken Sie vielleicht an das Bild eines ergrauten Mannes, der beim Schreiben eines Briefs mit Füllfederhalter lächelnd zur Kamera schaut. Falsch. Briefe sind heutzutage E-Mails und werden am Computer geschrieben. Der etwas modernere Vater übt in seinem dreiundsiebzigsten Lebensjahr Tai-Chi, so wie Jan Dirk. Das Foto wurde im Wohnzimmer aufgenommen, denn dort war das Licht interessanter als im Garten. Tai-Chi im Garten zu machen ist üblich und deshalb langweilig, im Wohnzimmer ergibt die Übung ein eher überraschendes Bild. Der Autofokus stellte auf die ausgestreckte Hand ein, weshalb per Hand scharf gestellt wurde. Jan Dirk wurde gebeten, kurz still zu halten.

Gut AUTO Empfohlen

Überprüfen S Empfohlen ISO↑

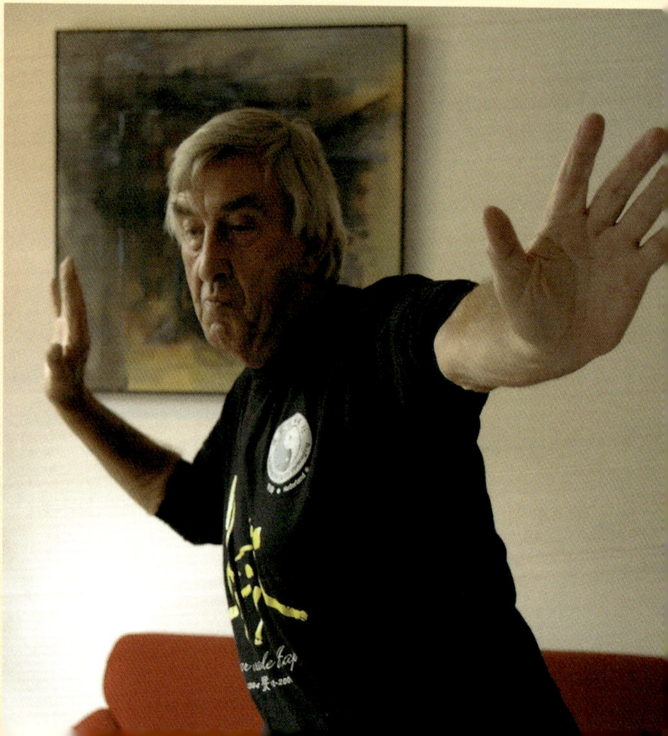

Wie mache ich ein schönes Foto von meiner Oma?

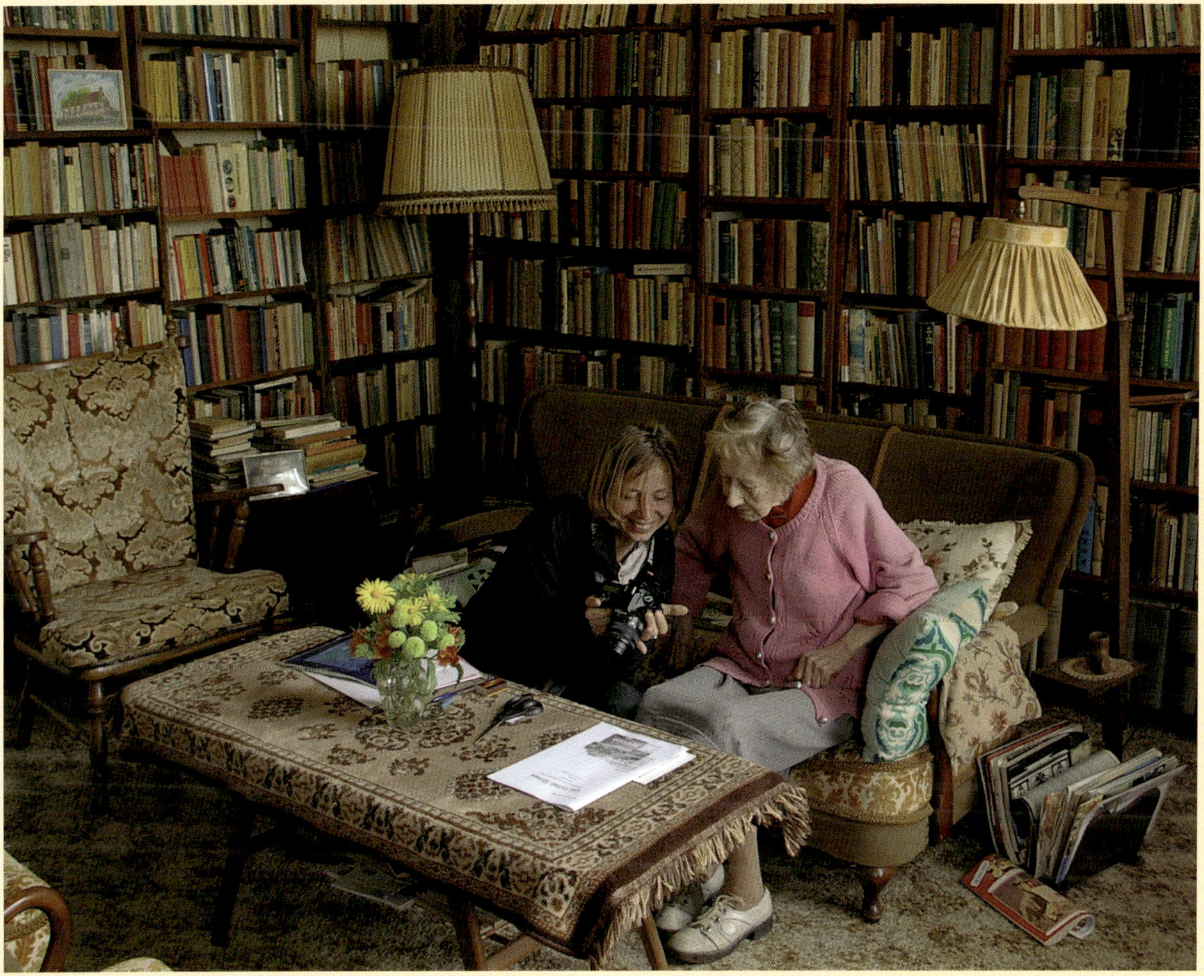

▲ Lampenschirme

Letztlich erwies dies sich als das schönste Foto von Oma Floor (und Esther). Alle Teile des Zimmers kommen gut zur Geltung: der Tisch, die Lampen, der Teppich, der Zeitungsständer und nicht zu vergessen die Bücherwand. Weil sie überall angeschnitten ist, scheint sie unendlich. Floor betrachtet die digitalen Ergebnisse der Foto-Session. Sie ist übrigens weniger ein Bücherwurm, als man meinen könnte. Schon lange vor dem Krieg ist sie auf eigene Faust per Anhalter nach Italien gereist.

Gut AUTO Empfohlen [Symbol] Empfohlen ISO↑

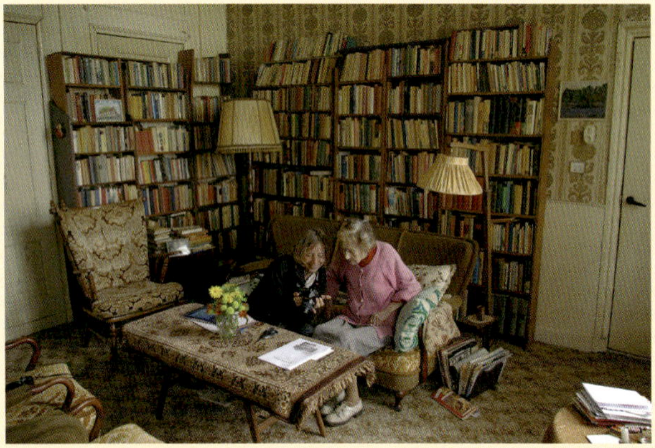

▲ Das ursprüngliche Foto, das bei der Aufnahme als zu weit weg erschien, aber richtig beschnitten perfekt war.

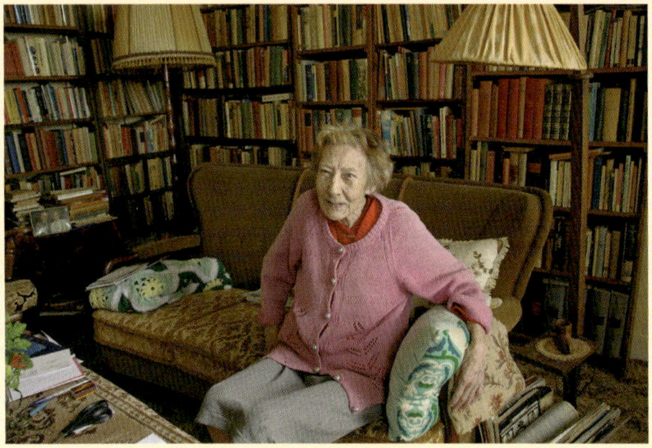

▲ Oma auf dem Sofa. Floor ist gut und groß genug im Bild, von ihren Sachen sieht man aber eigentlich zu wenig. Bei dieser Art von Bildern muss man immer ein gutes Verhältnis zwischen Mensch und Umgebung suchen.

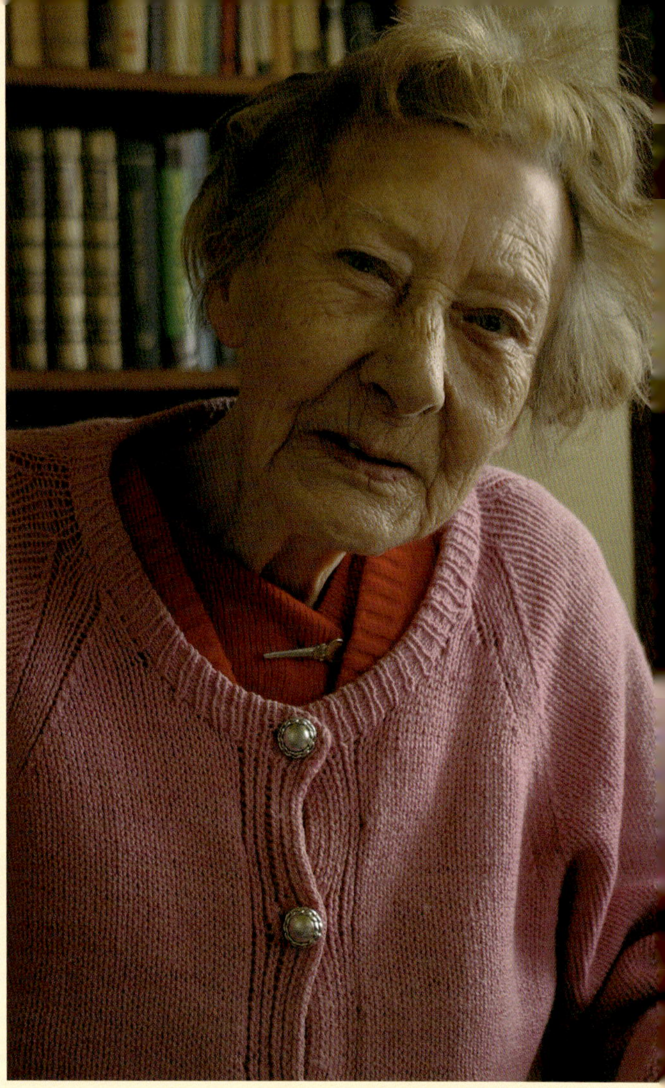

▲ Die Nahaufnahme: ausschließlich mit einfallendem Tageslicht gemacht. Es wurde etwas eingezoomt, auch um den Hintergrund etwas unscharf zu machen.

Gut AUTO Etwas Empfohlen ISO↑

Wie mache ich ein schönes Foto von meinem Zuhause?

Für Aufnahmen in Ihrem Zuhause ist ein Weitwinkelobjektiv erforderlich. Je weiter, desto besser. Dies ist das vordere Wohnzimmer von Machteld und Jan Willem, mit 21 mm (Kleinbildäquivalent, siehe Kapitel 2) aufgenommen. Der schräge Anschnitt eines Raums wirkt meist am lebendigsten. Halten Sie die vertikalen Linien gerade, um ein Durcheinander zu vermeiden. Da man sich beim Fotografieren ganz in die Ecke stellt, kann man meist kein Stativ gebrauchen, bei langen Verschlusszeiten aber an die Wand lehnen. Erhöhen Sie die Empfindlichkeit. Sie können auch versuchen, durch ein offenes Fenster zu fotografieren. Das geht vor allem im Erdgeschoss gut.

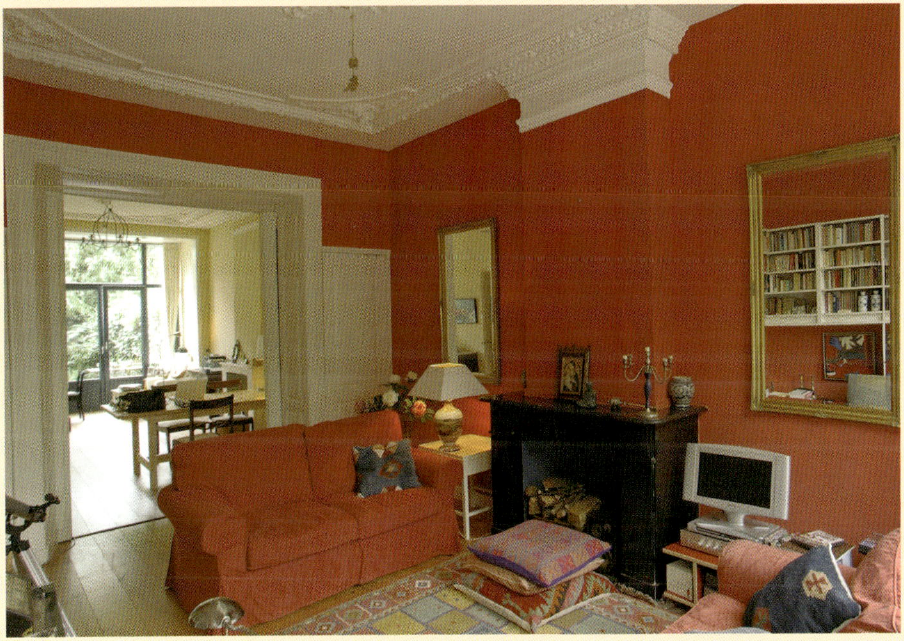

▲ Es ist besser, wenn die Sonne nicht direkt ins Zimmer fällt, denn der Kontrast wäre in vielen Fällen zu stark. Es wurde auch ein Versuch mit geschlossenen Gardinen zum Garten hin gemacht. Wie sich aber herausstellte, wurde gerade durch die Überbelichtung das Bild interessant. Am besten wartet man bis zur Dämmerung, um zu viel Licht zu vermeiden. Machen Sie immer die Lampen an, Sie bieten schöne Lichtinseln und verleihen dem Bild Profil. Ein Blitz ist für die Ausleuchtung von Innenräumen ungeeignet.

Gut AUTO Etwas Empfohlen ISO↑

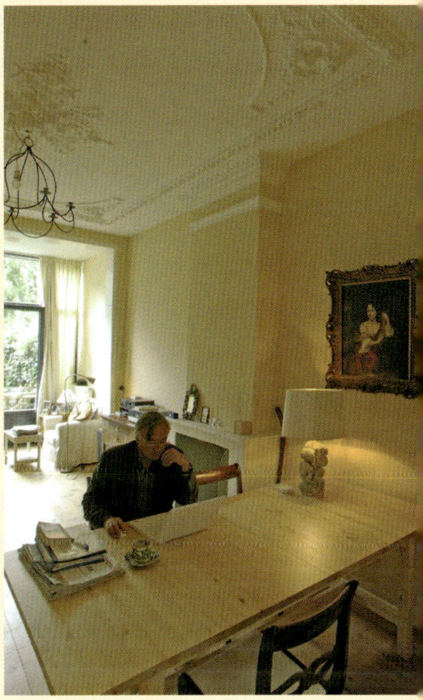

▲ Jan Willem, total kabellos bei der Arbeit am Mac. Mit Photoshop wurden die dunklen Partien aufgehellt. Das war auch nötig, denn es kam sehr wenig Licht von der Seite. Die Deckenornamente kommen schön zur Geltung. Mit einem Superweitwinkelobjektiv wie diesem ist es schwierig, die vertikalen Linien gerade zu halten. Doch wenn es misslingt, hat Photoshop auch dafür eine Lösung. Siehe folgendes Kapitel.

▶ Für das Foto der gemütlichen Küche mit Essecke wurde bis zur Dämmerung gewartet. Das Licht, das durch das Dachfenster hereinfällt, steht in einem guten Verhältnis zum künstlichen Licht. Der automatische Weißabgleich orientierte sich am künstlichen Licht, wodurch das Außenlicht ein klein wenig blau geworden ist.

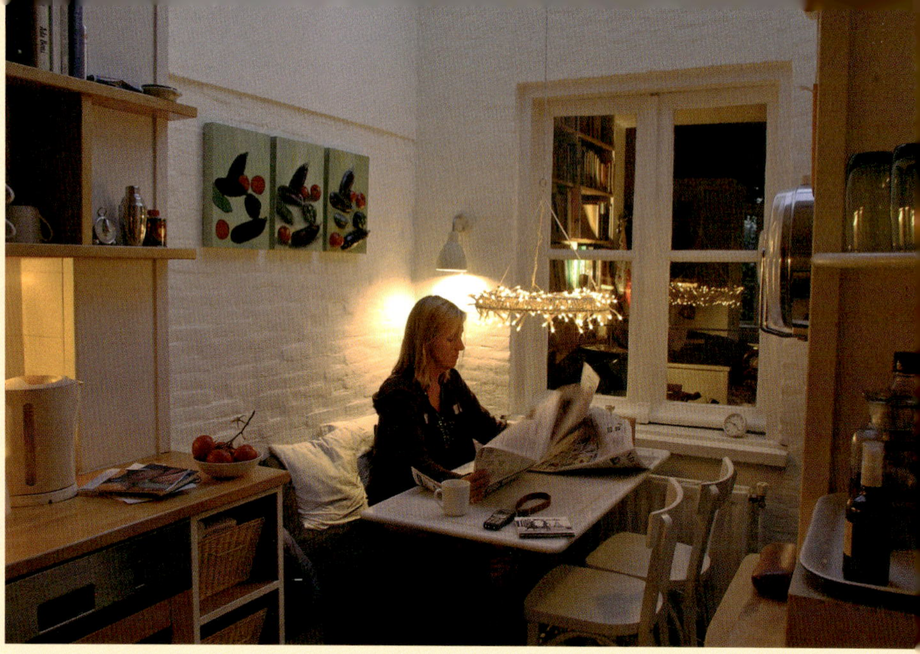

Wie mache ich ein schönes Foto von meinem Sportteam?

▼ Treffen & rennen

Das Cricket-Team »Quick I« aus Den Haag in Mannschaftsaufstellung. Das Ungewöhnliche spielt sich an den Seiten ab. Der Werfer wirft den Ball zum Schläger (siehe roten Punkt auf der Hüfte des zweiten Mannes von links, stehend). Die Verschlusszeit war zufällig gerade so lang bzw. kurz, um den Ball einzufangen, ihn aber doch unscharf zu halten: 1/250 sec.

Die Aufnahme des Fotos war eine Augenblickssache ohne Zeit für Experimente. Dafür war später Zeit, am Computer. Weil das Licht so langweilig war, wurden verschiedene Effekte ausprobiert, zum Beispiel mit dem Filter Pastell von nik Color Efex Pro (siehe Kapitel 6). Die Reklametafeln im Hintergrund wurden reduziert, indem ein nahezu weißer Streifen aus ihnen gemacht wurde. Die leuchtenden Farben wurden entfernt. Um die etwas abweichende Perspektive zu bekommen, stellte sich der Fotograf auf einen Stuhl.

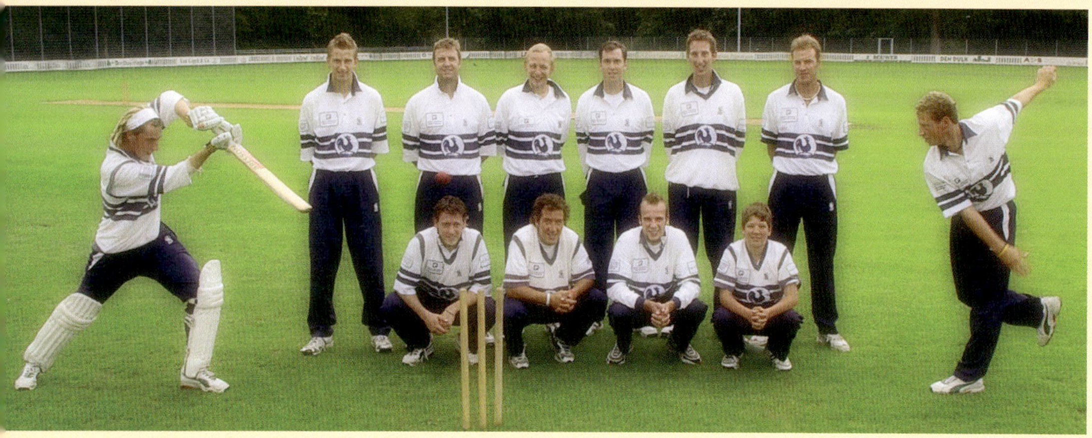

Gut AUTO

Bisschen

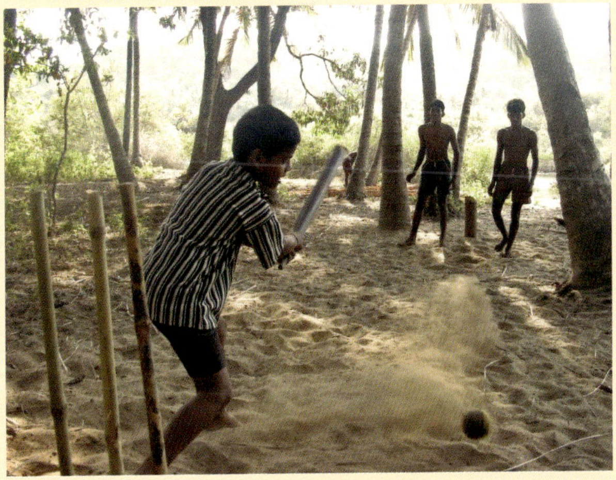

▲ **Schlag den Ball**
Cricket ist in Indien ein sehr beliebtes Spiel. Das Nationalteam kämpft jedes Jahr um den Weltmeistertitel. Diese Kinder hier in Goa spielen Cricket mit allem, was sie finden können. Der Vorteil eines solchen inoffiziellen Spiels ist, dass man für sein Foto ganz nahe herangehen kann. Für Sportfotos kann man sich selten auf dem Spielfeld oder drumherum bewegen, und man ist gezwungen, mit Teleobjektiv zu arbeiten. Für Bewegungsfotos sollten Sie deshalb Trainings- oder Übungswettkämpfe besuchen. Wollen Sie den Ball im Bild haben? Drücken Sie etwas zu früh ab, sonst sind Sie zu spät. Aber man kann ihn auch mit Photoshop ersetzen: einfach aus einem anderen Foto hineinkopieren..

Gut AUTO Empfohlen Überprüfen S

Wie mache ich ein schönes Foto von meinen Kollegen?

▶ Das Foto der lesenden Buchhändler wurde inspiriert durch diese lesenden Vietnamesen vor der Tür einer Secondhand-Buchhandlung in Danang.

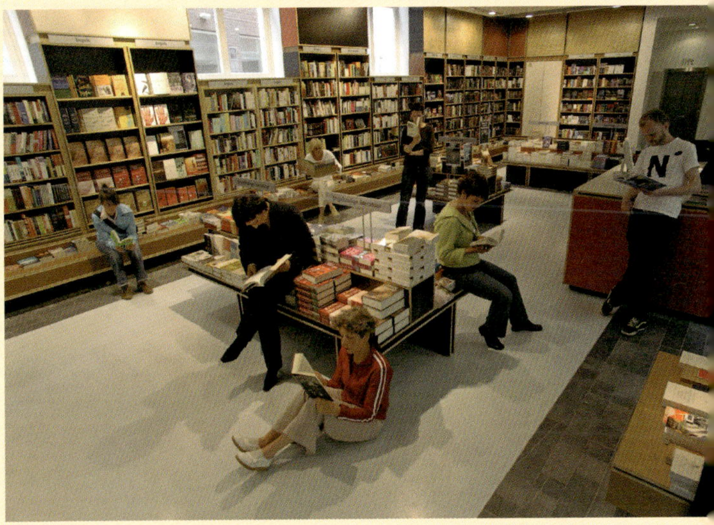

▲ In der Kategorie »Gruppenfotos einmal anders« ein Foto der Angestellten der Buchhandlung Verwijs in Den Haag, durch deren Hände bereits viele Exemplare dieses Buches gegangen sind. Wollen Sie auch solch ein Foto? Lassen Sie Ihre Kollegen, Freunde, Lehrlinge oder Familienangehörigen dann etwas Passendes tun. Wegen der Dynamik wurden die Linien hier gehörig schief gehalten – mit einem Superweitwinkelobjektiv.

Gut AUTO Etwas Empfohlen ISO↑

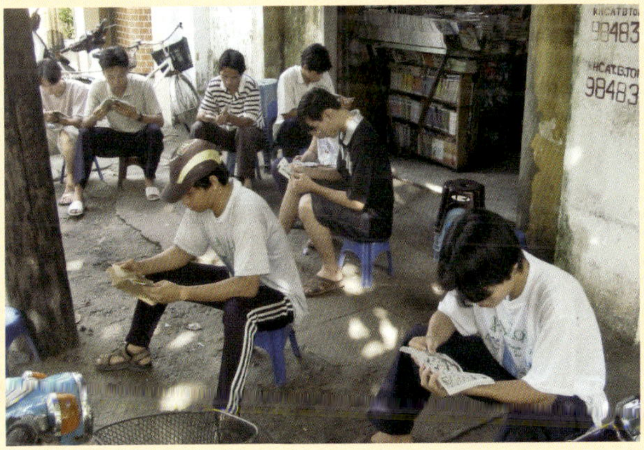

Wie mache ich ein schönes Foto von einem Bild?

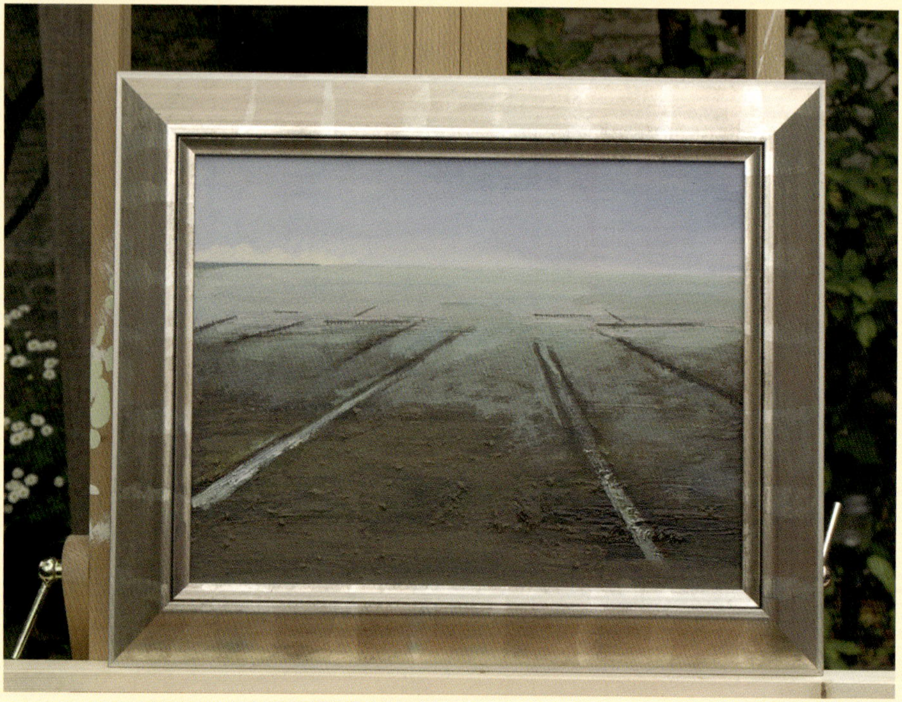

▲ **Groninger Furt**

Für die Aufnahme eines Bildes oder für eine Reproduktion ist eine Staffelei sehr nützlich. Nehmen Sie das Werk aus dem Glasrahmen, wenn es möglich ist. Sorgen Sie dafür, dass hinter Ihnen alles schwarz oder zumindest dunkel ist, um Reflexe zu vermeiden. Machen Sie die Aufnahme bei neutralem Licht an einem wolkenreichen Tag im Garten, wie das bei diesem Bild der Fall war. Dabei müssen Sie auf korrekten Weißabgleich achten. Direkt vor dem Bild stehend müssen Sie die Linse auf die Mitte des Bildes richten, sowohl in der Höhe als auch in der Breite gesehen. Die Bildränder in Ihrer Kamera können helfen. Bei einigen Kameras kann man ein Gitterraster aufrufen, das im Monitor erscheint. Ein Stativ ist sehr nützlich. Stellen Sie per Hand scharf. Für eine optimale Schärfe zoomen Sie ganz ein, stellen scharf und zoomen wieder aus, bis Sie den richtigen Ausschnitt gefunden haben.

Gut AUTO

Empfohlen

Überprüfen WB

▼ Unerwünschte Flächen können Sie entfernen, wenn Sie mit Photoshop das Bild beschneiden. Aber je mehr Platz Sie dem Bild gelassen haben, desto mehr verlieren Sie vom Bild. Je höher die Brennweite, desto besser gelingt das Bild. Dieses Gemälde mit dem Titel »Groninger Furt« stammt von Marjan Bloem.

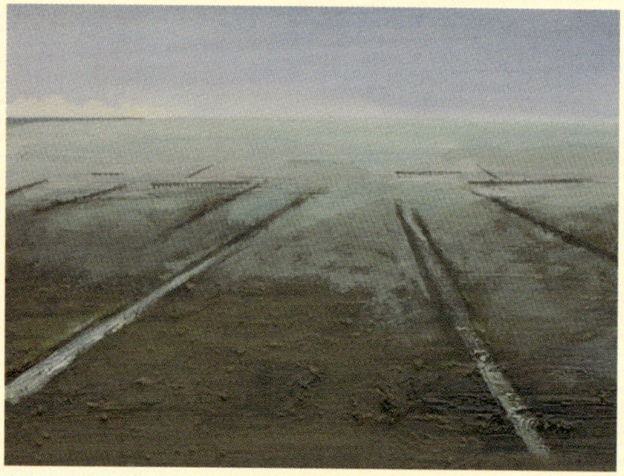

Wie mache ich ein schönes Foto in einem Museum?

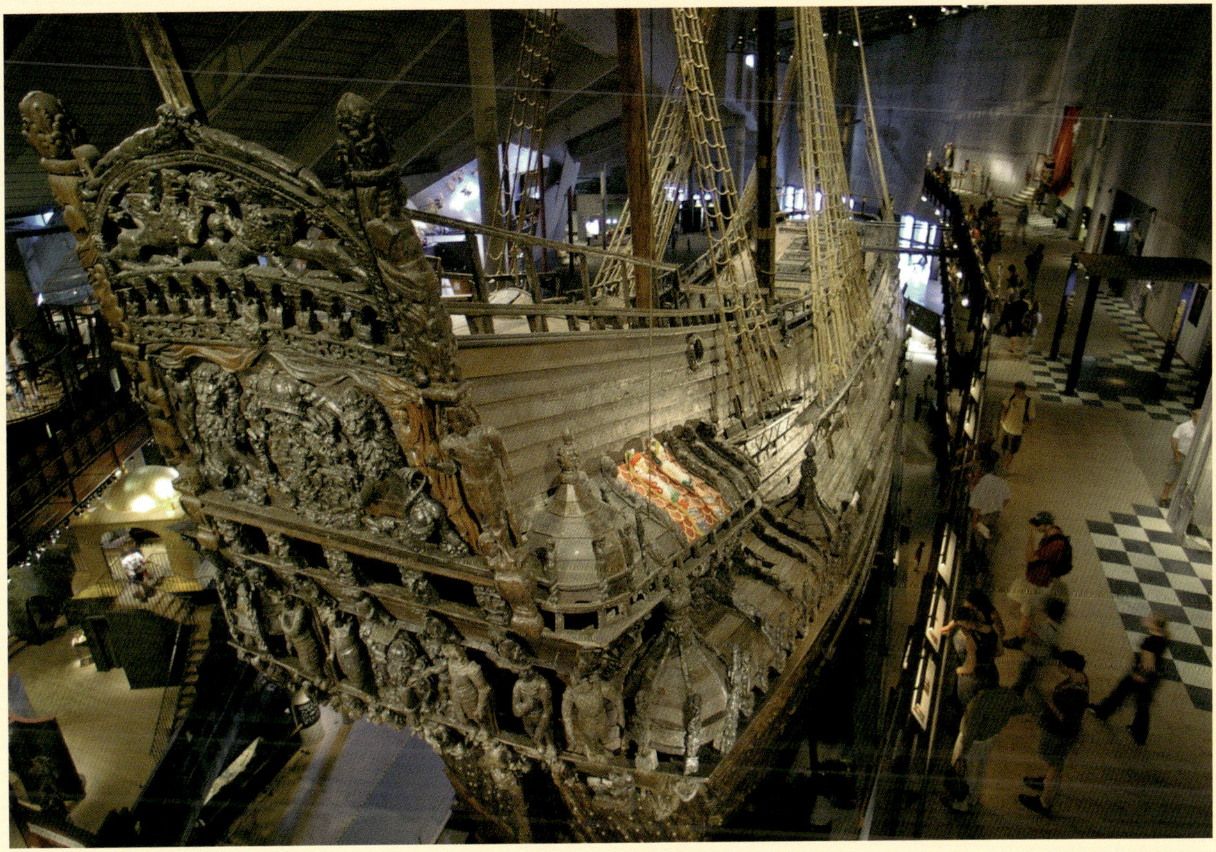

▲ **Alle Segel setzen**

In fast allen Museen wird Kunstlicht sehr überlegt eingesetzt. Und das sollte so bleiben. Erhöhen Sie also die Empfindlichkeit Ihrer Kamera und wählen Sie die Einstellung »Kunstlicht«. Blitzen dürfen Sie meist sowieso nicht, falls doch, wird das Foto nicht schön. Museumsfotos entstehen meist bei einem Ausflug. Machen Sie deshalb erst eine Gesamtaufnahme, die einen Eindruck vom Museum selbst wiedergibt. Dies ist das Vasamuseum in Stockholm. Die Vasa (Schiff), die man hier bewundern kann, hat viele Jahrhunderte auf dem Meeresgrund gelegen, denn dieses Kriegsschiff kenterte 1628 während der ersten Reise bereits ein paar hundert Meter vor dem Hafen bei einer Windböe und sank. Mit 68 Kanonen an Bord war das Schiff topplastig. Durch das Stockholmer Brackwasser blieb es gut erhalten.

Gut AUTO Empfohlen Empfohlen ISO↑

Empfohlen oder Überprüfen WB

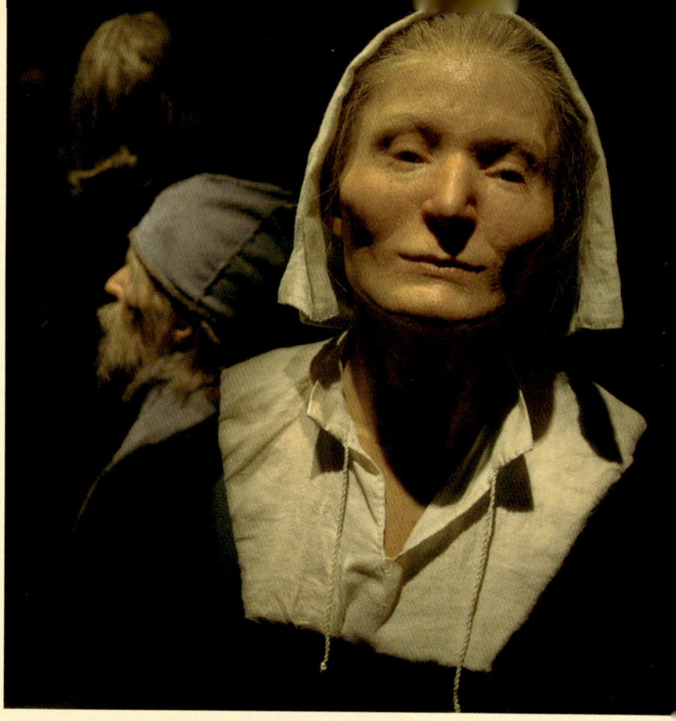

▶ Rekonstruktion des Gesichtes von einer der beiden Frauen, die an Bord des sinkenden Schiffes waren und die zusammen mit Dutzenden von Männern ertrunken sind. Die Figur befindet sich hinter Glas. Wenn man das Objektiv gegen das Glas der Vitrine hält, hat man Probleme mit Spiegelungen und Stabilität für die lange Verschlusszeit.

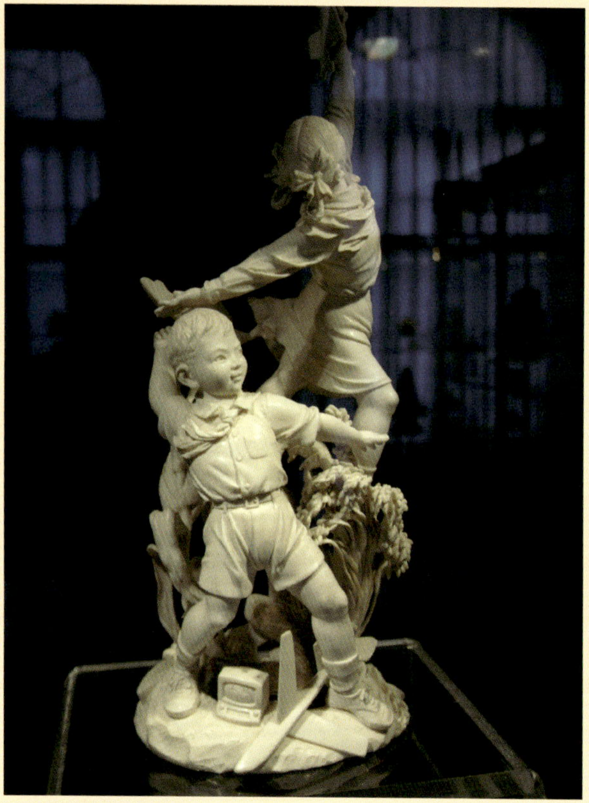

▲ Denken Sie daran, dass helle Objekte, zumal wenn sie mit prallem Halogenlicht beleuchtet werden, die Belichtung durcheinanderbringen können. Unterbelichten heißt dann die Devise. Dies ist eine Statue aus der chinesischen Kulturrevolution, in Shanghai. Fotos von Gemälden werden meist nicht gut. Kaufen Sie eine schöne Ansichtskarte oder Foto-CD im Museumsladen.

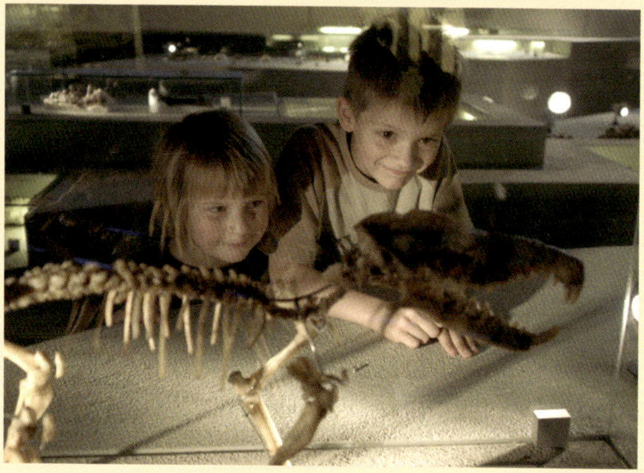

▲ **Wir waren dabei**

Mit wem waren Sie im Museum? Mit den Kindern! Fotografieren Sie sie dann, wenn sie »beschäftigt« sind. Für dieses Foto musste der Autofokus kurz ausgeschaltet werden, denn der hätte auf das Skelett im Vordergrund oder auf das Glas der Vitrine scharf gestellt (Naturalis, Leiden).

Wie mache ich ein schönes Foto für eine Weihnachtskarte?

▶ Es scheint, dass es immer weniger schneit hier bei uns, auf jeden Fall im November. Ein Problem, denn die Weihnachtskarten sollen ja zur rechten Zeit abgeschickt werden. Die Lösung kommt von Sjoerd und Natalie Driessen. Sie haben einen Sack Styropor-Füllsel ausgeschüttet und ihre Tochter Sterre mitten reingesetzt. Sjoerd hat das Foto gemacht, Natalie die Aufmerksamkeit von Sterre auf sich gelenkt.

Gut AUTO

Empfohlen

Empfohlen oder

Überprüfen WB

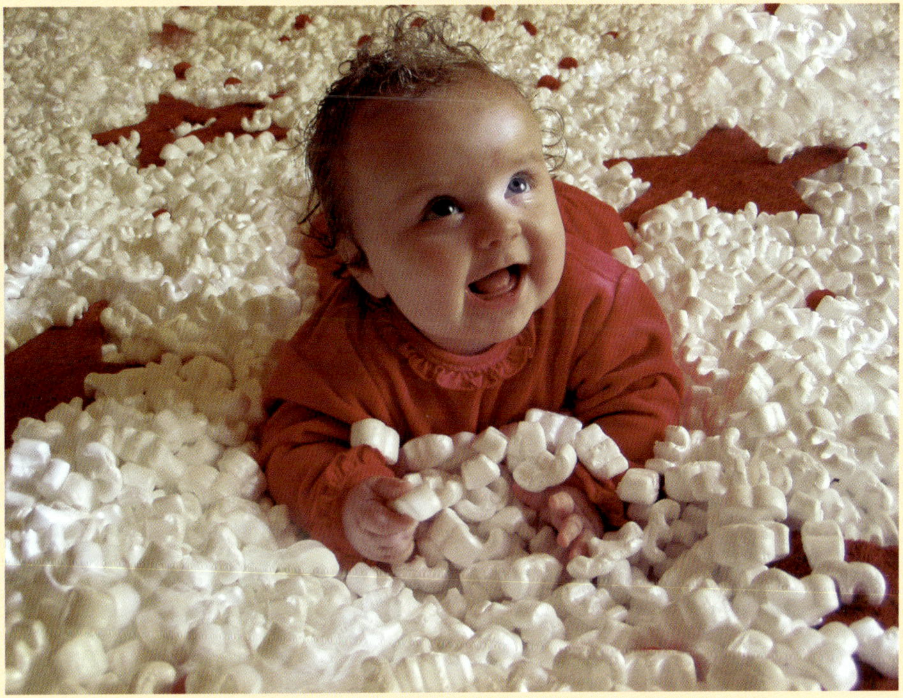

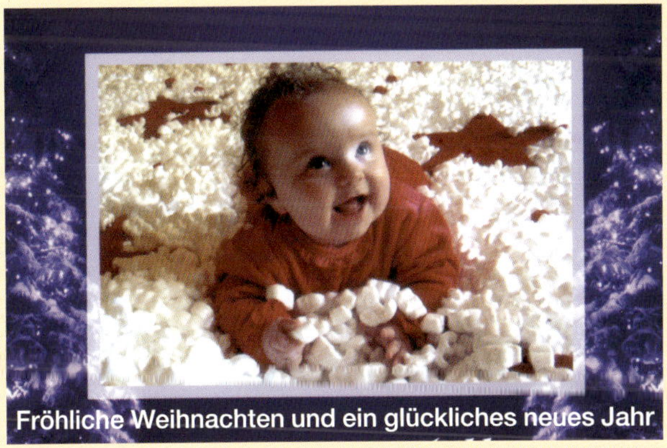

◀ Das Ergebnis: Alle sind zufrieden. Und für nächstes Jahr hat Sterre versprochen, in die Kamera zu schauen.

Weihnachtskarten machen Sie natürlich am besten ein Jahr im Voraus. Doch Sie können sie auch elektronisch verschicken. Dann machen Sie das Foto erst, wenn der Christbaum aufgestellt ist. Doch versenden Sie E-Mail-Karten nicht an alle gleichzeitig. Das wirkt unpersönlich.

Wollen Sie früh mit dem Fotografieren beginnen, holen Sie ruhig schon im Hochsommer die Lichterketten hervor. Wenn Sie schöne Lichteffekte erreichen wollen, schalten Sie den Blitz natürlich aus. Wählen Sie eine lange Verschlusszeit und verwenden Sie ein Stativ. Dann können Sie selbst auch aufs Foto. Überprüfen Sie den Weißabgleich, denn weißes Licht kann zu weiß sein.

Gut AUTO Empfohlen Wichtig

Empfohlen ISO↑ Überprüfen WB

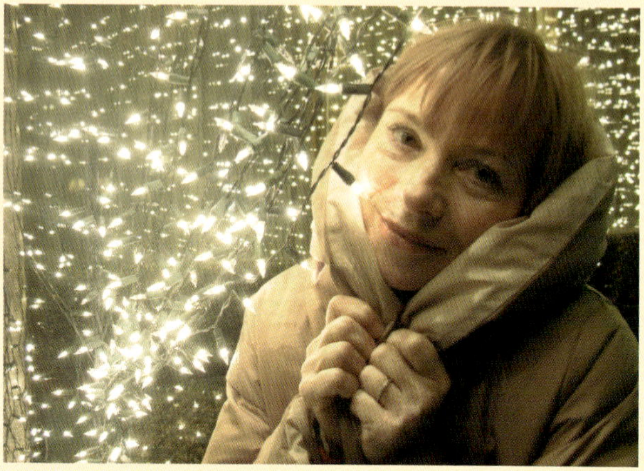

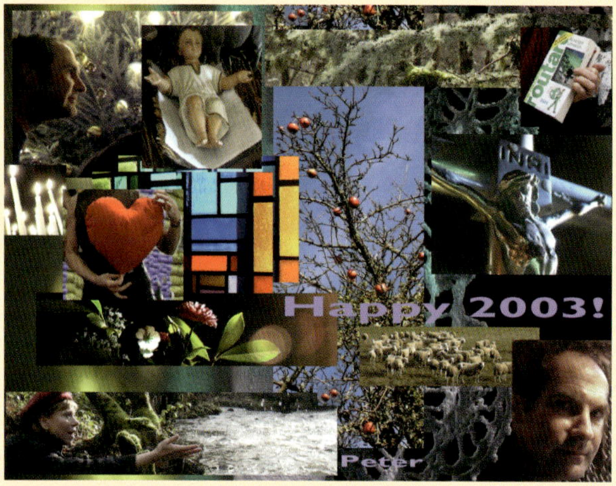

Mit einigen Herbstfotos aus Ihrer Umgebung machen Sie per Photoshop schnell eine schöne Collage. Kombinieren Sie eher abstrakte Darstellungen (Fensterscheibe, brennende Kerzen) mit konkreten Bildern. Siehe Kapitel 6.

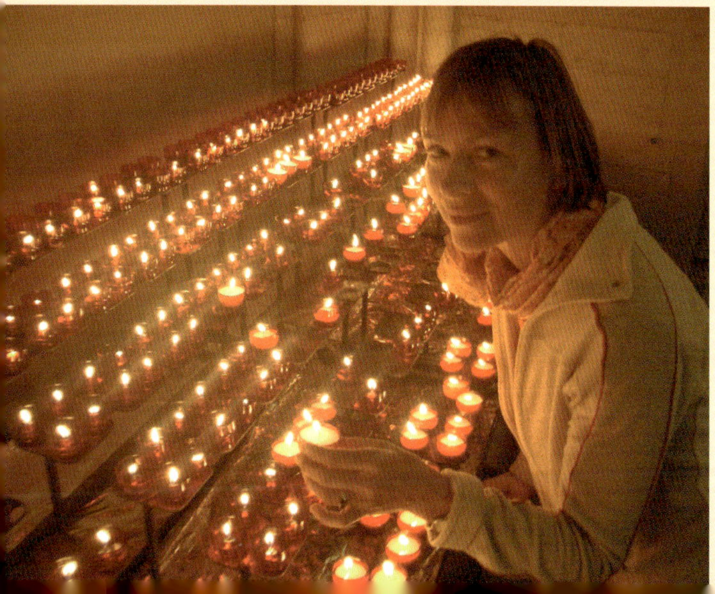

Viele katholische Kirchen können Sie zu jeder Jahreszeit besuchen, um dort ein stimmungsvolles Foto zu machen. Spielen Sie etwas mit dem Weißabgleich für eine gelbe, aber nicht zu gelbe Farbgebung.

Gut AUTO Empfohlen Wichtig

Empfohlen ISO↑ Überprüfen WB

Wie mache ich ein schönes Foto von einer Stadtansicht?

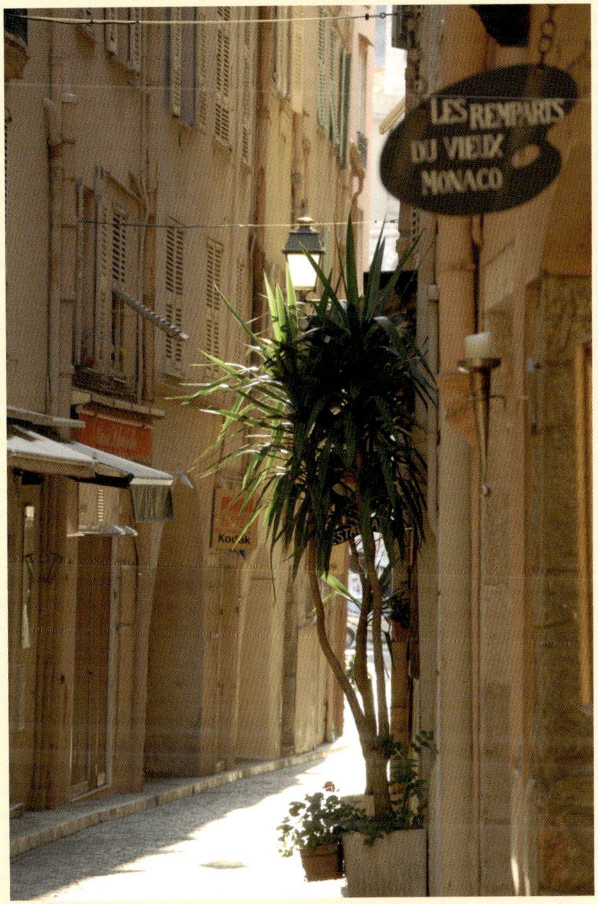

▲ 1. Man kann eine Stadtansicht enorm beleben, indem man Menschen mit aufs Bild nimmt. Dies ist zwar ein schönes Foto, aber sterbenslangweilig. Es wurde eingezoomt, um das Foto zu verdichten.

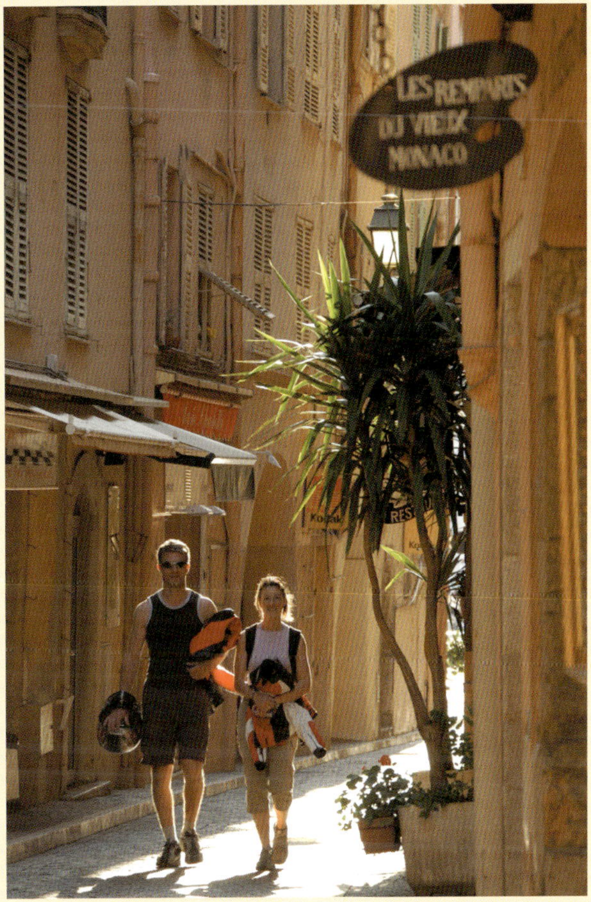

▲ 2. Warten Sie, bis Menschen auf Sie zukommen. Gesichter sind immer schöner anzusehen als Rücken. Achten Sie auf die Lichtränder, die sich am besten abzeichnen, wenn man einzoomt.

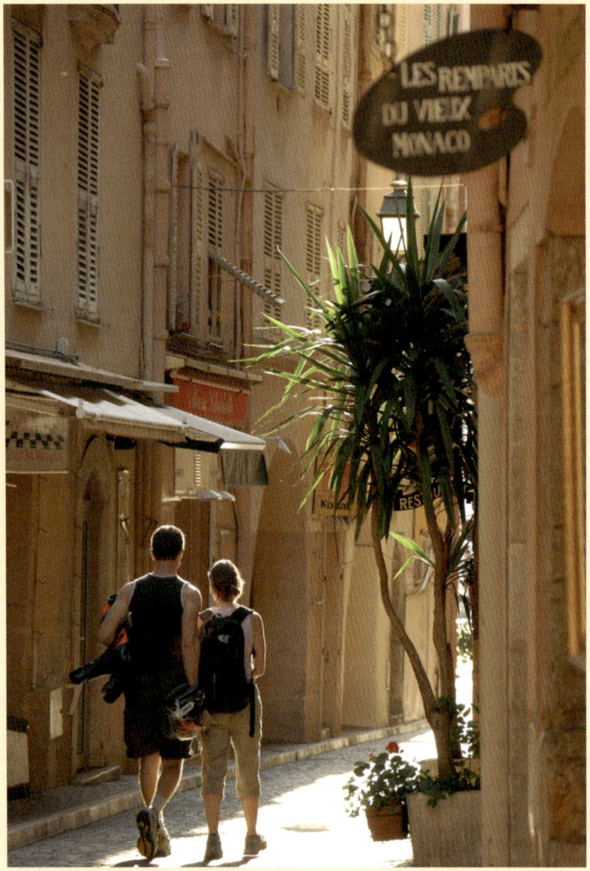

▲ 3. Hier sehen Sie wieder eine Ausnahme, welche die Regel bestätigt. In dieser romantischen Atmosphäre sind die Rücken besonders attraktiv. Schlussfolgerung: Probieren Sie beides aus und prüfen Sie zu Hause, welches das beste Ergebnis ist. Diesen beiden machte es nichts aus, versuchsweise hin und her zu gehen. Damit das goldene Spätnachmittagslicht erhalten bleibt, sollten Sie den Weißabgleich auf Tageslicht einstellen.

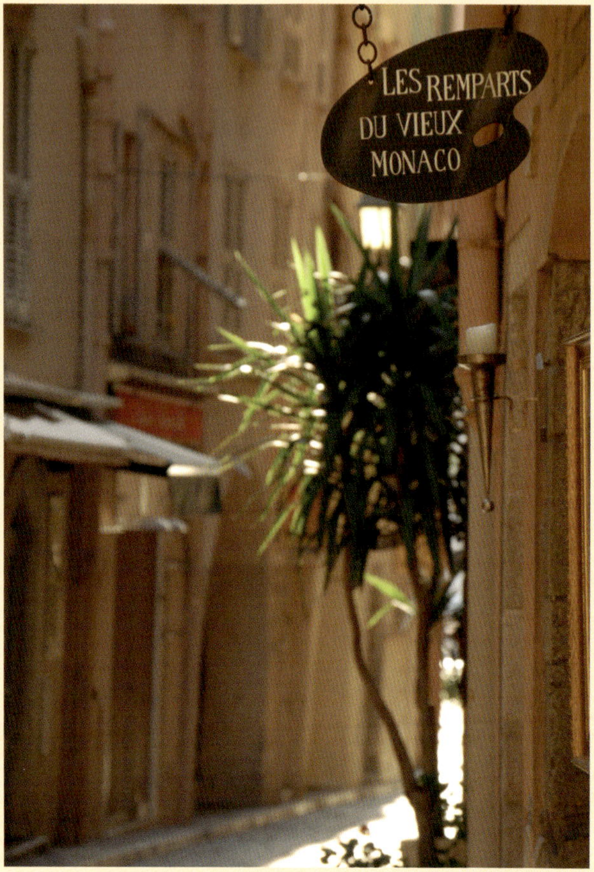

▲ 4. Alternative, wenn die Stadt wie ausgestorben ist: Stellen Sie auf einen Teil der Straße scharf und machen Sie diesen zu Ihrer »Hauptperson«. Da bereits etwas eingezoomt wurde, können Sie leicht mit der Schärfe spielen, denn die ist beim Teleobjektiv eingeschränkt. Um dies mit einer einfachen Kamera tun zu können, nehmen Sie das Objekt, das scharf sein soll, mittig ins Bild und drücken den Auslöser halb hinunter. Die Kamera stellt auf das Objekt in der Mitte scharf. Mit halb hinuntergedrücktem Auslöser schwenken Sie die Kamera dann auf den gewünschten Bildausschnitt und drücken den Auslöser ganz hinunter, um das Foto zu machen.

Gut AUTO Empfohlen Empfohlen

Wie mache ich ein schönes Foto unter Wasser?

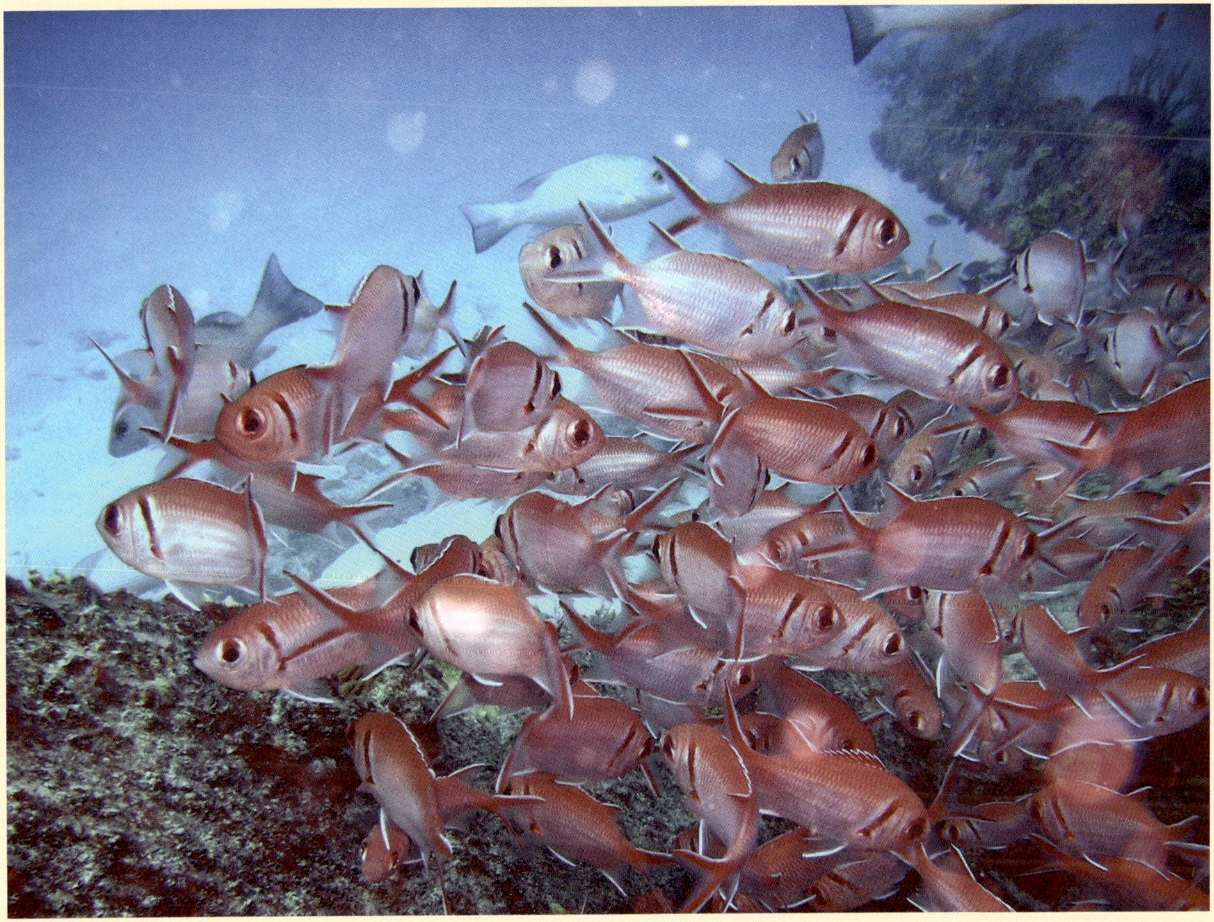

▲ Das Fotografieren unter Wasser ist verflixt schwierig. Durch den Sucher oder auf den Monitor zu sehen ist auch nicht leicht. Doch das größte Problem sind die Farben. Wenn man wirklich tief taucht, wird man bemerken, dass Wasser das Sonnenlicht filtert. Je tiefer man taucht, desto weniger Farben bleiben übrig. Das zwingt zum Blitzen, was wiederum eine spezielle Sache ist. Der Blitz hat beispielsweise nur eine begrenzte Reichweite. Man muss deshalb dicht herankommen, was leichter gesagt als getan ist. Fische schwimmen stets schneller als man selbst. Obendrein reicht das Blitzlicht nicht für den Hintergrund, also bekommt man dort auch keine Farbe. Es geht also mehr darum, schöne Kompositionen zu machen mit Farbe im Vordergrund und viel Blau im Hintergrund. Oder man macht Nahaufnahmen von kleinen Fischen oder Objekten. Dies ist das schönste Foto, welches der Autor dieses Buches nach fünf Tauchversuchen hat machen können.

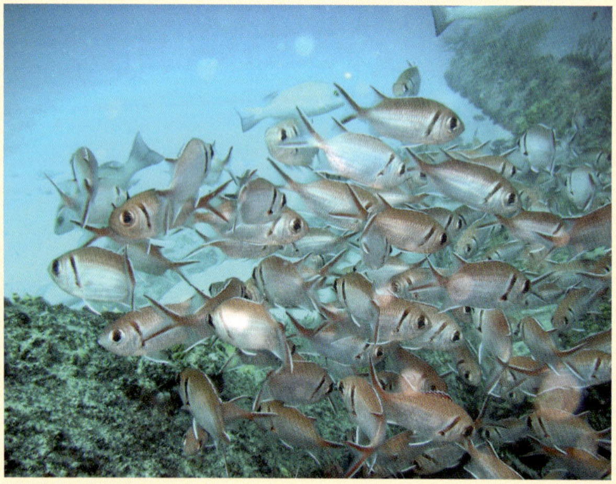

◀ Doch ganz echt ist das Ergebnis des großen Fotos nicht. Die Farben wurden am Computer kräftig verbessert. Dies ist das Originalfoto. Es wurde in 16 m Tiefe gemacht mit einer Kamera mit Unterwassergehäuse (Konica Minolta). Ort: das Meer bei Sint Maarten. Es gibt viele Spezialisten für Unterwasserfotografie, die Sie im Internet finden können.

▶ Es gibt Kameras zum Beispiel von Sony, Pentax und Ricoh, mit denen man ohne Unterwassergehäuse bis zu 1,5 m tief unter Wasser fotografieren kann. Sorgen Sie dann aber dafür, dass Sie an Ihr Objekt möglichst nah herankommen, denn sonst wird alles eine blaugraue Masse. Das Fotografieren bei Sonnenschein hat Vorrang; klares Wasser auch. Ort: Aqaba, Jordanien.

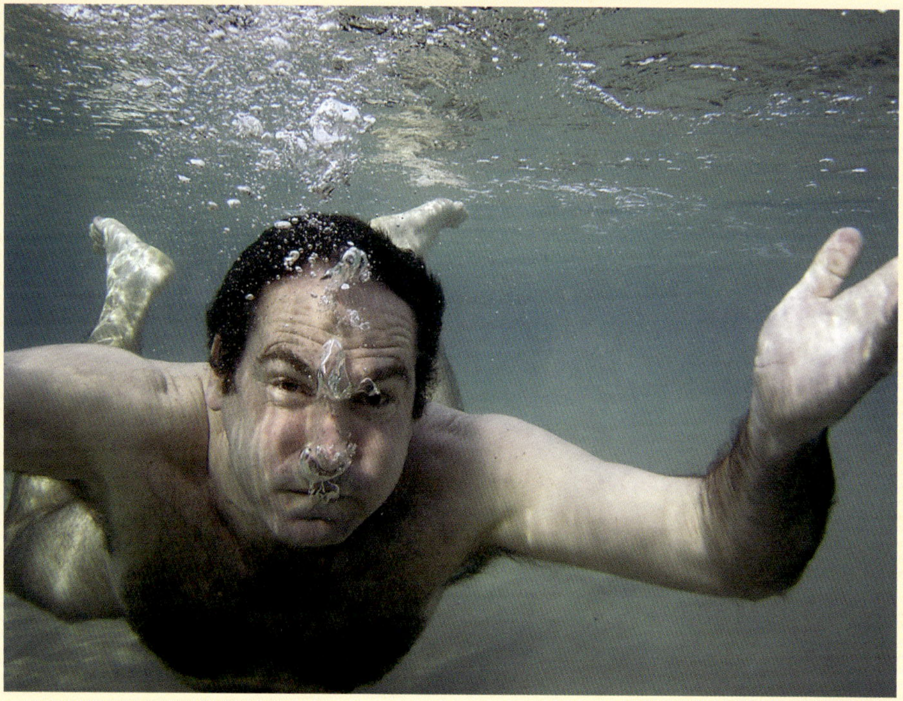

6 Aus einem guten ein brillantes Foto machen

FOTOS BEARBEITEN

Aus einem schlechten wird natürlich nie ein gutes Foto. Aber aus einem mittelmäßigen Foto können Sie doch ein besseres Foto machen und aus einem schönen Bild ein wunderschönes! Und zwar bei der Bildbearbeitung am Computer. Es gibt eine Reihe von Programmen dafür, darunter auch kostenlose. Auch mit Hilfe der Bestellsoftware von Online-Fotozentralen kann man heute Bearbeitungen durchführen, am Bestellcomputer im Fotogeschäft und sogar mit einigen Digitalkameras.
Alle Programme können hier nicht besprochen werden. Uns diente beispielhaft Adobe Photoshop Elements 3.0. Es ist ein ausgezeichnetes Programm mit fantastischen Möglichkeiten und kostet weniger als 100 Euro. Andere Programme arbeiten ähnlich wie Photoshop. Viele Amateurfotografen denken, dass sie die professionelle Version Photoshop CS (Creative Suite) für mehr als 700 Euro brauchen (und leider ist das Programm leicht illegal zu bekommen). Das ist Unsinn. Es dauert schon lange genug, bis man das preiswertere Programm ganz beherrscht.

▼ Die Welt nach Windstärke 8
Veränderungen sollten subtil sein und der Betrachter sollte nicht erkennen können, dass an einem Foto herumgebastelt wurde. Merkt er es doch, dann haben Sie zu viel des Guten getan. Es sei denn, Sie wollen zeigen, wie – nach drei Stunden Fahrt bei Windstärke 8 – die Umgebung wirkte, als Sie bei diesem isländischen Leuchtturm an Land gingen.

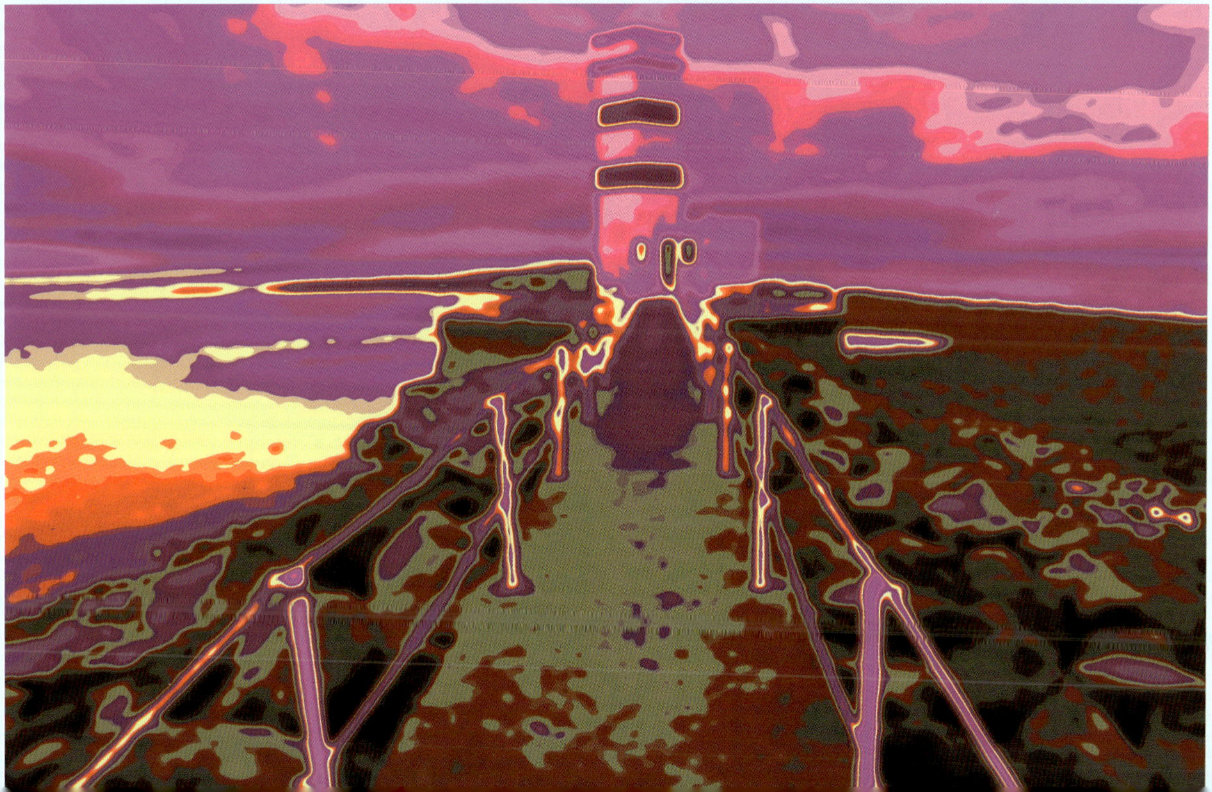

Sonne an einem regnerischen Tag

Eine wertvolle Ergänzung zu Photoshop ist das Programm »nik Color Efex Pro«. Dieses Programm enthält zahlreiche »Filter«, durch die viele Veränderungen bewirkt werden können, z. B. die Sonne scheinen lassen, wenn sie nicht scheint, oder es Herbst werden lassen, obwohl das Foto mitten im Sommer gemacht wurde. Hier verstoßen wir schon wieder gegen eine Regel, nämlich die gerade aufgestellte, »dass man es nicht sehen sollte«. Vor allem die Möglichkeiten der Schwarzweißbearbeitung sind bei nik gut (siehe auch Kapitel 4 über die Bildkomposition). Man kann damit sogar Bearbeitungen durchführen, die früher in der Dunkelkammer gemacht wurden, wie länger belichten oder abwedeln.
Photoshop selbst bietet auch viele, aber mehr technische Filter. Die Filter von »nik« dagegen sind eher fotografischer Natur. Das Programm steht mit diversen Versionen mit verschiedenen Mengen von Filtern zur Verfügung. Das teuerste kostet etwa 350 Euro. Man braucht dafür Photoshop, egal welche Version, denn »nik« ist ein »Plug-in«. Mehr Informationen: www.nikmultimedia.com.
Photoshop Elements 3.0 hat zwei Haupteinstellungen, die man rechts oben einstellen kann:

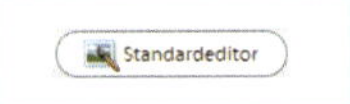

Der Standardeditor. Am praktischsten für die meisten Bearbeitungen.

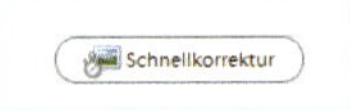

Für schnelle Ausbesserungen, oft mit einem Klick, man hat aber weniger Kontrolle über das Ergebnis.

In diesem Kapitel wird immer angegeben, mit welcher Einstellung gearbeitet wurde.

Zuerst eine Kopie machen

Machen Sie eine Sicherheitskopie, bevor Sie ans Werk gehen. Bei Windows XP geht das sehr schnell, indem Sie ein oder mehrere Fotos auswählen, mit der Maus verschieben und gleichzeitig die Strg-Taste gedrückt halten. Das neue Foto heißt dann »Kopie von ...«.

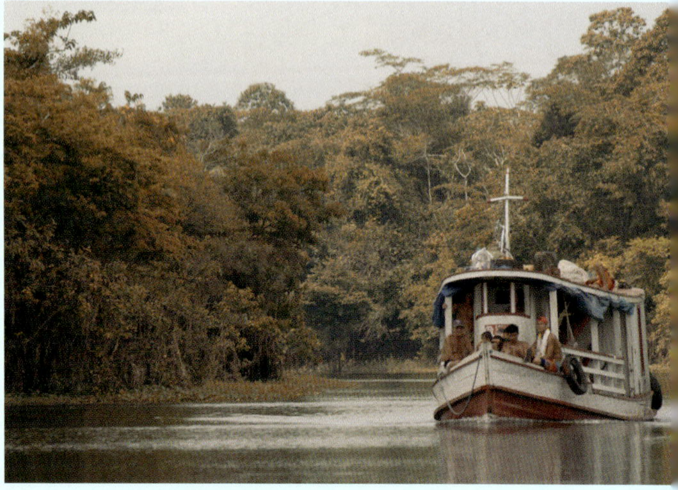

▲ **Herbst in den Tropen**
Herbst im Amazonasgebiet dank des Fotofilters »Indian Summer« des Programms »nik Color Efex Pro«.

Einen Ausschnitt wählen

 Wählen Sie in der Einstellung Schnellkorrektur dieses Symbol aus der linken Menüleiste. Beginnen Sie in der linken oberen Ecke des gewünschten Ausschnitts, halten Sie die Maustaste gedrückt und ziehen Sie sie in die rechte untere Ecke. Lassen Sie die Maus los. Sie sehen, dass alles, was Sie nicht ausgewählt haben, dunkel wird. Benutzen Sie nun das Werkzeug Ausschneiden, und Sie erhalten den von Ihnen gewünschten Ausschnitt. Speichern Sie ihn unter einem anderen Namen als Ihr ursprüngliches Foto ab. Sonst ist dieses verloren, wenn Sie nicht vorab eine Kopie gemacht haben. In diesem Kapitel erfahren Sie später noch etwas über eine weitere Art, einen Ausschnitt zu machen.

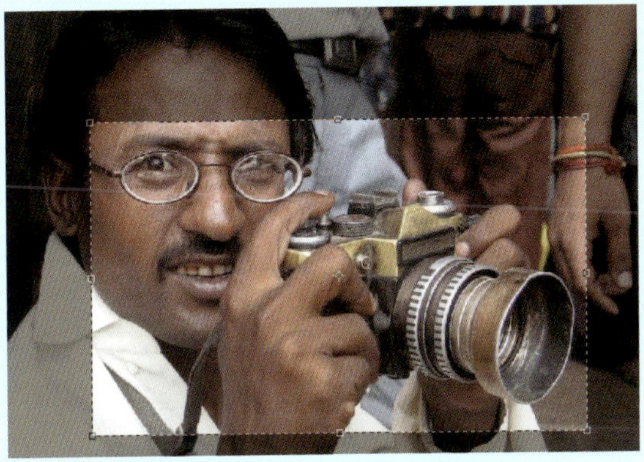

Fotograf bei der Aufnahme des Taj Mahal in Indien.

Rote Augen korrigieren

Klicken Sie in der Einstellung Schnellkorrektur auf das Rote-Augen-Entfernen-Werkzeug, dann auf das rote Auge.

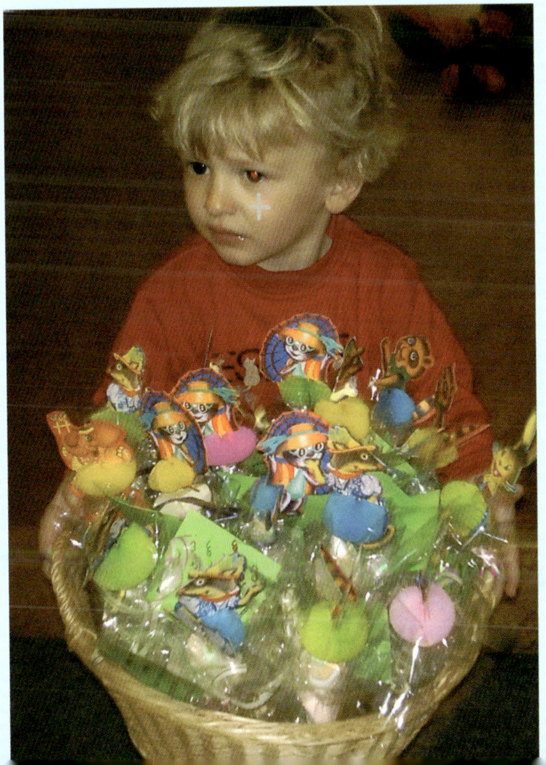

Die Pixel eines Fotos verringern

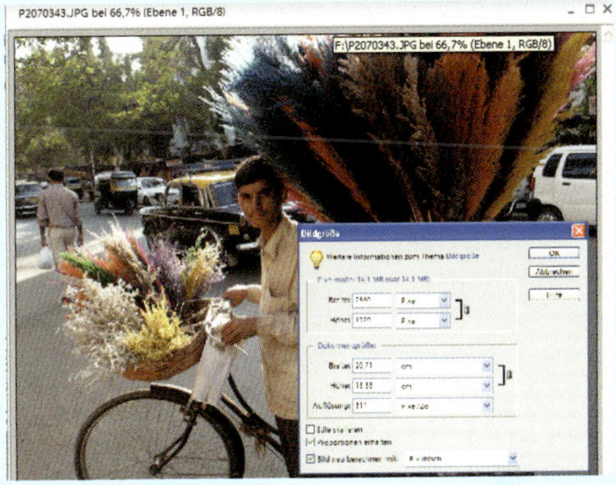

▲ Damit Sie ein Foto via Internet verschicken können, müssen Sie meist die Pixelzahl verringern. Wählen Sie: »Bildgröße« > »Bildmaße/Dokumentgröße«. Dort wird die Anzahl der Pixel genannt, in Zentimetern (Dokumentgröße) und in der Auflösung. Soll das Foto bildschirmfüllend sein, machen Sie es 1024 Pixel breit. Weniger geht auch.

Wenn Sie »Verhältnis beibehalten« angeklickt haben, wählt Photoshop automatisch die passende Höhe dazu. Für das Betrachten eines Fotos auf dem Bildschirm können Sie die Auflösung beibehalten oder sie auf 72 ppi (pixel per inch) setzen. Mehr ppi kann ein Bildschirm doch nicht abbilden. Die Dokumentgröße ist unwichtig. Gehen Sie folgendermaßen vor: »Datei« > »Speichern als« und bestimmen Sie einen Kompressionsgrad (siehe Kapitel 2), beispielsweise 5.

Was noch besser funktioniert, ist »Datei« > »Speichern für web«. Man kann dann auch den Kompressionsgrad wählen (siehe Kapitel 2). Das Foto wird auf diese Weise schön »klein«, was den Speicherplatz betrifft, und sieht dennoch gut aus. Wichtig zu wissen: Für einen Ausdruck ist das Foto jetzt nicht mehr so geeignet. Dafür verwendet man besser alle Pixel.

Fotos via Windows XP versenden

Via Windows XP lassen sich Fotos noch einfacher verschicken. Öffnen Sie ein Foto-Album. Wählen Sie ein oder mehrere Fotos aus (halten Sie die Strg-Taste gedrückt und klicken Sie die Fotos mit der Maus an). Aktivieren Sie im Menü die Funktion »als E-Mail versenden«. XP verkleinert die Fotos nun automatisch (Sie können das Format wählen) und hängt sie an eine Mail, die sich automatisch öffnet.

Die Helligkeit ändern

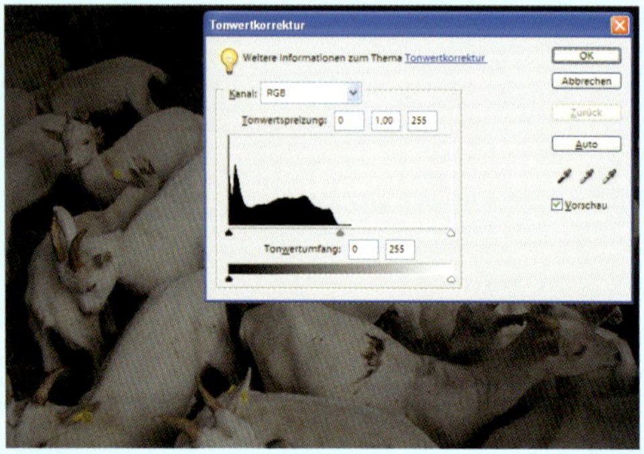

▲ Mit Helligkeit eines Fotos meint man, ob ein Bild (zu) hell oder (zu) dunkel ist. Zu dunkel: zu geringe Weißanteile. Zu hell: zu wenig schwarz . Diese weißen friesischen Ziegen in einem dunklen Stall sind stark unterbelichtet. Ein Foto kann man am besten heller oder dunkler machen (= die Helligkeit verändern) durch: Verbessern > Belichtung anpassen > Tonwertkorrektur (Abkürzung: Strg-L funktioniert auch). Man sieht dann eine grafische Darstellung der hellen und dunklen Bildbereiche. Für eine schöne Verteilung sollten das linke und das rechte kleine Dreieck genau dort stehen, wo der »Berg« anfängt bzw. aufhört. Beim linken Dreieck ist das hier der Fall, beim rechten aber nicht. Stellen Sie dies immer zuerst richtig ein.

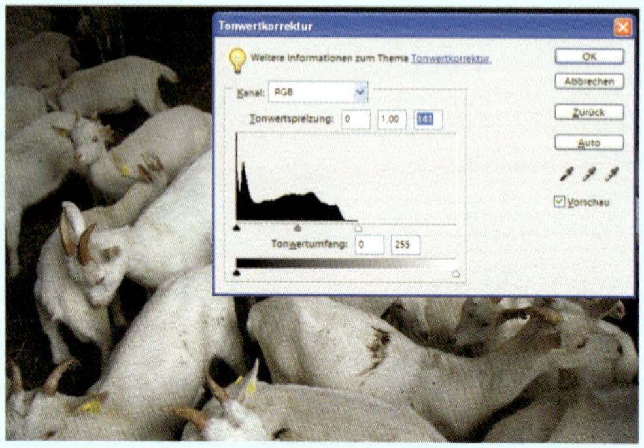

▲ Verschieben Sie das rechte kleine Dreieck zum Ende des »Bergs«. Das Foto wird schon heller. Doch nun werden einige Tiere zu hell. Stellen Sie den richtigen Farbton mit dem mittleren Dreieck ein. Fertig!

▼ Hier zeigen sich die friesischen Bioziegen in einem guten Verhältnis von hell und dunkel. Manchmal sieht man, dass der Kontrast zunimmt, wenn man ein Foto heller macht. Daran lässt sich nicht viel ändern. Diese Methode ist übrigens viel subtiler als die folgende: Verbessern > Belichtung anpassen > Helligkeit / Kontrast. Hierbei muss man dann nämlich auch mit dem Kontrast spielen, denn wenn nur die Helligkeit verändert wird, bekommt das Foto einen Grauschleier. Das Endresultat ist nicht so schön.

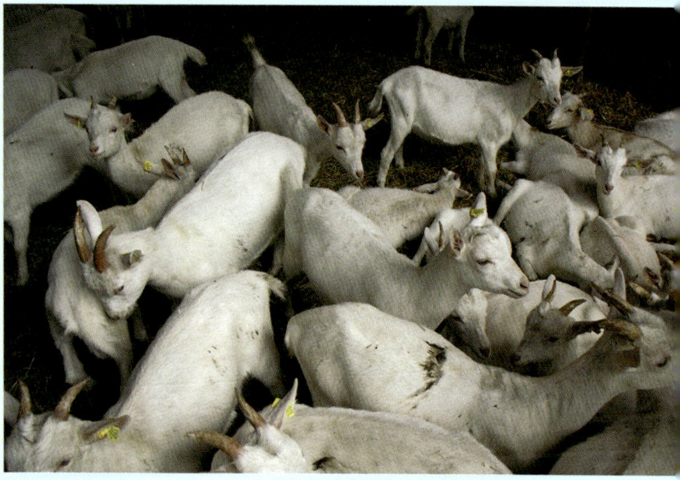

Den Kontrast verändern

Idealerweise hat ein Foto viele »Grauwerte« (d. h. die Farben sind übersetzt in hellere oder dunklere Grautöne). »Ausgebleichtes Weiß« oder »zugelaufenes Schwarz«, in dem Details nicht erkennbar sind, möchte man vermeiden. Das Bild dieser Ziegen ist ein gutes negatives Beispiel.

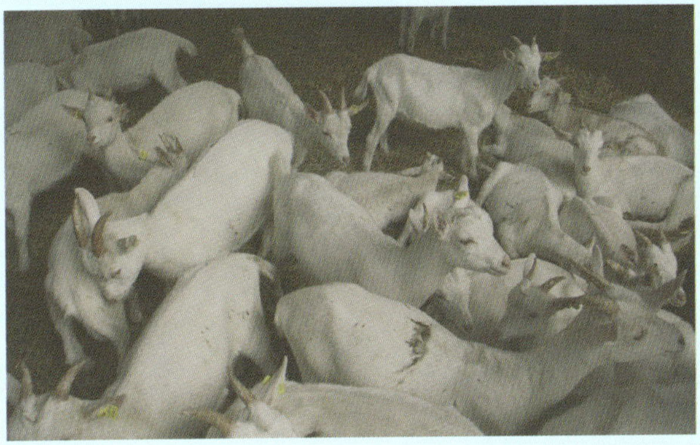

▲ Angenommen, das Bild entspräche der Situation. Die Belichtung ist gut, das Foto ist aber ganz kontrastarm, es gibt kaum einen Unterschied zwischen hell und dunkel, keinen helles Weiß, kein tiefschwarz, alles ist grau. Kurzum: Der Kontrast ist zu gering. Man kann ihn verbessern durch: Verbessern > Belichtung korrigieren > Helligkeit / Kontrast und dann den Kontrastpunkt verschieben. Vorsichtig, denn das geht schnell zu weit. Den Kontrast stattdessen zu verringern ist schwierig, obgleich man mit »Schatten aufhellen« (in Schnellkorrektur) und »helle Bereiche dunkler machen« auch weiterkommt. Das lesen Sie etwas später. Da die nachträgliche Kontrastverringerung so umständlich ist, ist es empfehlenswert, die Kamera standardmäßig auf geringen Kontrast einzustellen.

▶ Angenommen, das Originalfoto hätte einen starken Kontrast. Da lässt sich eigentlich nichts mehr machen, als das Bild in den digitalen Papierkorb zu werfen und von neuem beginnen. Die Ursache kann Überbelichtung sein. Das ist schlecht für ein digitales Foto, denn ein überbelichtetes Foto nachträglich dunkler zu machen ist sehr schwierig, wenn nicht unmöglich. Im Bild sind keine Details erkennbar, und der Computer kann sie nicht hinzuerfinden.

Es ist besser, ob absichtlich oder unabsichtlich, unterzubelichten und mit einem geringen Kontrast zu arbeiten. Der lässt sich nachträglich gut verbessern, wenn auch das Ausmaß von der Qualität der Kamera abhängt. Es schadet darum nicht viel, die Kamera nicht nur auf geringen Kontrast, sondern auch standardmäßig auf Unterbelichtung einzustellen, beispielsweise von 2/3 Stopp (siehe Kapitel 2). Dadurch verhindern Sie in jedem Fall versehentliche Überbelichtung. Die kommt beispielsweise bei der automatischen Belichtung vor, wenn plötzlich viel Schwarz im Bild ist. Dies wurde in Kapitel 1 erläutert.

Zuletzt

Viele Menschen kennen der Unterschied zwischen Helligkeit und Kontrast nicht: Helligkeit bezieht sich auf die Belichtung des ganzen Fotos; Kontrast ist der Helligkeitsunterschied innerhalb des Fotos – also der Unterschied zwischen hellen und dunklen Bildbereichen.

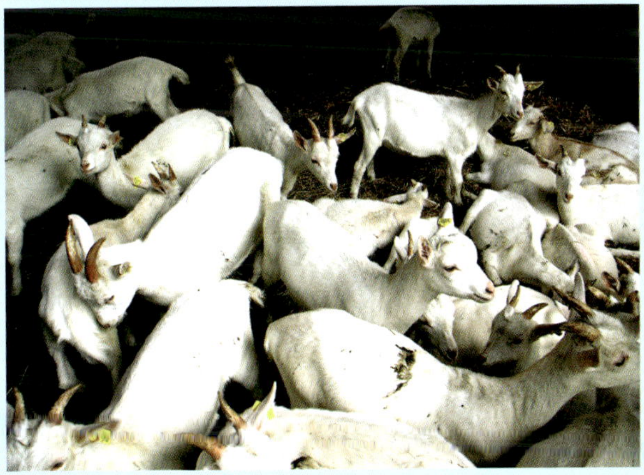

Aus dem Meer kommen

▶ Dies ist offenbar ein gutes Bild, das von der Kamera direkt ins Buch gelangt ist. Täuschen Sie sich nicht; das Foto ist kräftig (mit der Maus) bearbeitet worden.

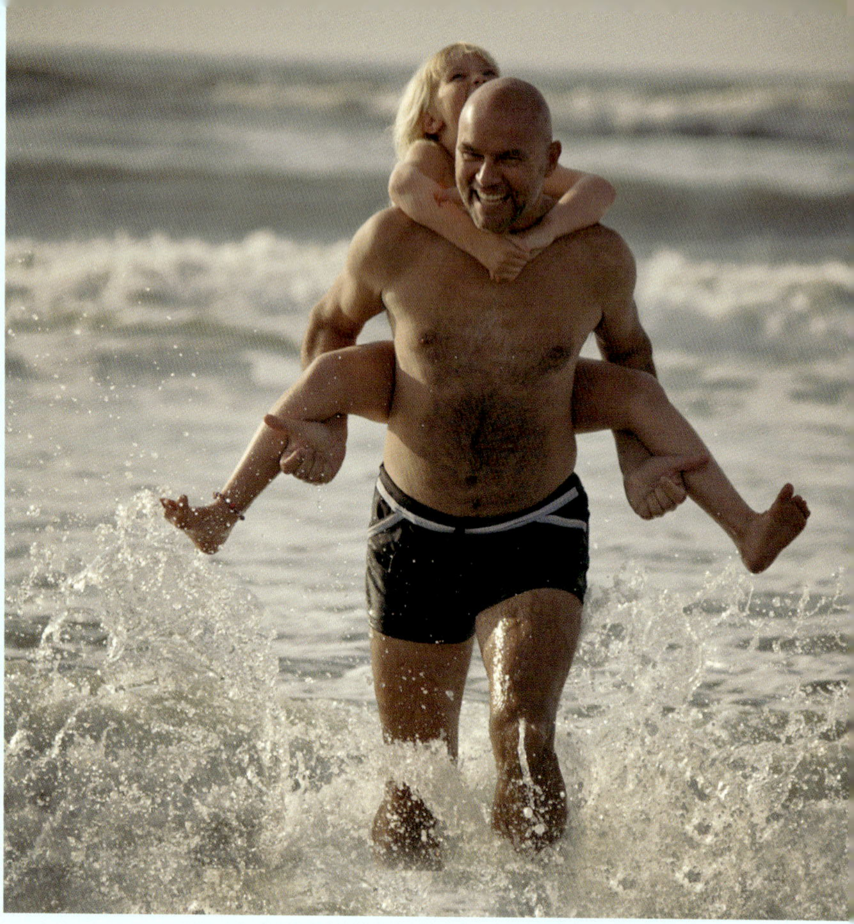

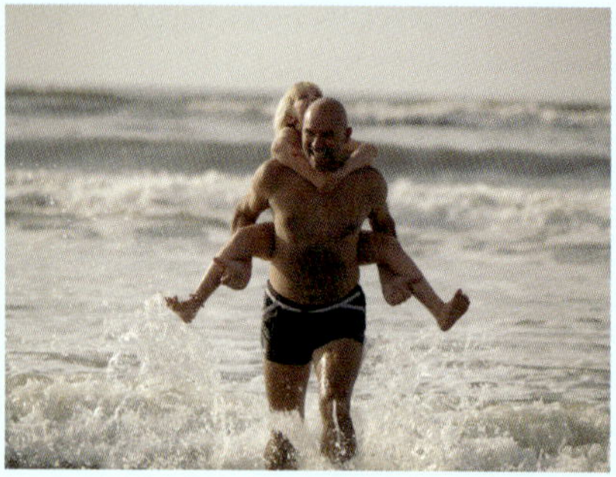

▲ Das Originalfoto ist gut, man kann es aber verbessern, denn die Bewegung kann verstärkt werden.

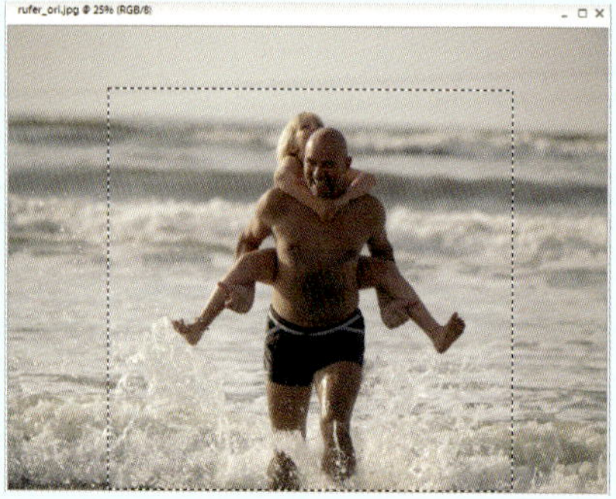

▲ **Besserer Bildausschnitt**
Als erstes kann die Bildkomposition verändert werden: Es ist zu viel Meer zu sehen und ein quadratisches Format wäre geeigneter. Noch besser wäre zwar ein Hochformat gewesen, aber dafür war es nun einmal zu spät.

Klicken Sie bei »Standardbearbeitung« auf das Icon »Auswahlrechteck-Werkzeug« in der oberen Menüleiste links. Klicken Sie mit der Maus in die linke obere Ecke des Ausschnitts, den Sie machen wollen. Ziehen sie den Rahmen über das Foto hinweg: von links oben nach rechts unten. Fertig? Dann bei Bearbeiten > Kopieren und dann Datei > Neu. Sie werden dann gefragt, ob die neue Datei dieselben Abmessungen haben soll wie der Teil, den Sie ausgeschnitten haben. Normalerweise sagen Sie OK, aber in diesem Fall machen Sie die neue Datei etwas höher als nötig.

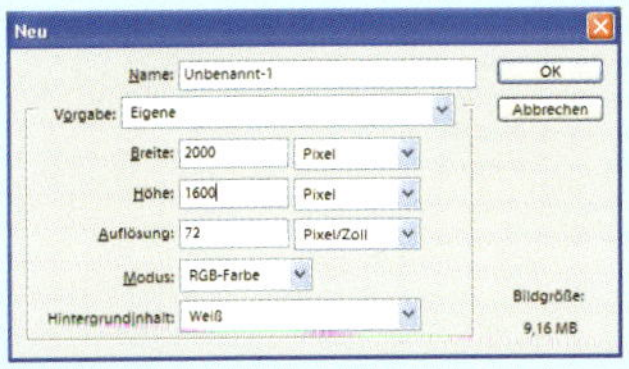

▲ Geben Sie als Höhe beispielsweise 2000 Pixel ein statt der vorgeschlagenen 1532. Danach: Bearbeiten > Einfügen und den Ausschnitt in die neue Datei einfügen.

Abkürzungen

Nützliche Abkürzungen für diese Art von Bearbeitungen sind Strg-C für Kopieren, Strg-N für neuer Bestand und Strg-V für Hinzufügen. Mit Ctrl-W schließt man eine Datei, mit Ctrl-S speichert man zwischendurch. Diese Abkürzungen funktionieren auch in anderen Programmen, wie Word. Verwenden Sie Ctrl-+, um einzuzoomen, und Ctrl--, um auszuzoomen. Ein Foto heller machen: Ctrl-L.

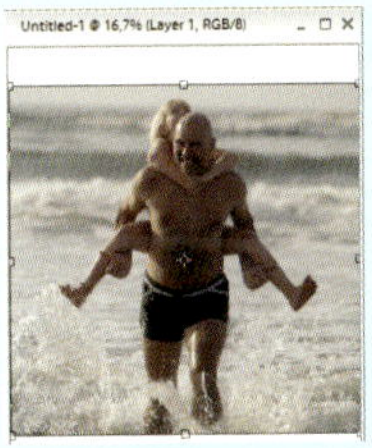

◀ Ihre neue Datei hat nun oben und unten einen weißen Rand. Klicken Sie auf d –Linie, und Sie können die Abbildung hochschieben. Damit können Sie auch einen Ausschnitt machen, so wie zuvor. Fassen Sie die Rundung in der Mitte an.

▶ Wasser hinzufügen

Gehen Sie nun zurück zum Original und schneiden Sie einen Streifen vom Wasser ab. Diesen Streifen fügen Sie an Ihre neue Datei und verschieben ihn nach unten

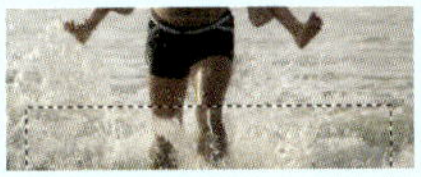

▶ Merkwürdige Beine! Die Richtung aber stimmt. Nun bringt der Kopierstempel uns weiter. Zuvor aber machen Sie eine Kopie des Ganzen, nicht mit Strg-C, sondern mit: Bearbeiten > Zusammen kopieren. Nur so können Sie beide Teile gleichzeitig kopieren. Speichern Sie die Datei als pdf, dann haben Sie keinen Qualitätsverlust und können gleich weiterarbeiten.

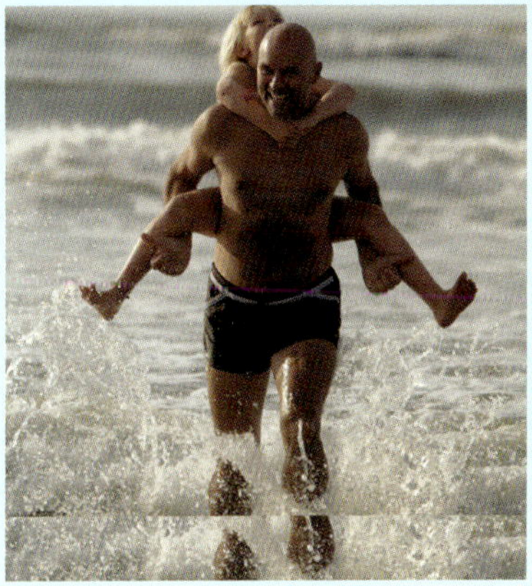

Den Kopierstempel wählen

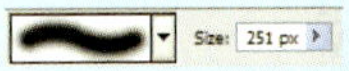

Wählen Sie einen weichen Pinsel und eine praktische Größe. Drücken Sie die Alt-Taste und klicken Sie den Punkt an, den Sie kopieren möchten. So saugen Sie einen Teil des Fotos auf – so groß wie der runde Ausschnitt, den Sie jetzt sehen. Packen Sie ein paar Wasserspritzer – (immer andere) und verteilen Sie sie über den unteren, einkopierten Beinen und den Schnittrand. Nutzen Sie Ctrl-+, um einzuzoomen, und Ctrl--, um auszuzoomen. Durch Bearbeiten > Rückgängig Eingabe können Sie eine Bearbeitung auch wieder löschen. Fertig? Machen Sie einen neuen Ausschnitt und eine neue Datei und speichern Sie sie wieder als pdf.

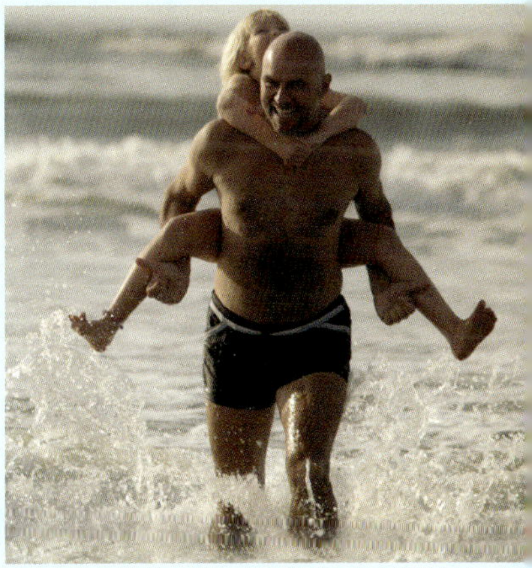

▶ Voilà, die Beine von Papa sind nicht mehr abgeschnitten. Sie hätten die Zusatzwellen auch als Ganzes kopieren können, ohne eine Linie ins Bild zu bekommen. Aber da Sie damit begonnen haben, machen Sie damit weiter.

Mehr Rot wirkt wärmer

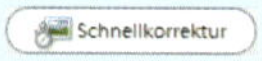

Die folgende Bearbeitung ist subtil. Das Foto wirkt noch kalt, noch zu blau. In der Schnellkorrektur-Einstellung können Sie bei Farbe/Temperatur schnell noch etwas Rot hinzufügen, damit das Bild wärmer wirkt. Aber seien Sie nicht zu großzügig, sonst wirkt es unnatürlich. Bedenken Sie auch, dass Ihr Bildschirm die Farben möglicherweise nicht exakt wiedergibt. Wenn er zu blau ist, kommt der geplante Ausdruck viel zu rot aus dem Drucker.

Klicken Sie auf  für die Ausführung oder um zur ursprünglichen Einstellung zurückzugehen.

▶ Tiefen aufhellen

Es gibt noch etwas, das wir mit Hilfe der Schnellkorrektur Einstellung verbessern können: Die Schattenbereiche können detailreicher werden. Dies ist bei Photoshop ein einzigartiges und gut brauchbares Werkzeug, eine Rettung für viele Fotos, bei denen die Tiefen »zusammenlaufen«.

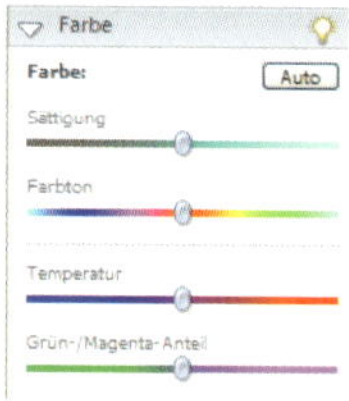

▶ Schieben Sie »Tiefen aufhellen« vorsichtig auf ein annehmbares Niveau. Behalten Sie aber etwas Tiefe bei. Mit »Helle Bereiche dunkler machen« können Sie Lichtpunkte dunkler machen, wodurch beispielsweise das brausende Meerwasser plastischer wird.

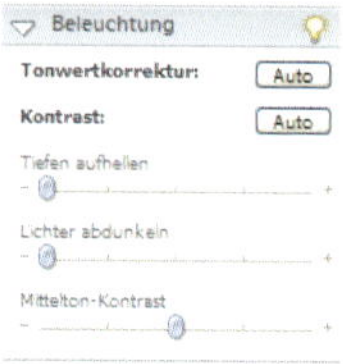

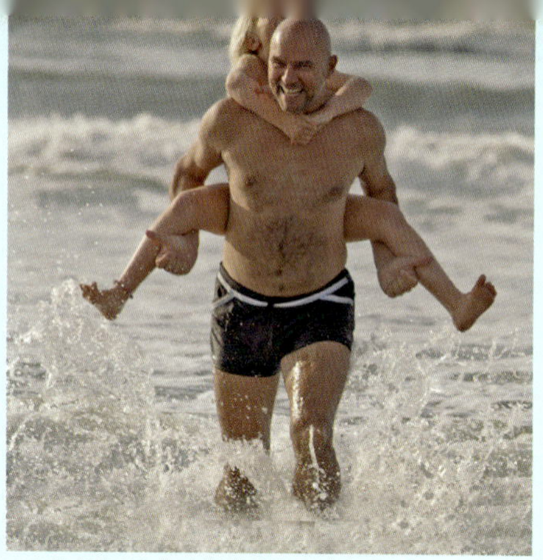

▲ Hier ein übertriebenes Beispiel dafür, wie man in Photoshop 3.0 die Schatten aufhellen kann, während der Rest des Fotos davon unberührt bleibt. Das Meer behält ungefähr dieselbe Deckung. Nur die Lichter wurden abgedunkelt.

▼ Spotlight auf die Mitte

Zum Schluss wurde mit nik Color Efex Pro die Mitte aufgehellt und die Ränder etwas dunkler, d. h. deutlicher gemacht. Dies ist mit Photoshop 3.0 leider nicht möglich. Man sieht an diesem übertriebenen Beispiel, dass die Wellen noch plastischer wirken. Stimmen Sie mir zu, dass das Foto besser geworden ist? Vater und Tochter rennen förmlich aus dem Bild heraus!

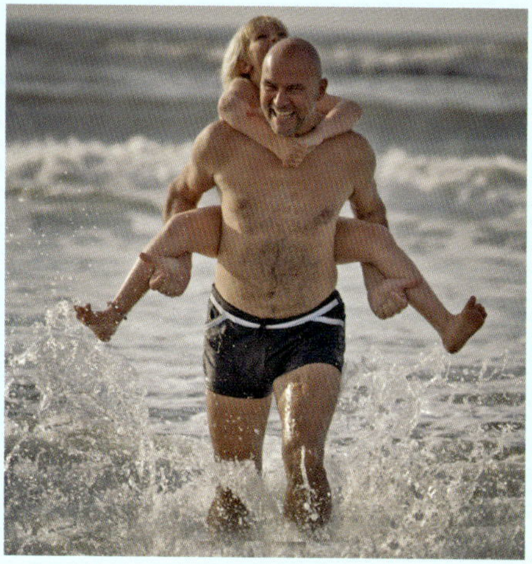

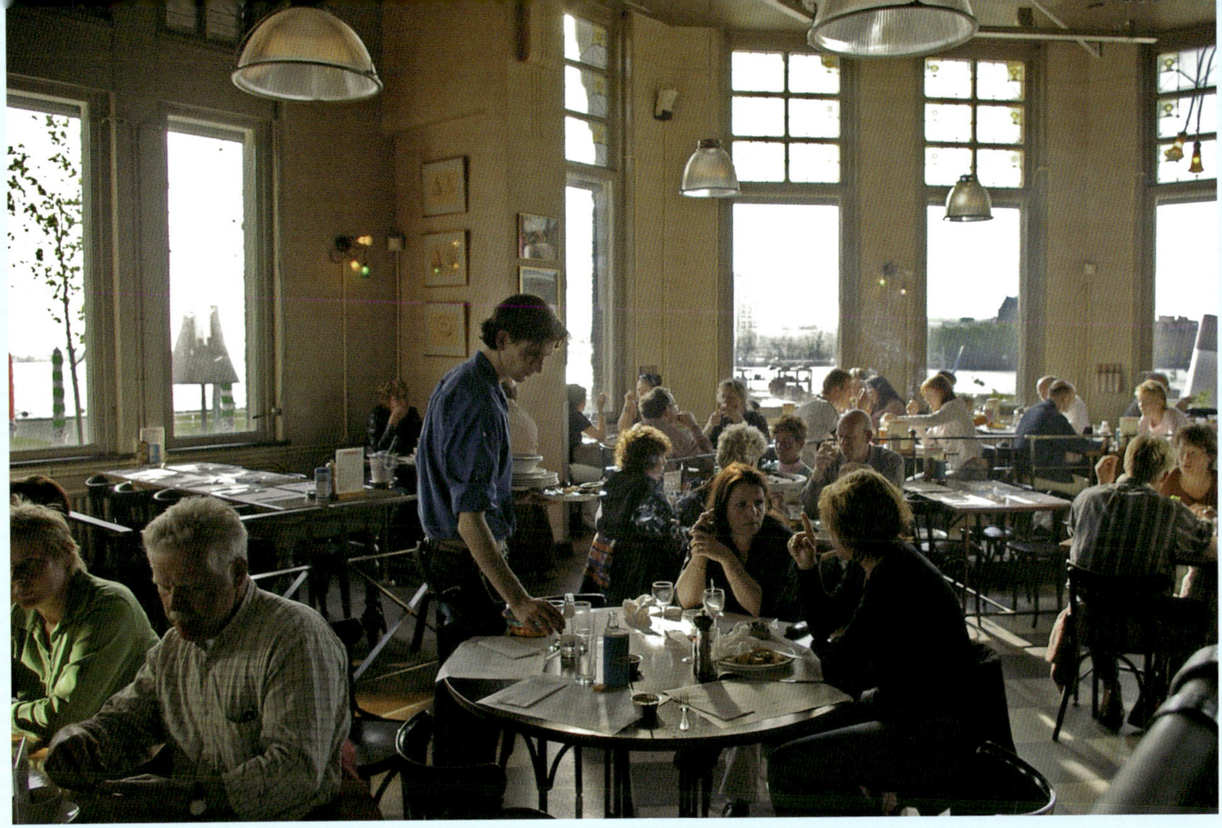

▲ **Tiefen aufhellen**
Ein anderes gutes Beispiel, wie man mit Photoshop Elements 3.0 Tiefen aufhellen und Lichter abdunkeln kann. Aber seien Sie vorsichtig. Bei übermäßigem Gebrauch kippen die Farben um, was sich hier schon ein wenig andeutet. Mit einem guten Bildschirm kann man das gut steuern. Siehe später bei »Verwendete Geräte«.

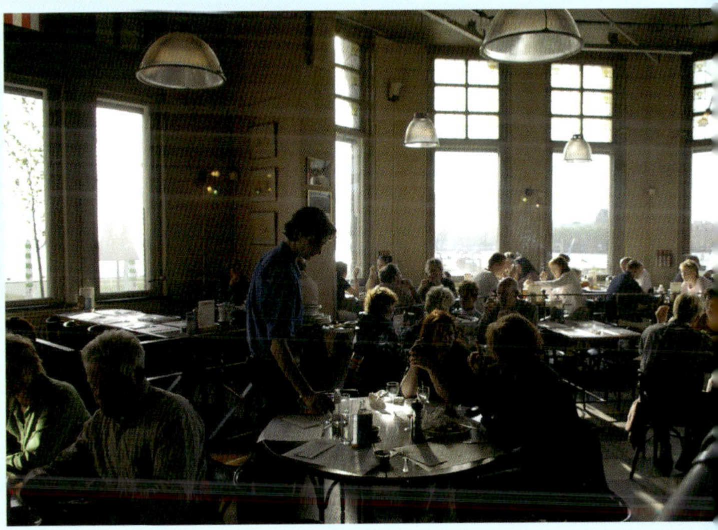

▶ Das ursprüngliche Foto des Hotels New York in Rotterdam ist zwar tatsächlich sehr unterbelichtet, hat aber Charme und Atmosphäre. Trotz der Unterbelichtung sieht man aber kaum, was draußen passiert. Das sollte wohl so sein. Aber Photoshop kann das »herauskitzeln«. Es hängt von der Qualität Ihrer Kamera ab, wie viel Informationen, die man zunächst nicht sehen kann, nachträglich noch aus einem Foto herausgeholt werden können. Bei Fotos von einfachen Kameras ist meist nur wenig mehr drin als das, was man auf den ersten Blick sieht.

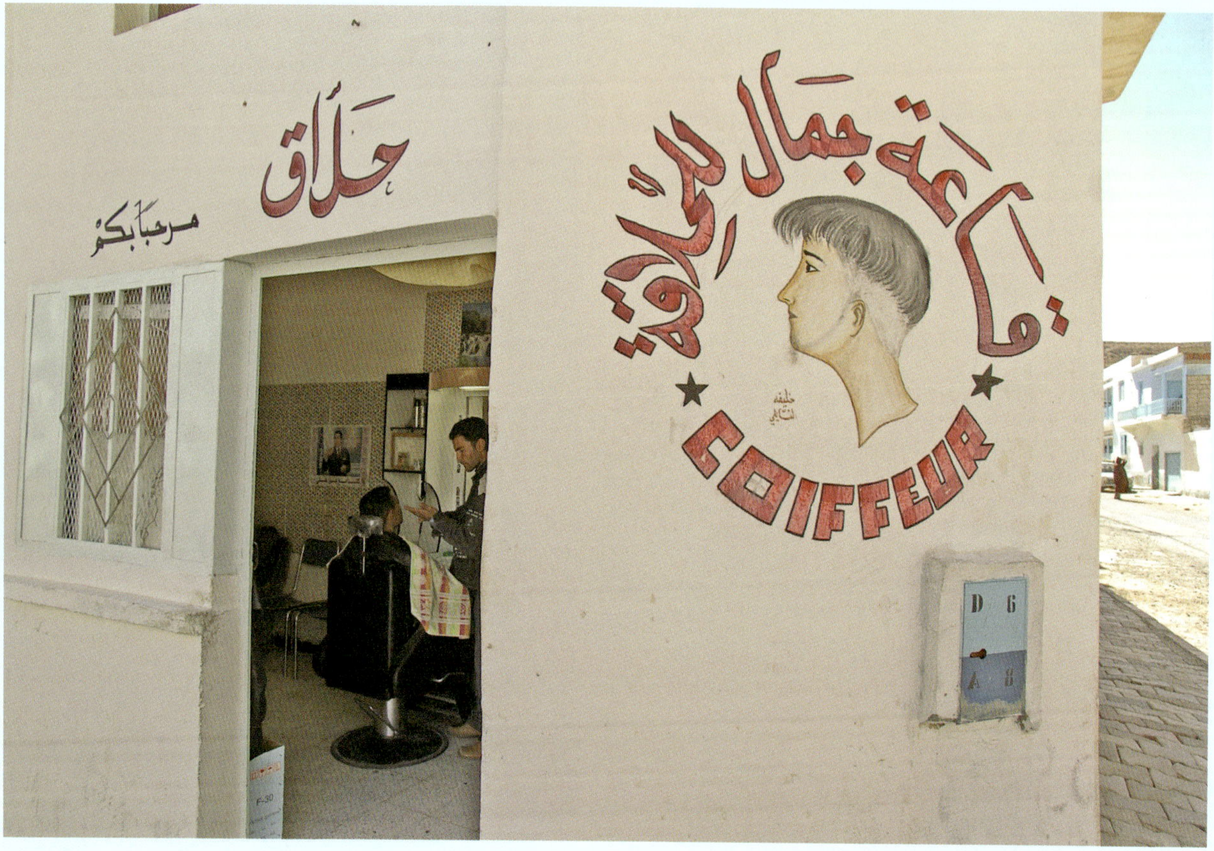

▲ Licht an!
Ein letztes Beispiel dafür, was »Tiefen aufhellen« des Programms Photoshop vermag. Hier brennt das Licht im Innenraum.

▶ Hier ist das Licht noch aus; es ist dasselbe Foto des Friseursalons in Südtunesien.

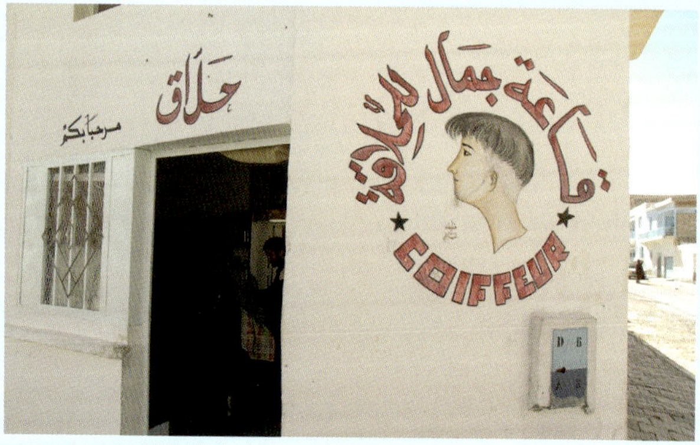

▶ Eis essen

Hier ein Beispiel aus Island, wie sich die Farben verändern, wenn man extremen Gebrauch von den Tools »Tiefen aufhellen«, »Lichter abdunkeln« und »Kontrast« macht. Aus dem Foto ist jetzt ein echter Comicstrip geworden.

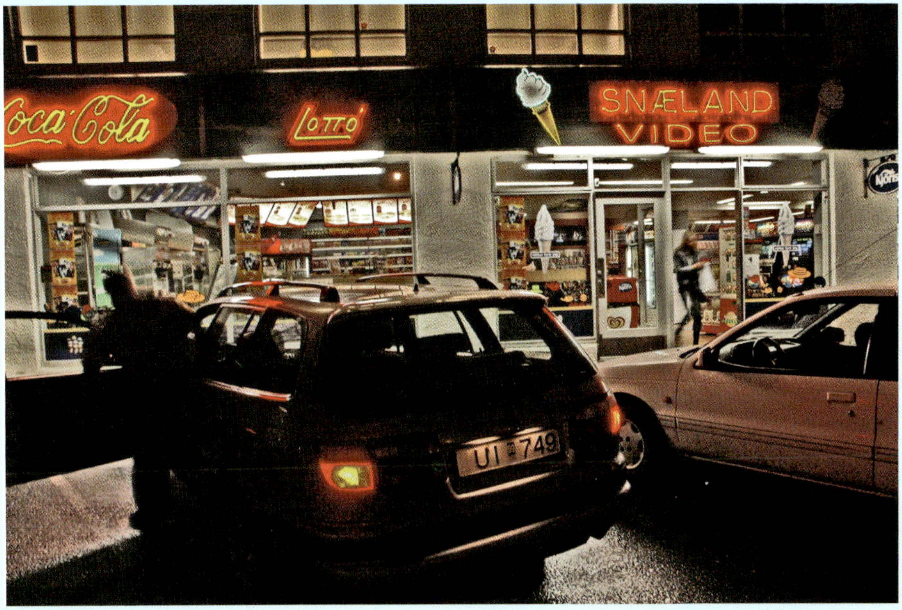

▼ Spieglein an der Wand

Hier wird nochmals die Bedeutung der Kopierwerkzeuge deutlich, womit man nicht nur Meer hinzufügen kann, sondern auch ungebetene Gäste und Hexereien verschwinden lassen kann.

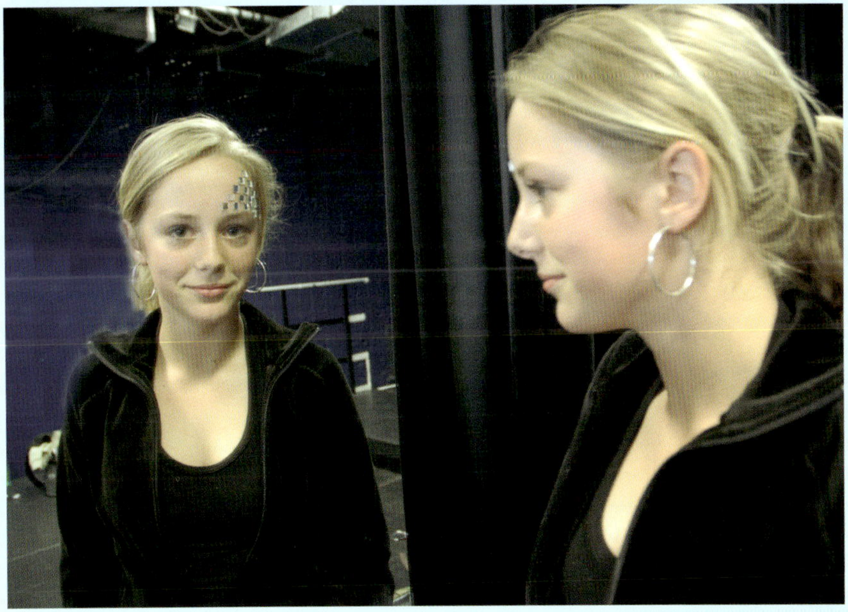

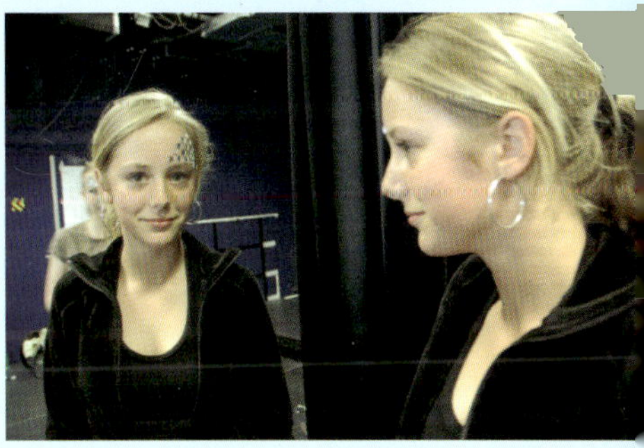

▲ Die kleinen Spiegel auf dem Gesicht des Mädchens wurden für eine Ballettaufführung angeklebt. Das Licht ist gewöhnliches Neonlicht. Dieses Foto passt zum Thema »Spiegelungen«, siehe Kapitel 4 über Bildkomposition (betender Mann im Wasser und drei Männer, die ihr Haar kämmen).

Heilender Pinsel

Seit der Version 3.0 verfügt Photoshop Elements über ein Werkzeug, das es noch leichter macht, kleine Unebenheiten zu retuschieren. Die Arbeit mit diesem »Schnell-Reparatur-Pinsel« ist sehr einfach. Man tupft einen Pickel oder ein Fleckchen an und er oder es verschwindet. Das Programm passt das kleine unerwünschte Bildelement dem umliegenden Gebiet an und macht es durchgängig fehlerfrei.

▼ Rim mit Windpocken.

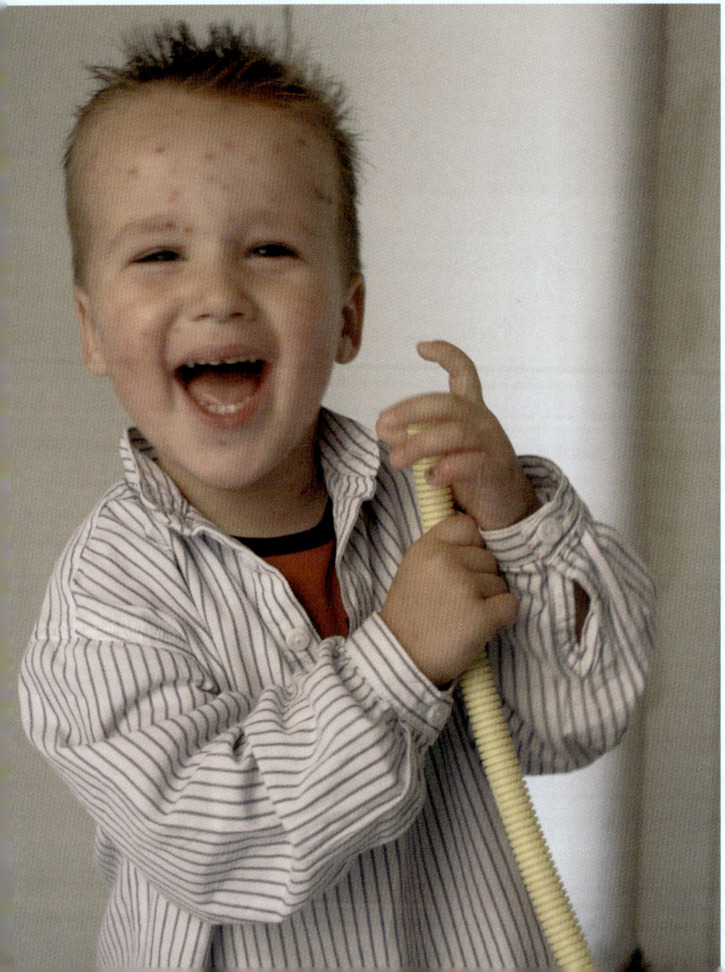

▶ Dank (ausschließlich) dem Retuschierpinsel ist Rim innerhalb von zwei Minuten genesen.

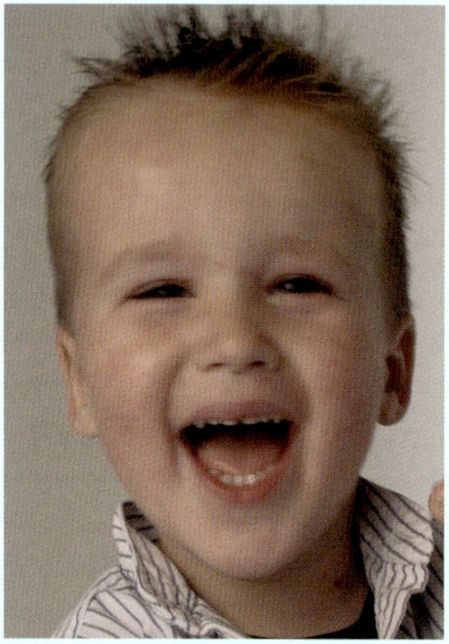

▶ Die noch übrig gebliebenen Fleckchen lassen sich auf überraschende Weise mit dem Rauschunterdrücker leicht herausfiltern. Windpocken? Die gibt es doch gar nicht! Der Rauschunterdrücker ist für diese »Reparatur« nicht gedacht, funktioniert aber gut. Er streicht auch kleine Fältchen glatt.

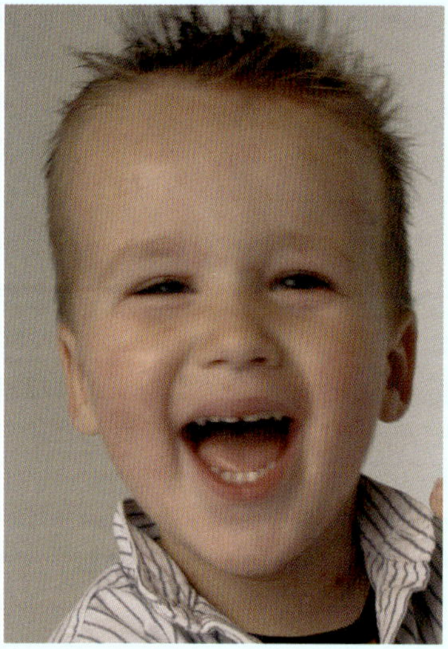

Rauschen reduzieren

Schnellkorrektur

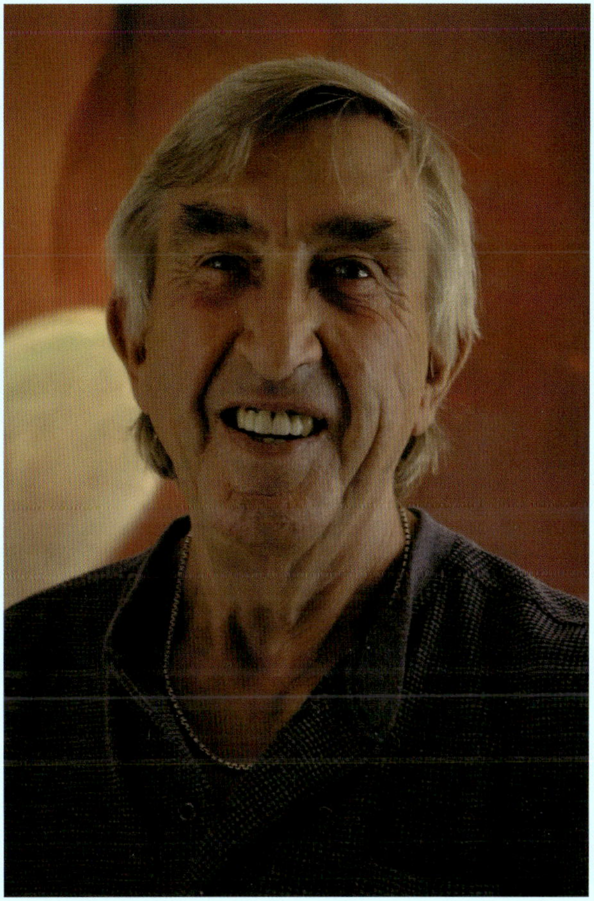

▲ Krähenfüße

Dieses Foto von Tai-Chi-Vater Jan Dirk (siehe Kapitel 5 über Bildobjekte) wurde mit hoher Empfindlichkeit gemacht: ISO 1600. Jan Dirk stand mitten in seinem Wohnzimmer, in das von zwei Seiten Licht fällt. Das kann man sehen; von rechts kommt etwas mehr Licht. Insgesamt war das Licht aber schwach, deshalb war es nötig, einen hohen ISO-Wert einzustellen. Das führte leider zu einigem Bildrauschen. Mehr über das Bildrauschen erfahren Sie in Kapitel 2.

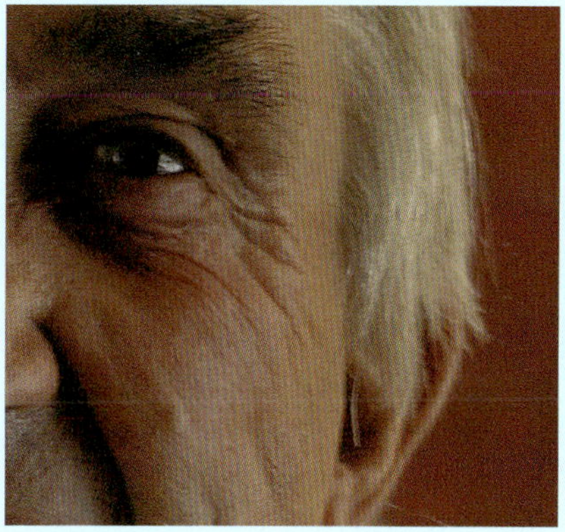

▲ Bildrauschen

Das ursprüngliche Foto: viel Rauschen durch den ISO-Wert von 1600. Man kann es vor allem an den Hautflächen sehen. Glücklicherweise verfügt Photoshop über einen »Rauschunterdrücker«: Filter > Rauschen > Rauschen reduzieren.

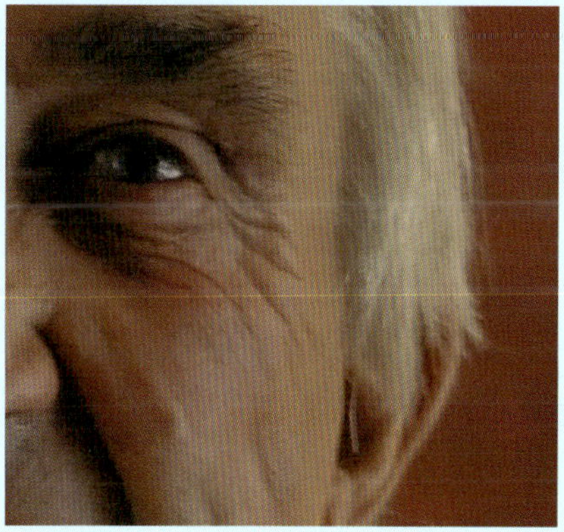

▲ Bildrauschen unterdrückt

Der Rauschunterdrücker in der höchsten Stufe entfernt das Rauschen, nimmt aber auch die Schärfe. Zum Glück gibt es den Scharfzeichnungs-Filter: Einstellung:> Verschärfen > Verschärfen.

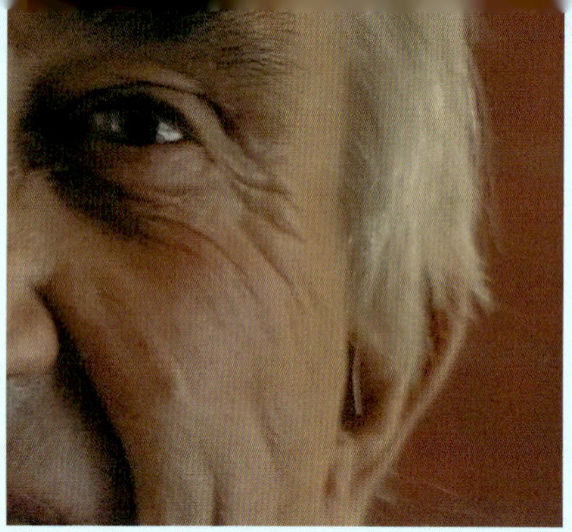

▶ Die Schärfe verbessern

Wenn man das Verschärfen in Maßen anwendet, ist dies das Ergebnis. Hier wurde einmal verschärft. Macht man das erneut, kehrt das Bildrauschen wieder zurück. Zoomen Sie immer ein, wenn Sie verschärfen, um das Resultat genau kontrollieren zu können. Man macht oft zu viel, und dann sieht es nicht mehr gut aus. Das Endresultat ist hier insgesamt etwas weich. Aber die Falten eines Menschen können durchaus schön sein. Neben Photoshop ist eine Reihe von gesonderten Bildrauschunterdrückern erhältlich, wie Noise Ninja. Gute Kameras entwickeln von sich aus wenig Bildrauschen, selbst bei hoher Empfindlichkeit entsteht es nicht.

Die Unschärfe verstärken

Wenn Sie ein Foto unschärfer machen wollen, brauchen Sie natürlich nicht den Rauschunterdrücker einzusetzen, obgleich er eine nützliche Alternative zum Experimentieren ist. Es gibt im Programm Photoshop ein Werkzeug, welches das Foto insgesamt weicher macht: Filter > Verschärfen > Unscharf-Maske. Wollen Sie nur einen Teil des Fotos weicher machen, dann benutzen Sie den »Verwischer«.

▼ Primadonna

Damit sich das Gesicht dieser kleinen Primadonna von dem ganzen Durcheinander besser trennt und abhebt, wurde alles um sie herum unschärfer gemacht. In der Einstellung »Verwischen« fahren Sie mit der Maus über alles, was unscharf werden soll. Sie können die Größe und die Stärke einstellen, aber es gibt eine Grenze dessen, was erreicht werden kann.

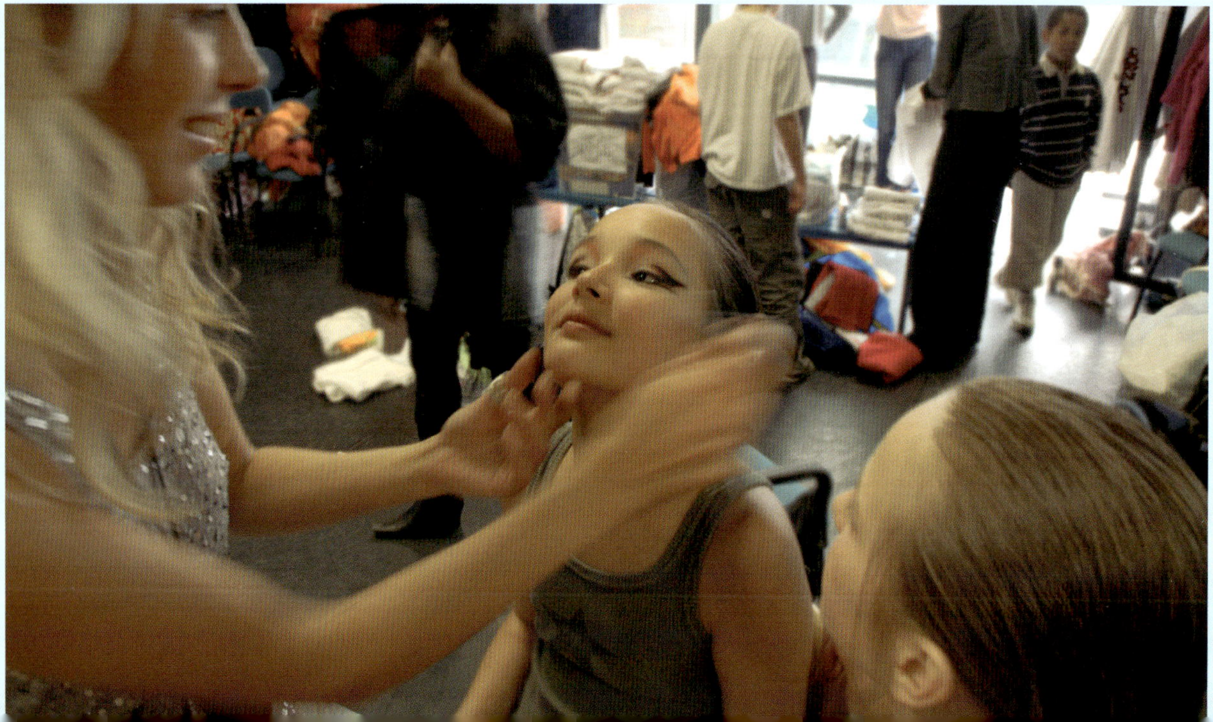

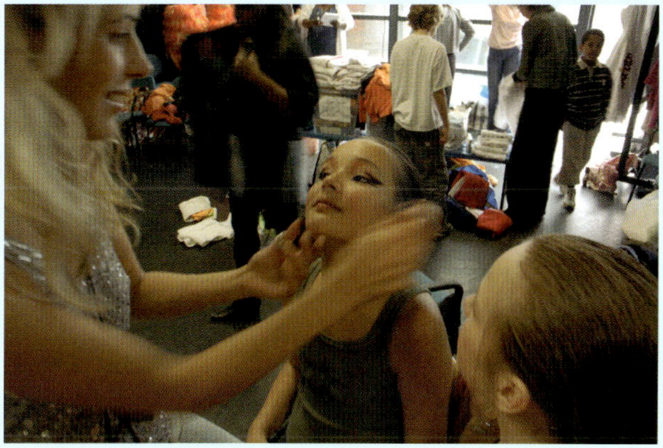

▲ Das ursprüngliche Foto. Die Menschen im Hintergrund sind ganz scharf und lenken deshalb zu viel Aufmerksamkeit auf sich.

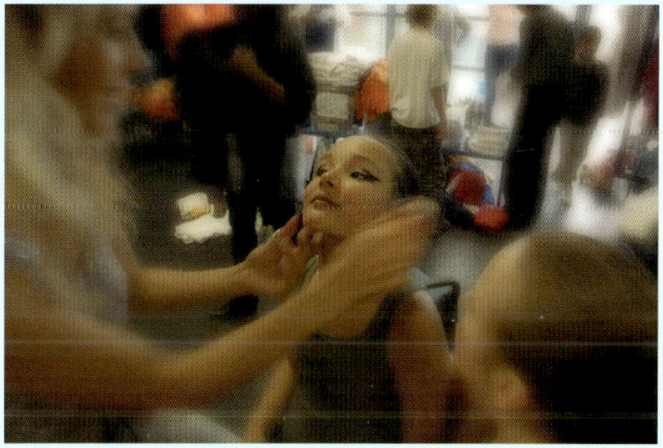

▲ **Beschlagene Brille**

Übertreibung ist auch ein Gebiet für sich. Für dieses Foto wurde die »vignette blur« von nik Color Efex Pro in der höchsten Einstellung verwendet. Das geht schön schnell, aber das Resultat ist unwirklich. Gut ist der Verlauf der dunklen in die hellen Töne zu sehen. Das ist typisch für einen Weichzeichner, den man nachträglich anwendet. Beim Weichzeichner, der während des Fotografierens benutzt wird, ist es umgekehrt: Dann gehen die hellen Töne in die dunklen über, wodurch der typische David-Hamilton-Effekt erreicht wird. Siehe www.hamilton-archives.com

David Hamilton ist der eigentliche Erfinder der Weichzeichneranwendung bei seinen Fotos von jungen Mädchen, die er mit sehr viel Vaseline auf der Linse ablichtete. Bei Photoshop können Sie wählen, was wohinein verläuft. Teile eines digitalen Fotos unscharf machen zu können ist nützlich, weil bei der Digitalfotografie schnell alles scharf ist, selbst wenn man das nicht will (siehe Kapitel 2).

Den Horizont begradigen

Bei dem Foto des Vaters, der mit seiner Tochter auf den Schultern aus dem Meer kommt, fällt es nicht so auf, aber manchmal verläuft der Horizont ärgerlich schief. Fotografen scherzen unter sich dann gern, dass man auf solch einem Foto gut sehen kann, dass die Erde rund ist.

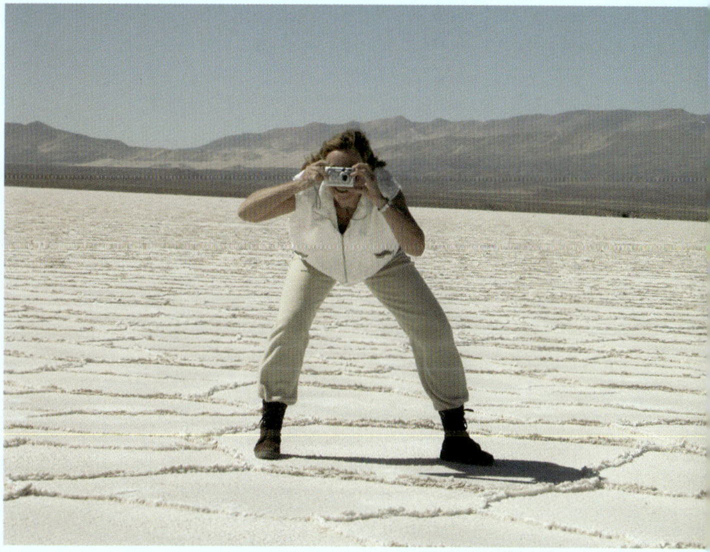

▲ Gefällt Ihnen der schiefe Horizont nicht, gehen Sie in der Einstellung »Schnellkorrektur« auf > Bild, dann auf > Arbeitsfläche drehen > Per Eingabe. Dort können Sie angeben, um wie viel Grad das Foto nach links oder rechts gekippt werden soll.

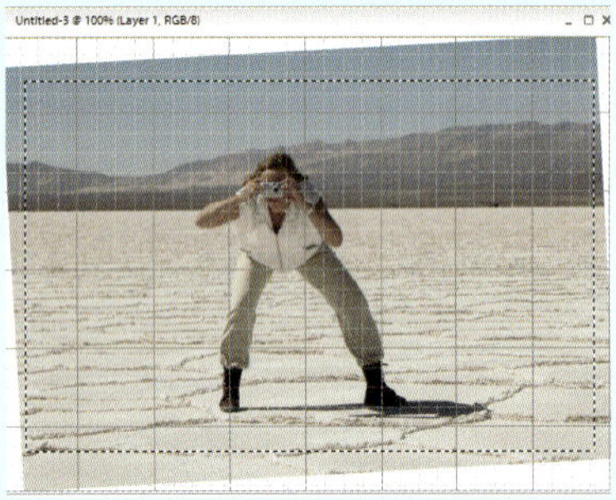

▲ Die vertikalen und horizontalen Linien lassen sich durch ein Gitterraster kontrollieren, das wie folgt angelegt werden kann: Wiedergabe > Raster. Danach machen Sie einen neuen Ausschnitt (dabei geht etwas vom Bild verloren), welchen Sie unter einem neuen Namen abspeichern. Es gibt bei Elements auch eine »automatische« Einstellung für die Begradigung des Horizonts: Bild > Drehen > Bild gerade stellen. Sie funktioniert gut, solange der Horizont sehr deutlich zu sehen ist, so wie bei diesem Foto.

▼ Nun ist der Horizont waagerecht genug, um dieses Foto, aufgenommen in einer Salzwüste in Nordwestargentinien, für die Titelseite eines anderen Buches von Peter de Ruiter zu verwenden (nicht in Deutschland erschienen!).

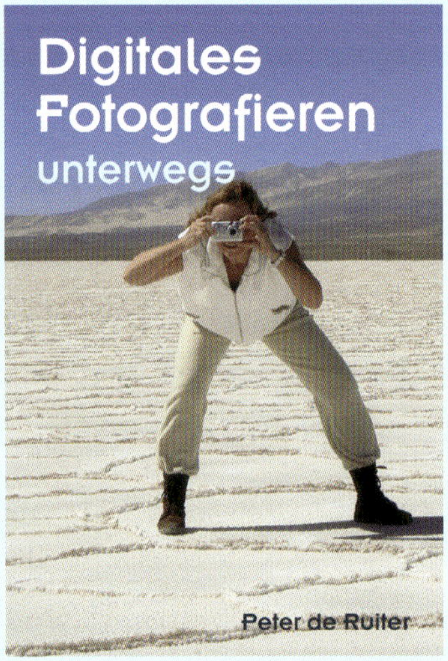

Stürzende Linien begradigen

▼ Beim Fotografieren kann noch viel mehr schief werden. Denken Sie an Gebäude, die so hoch sind, dass sie durch die Perspektive nach hinten zu stürzen scheinen. Man kann das durch eine erhöhte Position beim Fotografieren bis zu einem gewissen Grad verhindern. Ein Meter macht meist schon etwas aus. Es ist auch hilfreich, in Weitwinkel-Einstellung ein Hochkant-Foto zu machen und das Gebäude so hoch wie möglich bis an den oberen Rand zu fotografieren. Gebäude werden gerader, wenn man sie aus größerem Abstand heranzoomt. Aber gegen die Höhe des Oriental Pearl in Shanghai (468 Meter) ist kein Kraut gewachsen. Photoshop bietet die Lösung: »Entwinkeln«.

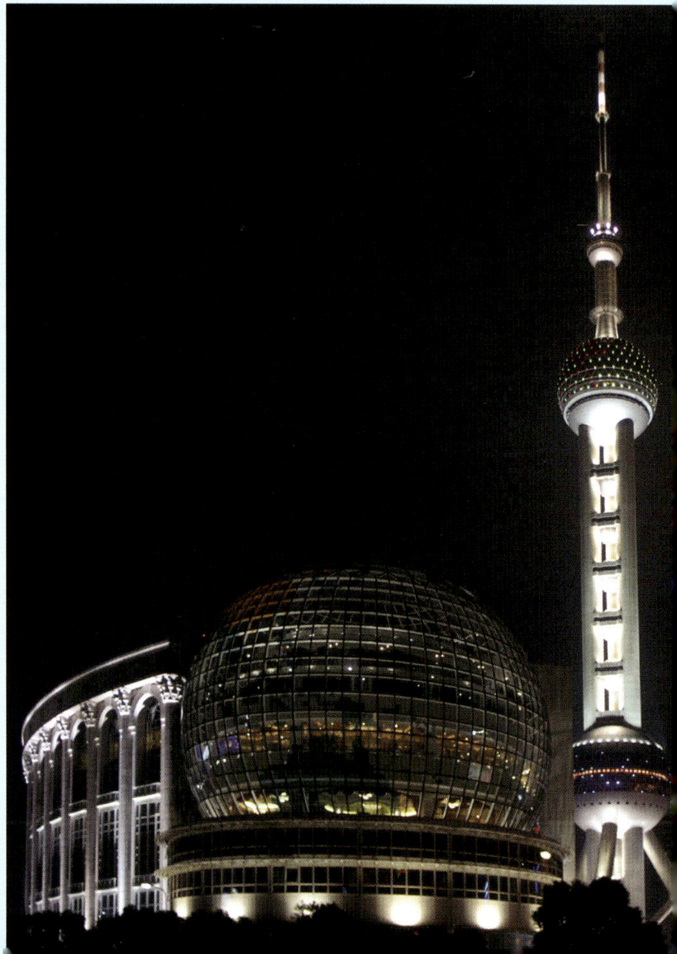

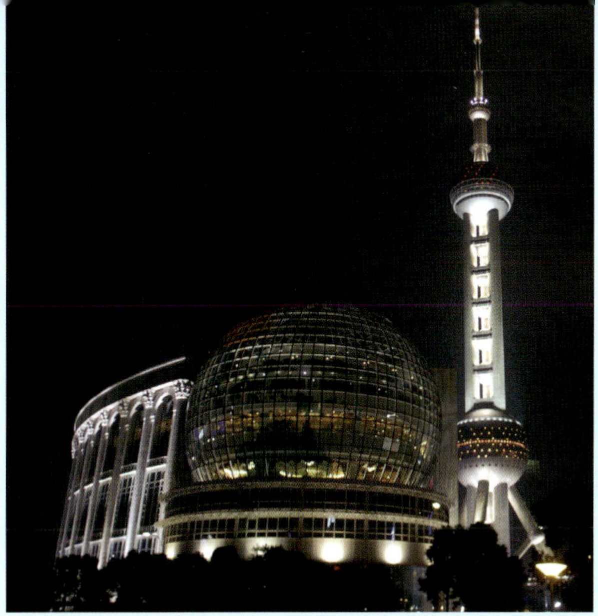

▲ Das ursprüngliche Foto. Dumm ist, dass das Bild links stärker abfällt als rechts. Achten Sie darauf, dass sich dies beim Fotografieren die Waage hält. Beim Entwinkeln wird das Foto zwar auseinandergezogen, aber es ist sehr schwierig, an der einen Seite mehr zu ziehen als an der anderen. Darum muss das Bild zunächst gekippt werden, um ein Gleichgewicht herzustellen (3 Grad nach links in diesem Fall). Aber machen Sie zuerst eine Kopie des ganzen Fotos (Wählen > Alle oder Strg-A) und kopieren Sie es auf eine neue Bildfläche, die wesentlich größer ist, damit Sie Platz um das Foto herum gewinnen.

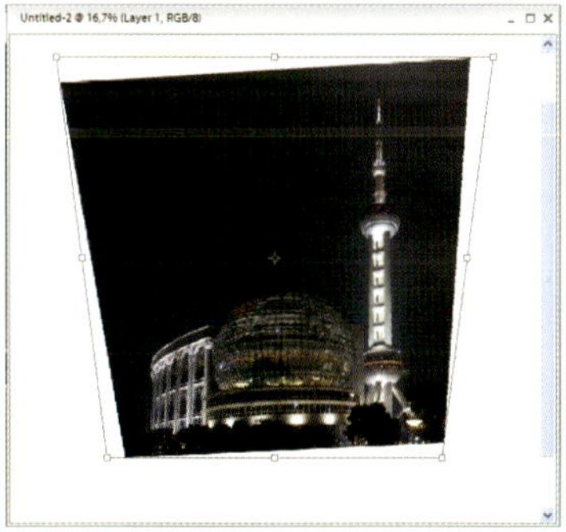

▶ Danach gehen Sie zu: Bild > Transformierung > Perspektive. Packen Sie mit der Maus eine obere Ecke und ziehen sie zur Seite. Kontrollieren Sie die vertikalen Linien mit dem Gitterraster. Sie sehen jetzt auch, dass das Ganze ziemlich flach wird. Um das Gebäude in der Höhe wieder auseinanderzuziehen, gehen Sie zu. Bild > Transformierung > Freie Transformierung. Packen Sie den Punkt in der Mitte oben. Machen Sie einen neuen Ausschnitt und speichern diesen ab. Fertig! Ihr Foto ist jetzt gerettet und kann alles Mögliche schmücken, auch den Titel eines Buches.

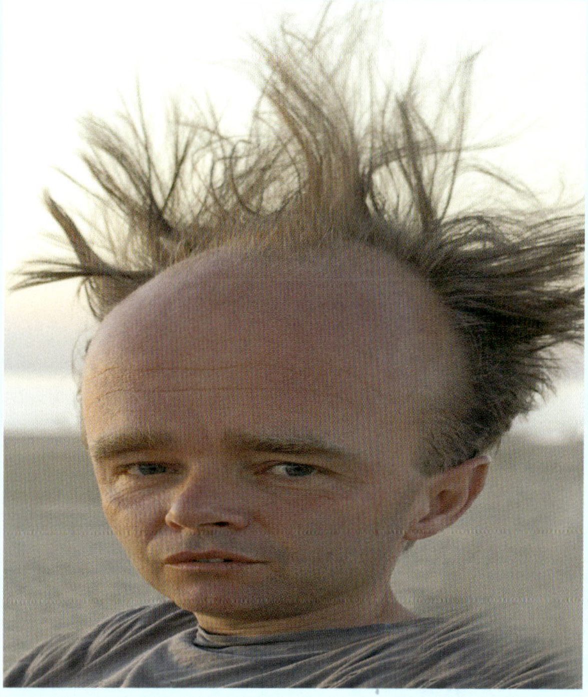

▲ Wer sagt übrigens, dass man nur Gebäude entwinkeln kann? Was ist das Gegenteil von Entwinkeln?

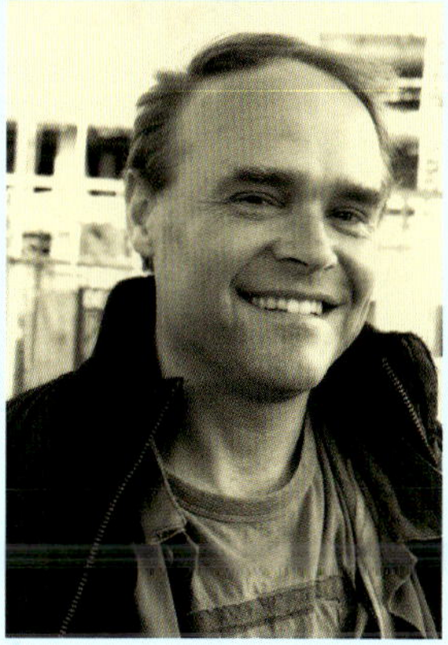

▶ Damit der Leser auch glaubt, dass das Foto des Mannes mit dem Wasserkopf wirklich manipuliert wurde, hier ein normales Foto von Cees. Es wurde mit nik Color Efex Pro nachträglich in eine Schwarzweiß-Version verwandelt.

Farbstich verbessern

▶ Dieses Foto hat eindeutig einen Farbstich. Die Kamera oder der Fotograf hatte das grüne Neonlicht nicht gut korrigiert, und die Farbe des Lichtes ist grün geblieben. Die Lösung war simpel. In der »Schnellkorrektur«-Einstellung klicken Sie bei »Farbe« auf »Automatisch«. Das wurde bei diesem Foto auch gemacht, und das Ergebnis war sofort gut. Im mittleren Teil dieses Kaffeehauses in Südtunesien herrscht weißes Licht vor, im Hintergrund aber ist es noch grün. Dort hing offenbar eine andere Leuchtstoffröhre oder das Fensterglas war grün, aber in einem etwas anderen Ton. Angenommen, dass es nun auch dort weiß sein sollte?

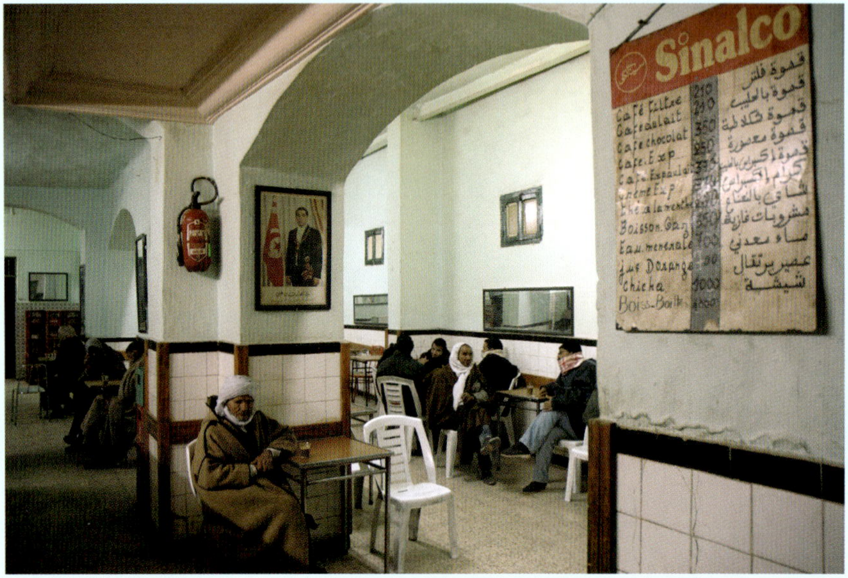

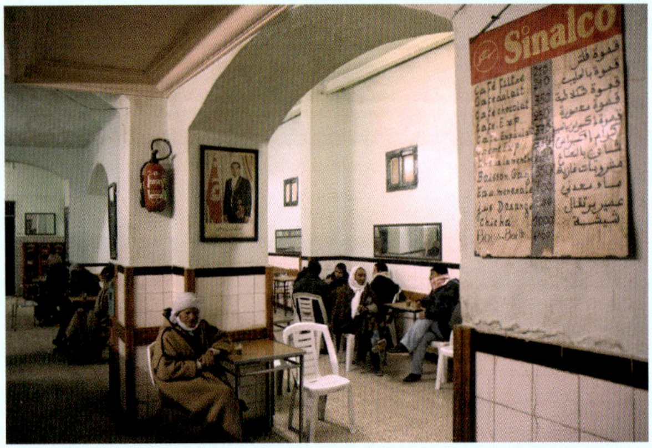

◀ Wir gehen zu: Überarbeiten > Farbe anpassen > Farbstich entfernen. Ist dieses Fenster offen, verwandelt sich der Mauszeiger in eine Pipette. Mit dieser Pipette klicken Sie nun auf einen Bereich des Bildes, der eigentlich weiß sein sollte. Und hier das Resultat. Es ist weiter hinten etwas weißer geworden, wenn auch noch nicht perfekt. Doch was ist im Vordergrund passiert? Dort ist es plötzlich rosa. Was zeigt, dass eine Farbkorrektur immer nur auf das ganze Foto anwendbar ist. Mit einer Pipette kann man verschiedene Teile des Fotos markieren, bis man denjenigen Teil gefunden hat, welcher dem Foto insgesamt einen schönen Farbton verleiht. Das macht man natürlich nur, wenn die Auto-Einstellung kein gutes Ergebnis bringt.

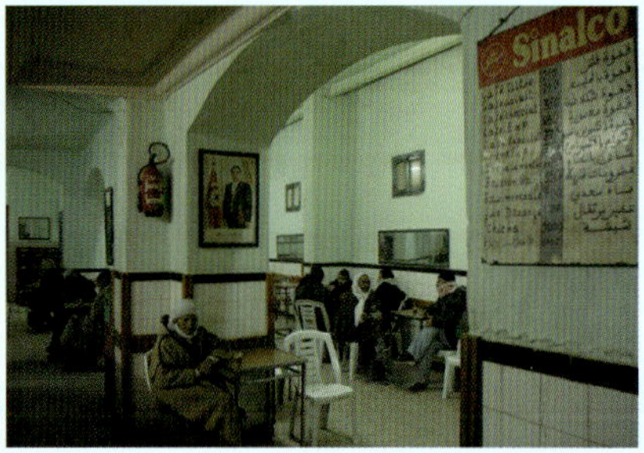

▶ Das Originalfoto: grün und trüb.

Probleme und Lösungen

FEHLERSUCHE

Missgeschick	Lösung

Die Fotos sind »neblig«

Es ist, als ob man in einem türkischen Bad fotografiert hätte.

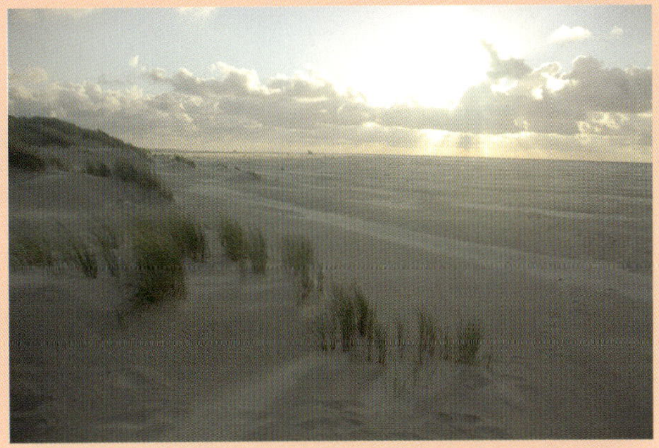

Außer durch die Berührung mit der Hand kann eine Linse auch durch die Luft feucht werden. Es war trocken, aber sehr windig auf der Insel Terschelling. Innerhalb einiger Minuten hatte sich eine feine Salzschicht auf die Linse gelegt. Resultat: lauter Nebel, das Bild wirkt flau, das Dünengras zeichnet sich beispielsweise nicht ab.

Säubern Sie die Linse mit einem weichen Stück Stoff.

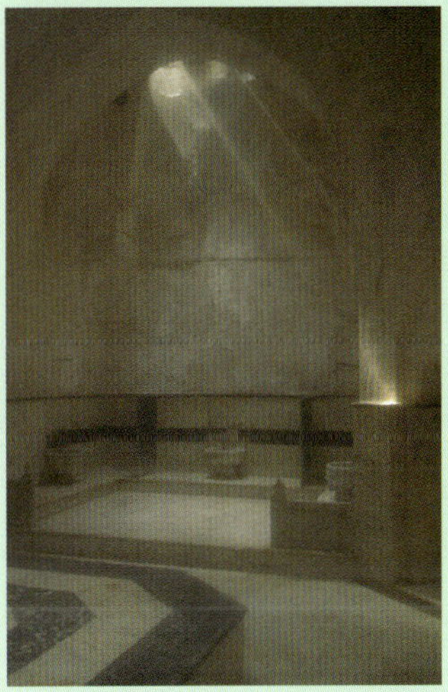

Foto eines türkischen Bades (mit sauberer Linse). Den nebligen Wasserdampf kann man nicht verhindern. Aber ein Lichtstrahl zeichnet sich schön darin ab.

Meine Kamera hat sich aufgehängt

Nichts geht mehr. Sie lässt sich auch nicht mehr ausschalten.

Nehmen Sie kurz die Batterien heraus, dann starten Sie neu. Eine Kamera kann sich, genau wie ein Computer, zuweilen aufhängen.

Meine Fotos sind ganz blau

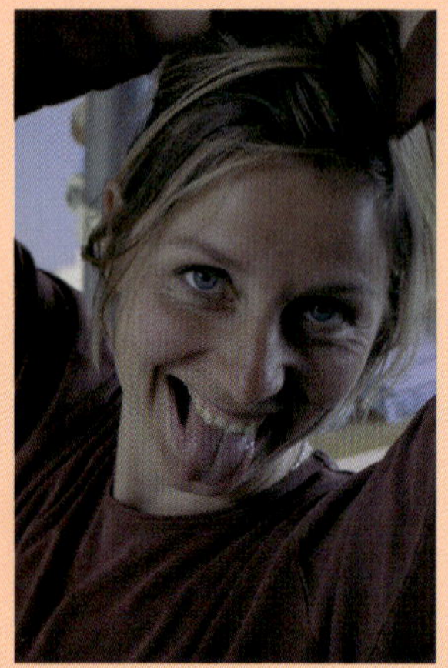

Oder sie haben einen anderen seltsamen Farbstich.

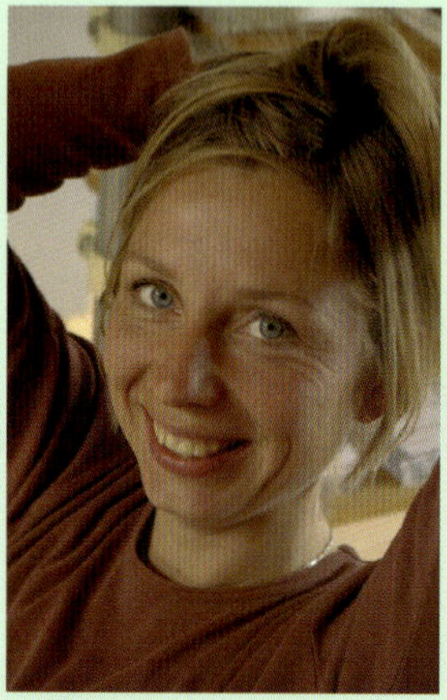

Der Weißabgleich ist falsch eingestellt. Suchen Sie dieses Symbol WB Probieren Sie eine andere Einstellung aus, beispielsweise »automatisch«. Bei blauen Fotos, die im Freien gemacht wurden, steht der Weißabgleich auf Kunstlicht ☀, richtig wäre jedoch »automatisch« oder »Tageslicht« ☀, siehe auch Kapitel 1.

Meine Fotos sind so grobkörnig

Und die Farben sind auch nicht wirklich schön.

Die Empfindlichkeit (ISO-Einstellung) Ihrer Kamera ist wahrscheinlich (sehr) hoch eingestellt. Oder die Kamera selbst produziert grobkörnige Bilder, auch wenn die Empfindlichkeit nicht so sehr hoch eingestellt ist. Das ist dann ein (kleiner) Minuspunkt Ihrer Kamera. Siehe Kapitel 2.

Alles auf meinen Fotos ist verwackelt

Es ist wirklich gar nichts scharf.

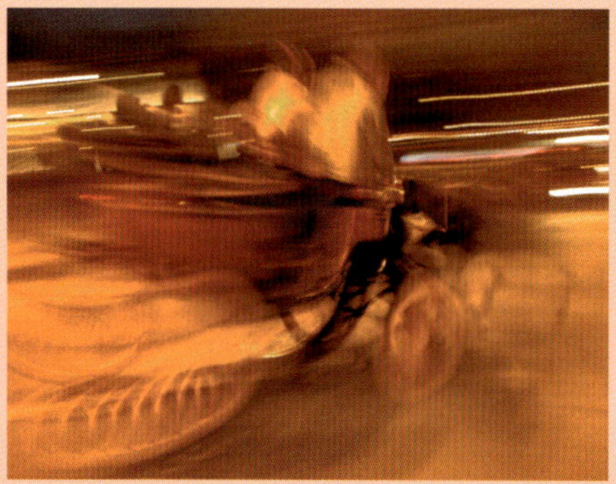

Dies ist Bewegungsunschärfe. Wenn gar nichts scharf wird, wurde die Kamera im Verhältnis zur Verschlusszeit nicht ruhig genug gehalten. Lösungen: Kamera ruhig halten, eine kürzere Verschlusszeit, eventuell durch Einstellung einer höheren Empfindlichkeit. Es kann auch sein, dass Sie zu weit eingezoomt haben. Dadurch entsteht eher Bewegungsunschärfe, weil die Kamera federt. Siehe Kapitel 2.

Ein weiterer Tipp ist, beim Fotografieren durch den Sucher zu sehen und nicht auf den Monitor. Dadurch wird die Kamera stabiler gehalten.

Mein Objekt ist nicht scharf

Aber andere Teile des Fotos sehr wohl.

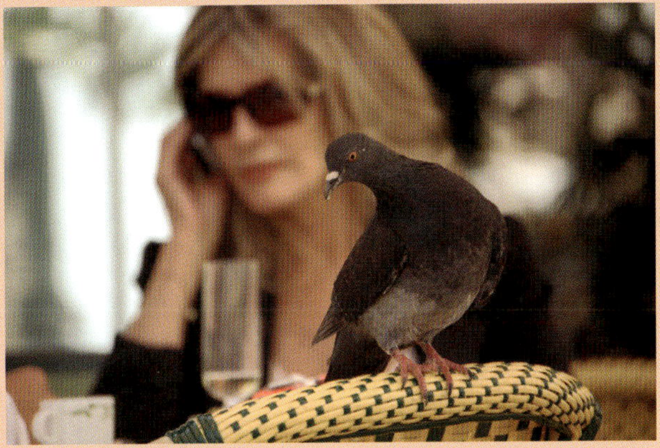

Der Autofokus (AF) ist möglicherweise irritiert. Stellen Sie per Hand scharf. Bei fortschrittlicheren Kameras kann man den Teil des Bildes wählen, der scharf werden soll. Meist stellt der AF auf den Punkt scharf, welcher am nächsten ist. Liegt Ihr Objekt dahinter, hilft nur die Handbedienung.

Alle meine Fotos sind zu hell

Oder sie sind allesamt zu dunkel.

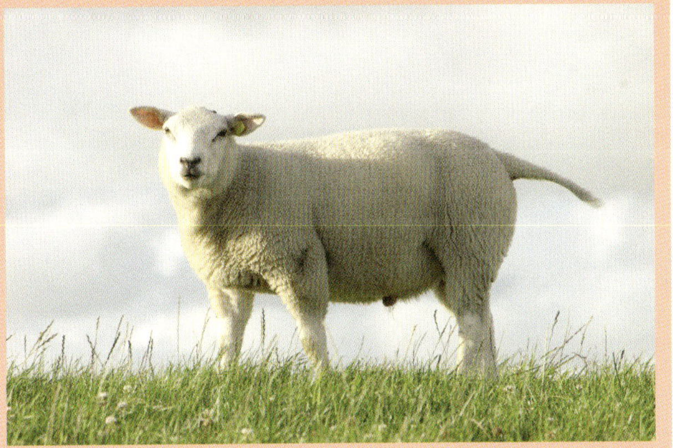

Dies ist ein Fall für die Belichtungskorrektur. Suchen Sie dieses Symbol ☒ im Menü, bevor Sie Ihre Fotos machen, obgleich es dafür auch oftmals ein gesondertes Knöpfchen gibt.

Meine Fotos sind oft so dunkel

Aber nicht immer.

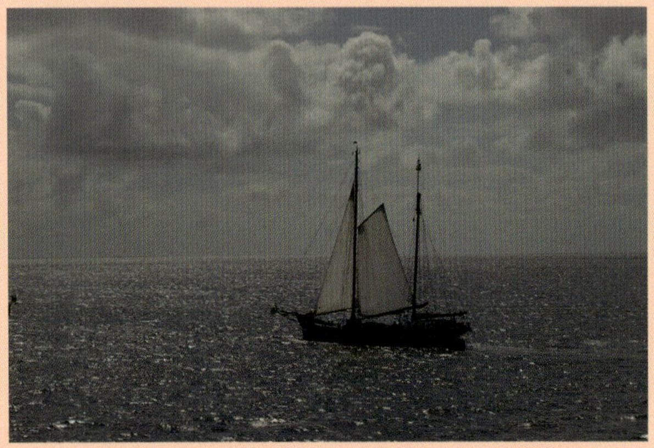

Viel Himmel und die Spiegelungen der Sonne auf dem Wasser irritieren die automatische Belichtung.

Nehmen Sie beim Fotografieren wegen des vielen Lichts nicht zu viel Himmel ins Bild, weil der automatische Belichtungsmesser dann eine zu geringe Belichtungszeit wählt. Dies kann auch passieren, wenn (viel) Schnee oder viel Weiß im Bild sind. Lösung: Verändern Sie die Bildkomposition oder korrigieren Sie die Belichtung durch . Was in den meisten Fällen auch funktioniert: die Kamera kurz auf etwas Dunkles richten, den Auslöser halb gedrückt halten, die Kamera auf die ursprüngliche Bildkomposition zurückschwenken und den Auslöser ganz durchdrücken. Bei halb eingedrücktem Auslöser misst die Kamera die Belichtung.

Ich blitze, sehe aber keinen Blitz

Auch nicht bei weiteren Versuchen.

Haben Sie einen Finger vor dem Blitz?

Ich habe alle Fotos auf meiner Speicherkarte überschrieben

Meine Urlaubserinnerungen fallen ins Wasser.

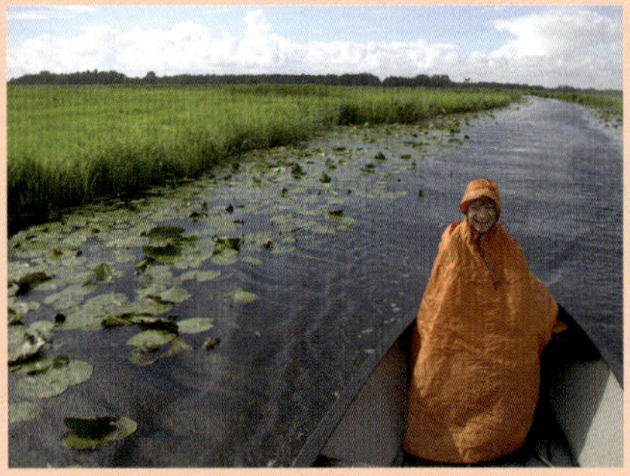

Fotografieren Sie nicht weiter, und bewahren Sie die Speicherkarte auf, bis Sie mit spezieller »Wiederherstellungs«-Software die Fotos zurückholen können. Das funktioniert auch bei nur einem überschriebenen Foto. Suchen Sie im Internet nach kostenlosen Versuchsversionen oder nehmen Sie die von www.photosrecovery.com.

Die sonnigen Bereiche meines Fotos sind zu hell, die Schatten zu dunkel

Auch mit Veränderungen in der Belichtung wird das nicht besser.

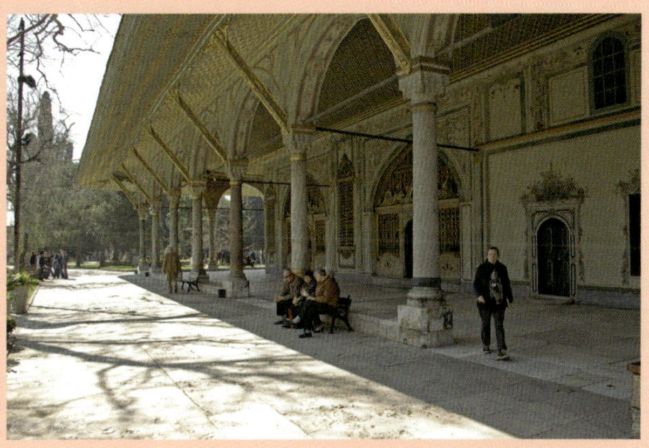

Der Topkapipalast in Istanbul. Abgesehen von den Lösungen, die rechts angeboten werden, können Sie auch mit Photoshop bis zu einem bestimmten Ausmaß Schatten aufhellen und Lichter dunkler machen. Siehe Kapitel 6. Bei vollem Sonnenlicht gleichzeitig drinnen und draußen zu fotografieren ist eigentlich nicht gut möglich.

Der Hell-Dunkel-Kontrast ist zu groß. Versuchen Sie, Ihre Kamera auf einen niedrigeren Kontrast einzustellen. Dafür wird dieses Symbol hier benutzt ◑, meist bei den Werkzeugen . Siehe Kapitel 2.

Aber dies wird das Problem nicht ganz lösen. Fotografie, und vor allem digitale, kann Helligkeitsunterschiede nur begrenzt überbrücken. Versuchen Sie mit dem Aufhellblitz den Schattenbereich aufzuhellen .

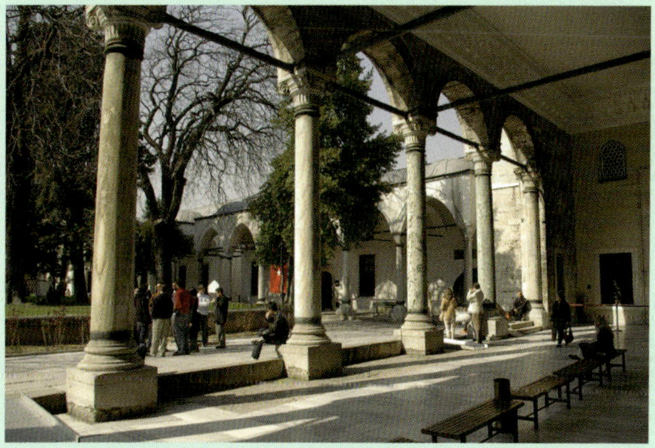

Bessere Alternative: ein anderer Blickwinkel.

Jedes Mal, wenn ich meine Kamera neu starte, sind die Einstellungen verändert

Ich hatte beispielsweise den Blitz ausgeschaltet und den Weißabgleich auf Tageslicht gestellt. Nun sind die Einstellungen wieder weg.

Bei vielen Kameras lässt sich festlegen, welche Einstellungen beibehalten werden sollen, wenn man sie ausschaltet. Das wird auch »Memory« genannt. Legt man nichts fest, dann »vergisst« die Kamera die Einstellungen beim Ausschalten. Einige Kameras behalten alle Einstellungen immer bei oder man kann bestimmte Werte einstellen, die als Ganzes abgerufen werden können.

Meine Kamera ist plötzlich anders eingestellt

Einige Kameras sind so gebaut, dass man unabsichtlich relativ leicht einen falschen Knopf drückt. Aber welcher war das nun?

Es gibt meist eine »Reset« Funktion in der Menüwahl, womit man die Kamera wieder auf die Standardwerte setzt, oftmals unter »Set up«.

Ich habe mich im Menü verirrt

Und ich kann den Weg zurück nicht finden. Mein Freund auch nicht.

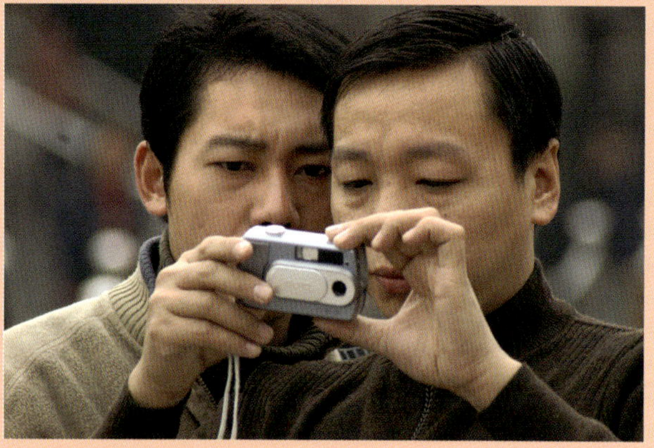

Klicken Sie auf »Menü«, um zurückzukommen. Nochmals auf denselben Knopf drücken führt meist auch auf den Weg zurück oder zum Aufheben dieser Funktion oder Einstellung.

Meine Batterien sind so schnell leer

Oder der Akku.

Sparen Sie Energie, indem Sie den Monitor ausschalten und nicht (so viel) elektrisch zoomen. Stellen Sie die Kamera so ein, dass sie schnell in den Stand-by-Modus fällt, wenn Sie eine Zeit lang nicht gebraucht wird. Blitzen kostet auch viel Energie.

Keine Lösung für Ihr Problem gefunden? Senden Sie dann eine Mail an mail@peterderuiter.nl

Symbole und Icons

FÜR FUNKTIONEN UND STANDARDS

Standardeinstellungen

Viele digitale Kameras verfügen über Standardeinstellungen für bestimmte Situationen. Wenn man beispielsweise »Sonnenuntergang« wählt, symbolisiert durch eine untergehende Sonne, stellt sich die Kamera optimal darauf ein. In dieser Einstellung wird vermieden, dass das gelbe Licht der untergehenden Sonne weiß wird. Normalerweise, in der Automatik-Einstellung, würde das wohl passieren.

Welches sind die am häufigsten benutzten Einstellungen und Symbole, was bewirken sie und was macht die Kamera? (Wenn es bestimmte Einstellungen nur bei bestimmten Kameras gibt, wurde der Hersteller genannt).

Sonnenuntergang
Für das Fotografieren (oder mit dem Licht) der untergehenden Sonne. Tatsächlich ist diese Einstellung dieselbe wie die Einstellung »Tageslicht«, wobei weißes Licht als Ausgangspunkt dient und alles, was davon abweicht, ungeweißt bleibt. Diese Einstellung ist auch bei Sonnenaufgang oder in einer anderen Situation sinnvoll, bei der das Licht gelb ist oder eine andere Farbe hat, die Sie erhalten wollen. Siehe Kapitel 1.

Tageslicht
Einstellung für Fotos tagsüber im Freien. Stimmt (sonderbar genug) mit Sonnenuntergang überein. Siehe Kapitel 1.

Landschaft
Für das Fotografieren von Landschaften, auch mit Menschen im Vordergrund. Die Kamera verwendet eine kleine Blendenöffnung, wodurch das Schärfengebiet so groß wie möglich wird. Die Belichtungszeit wird dadurch etwas länger.

Porträt
Für Porträtaufnahmen. Die Kamera wählt eine niedrige Blendeneinstellung (also große Öffnung der Linse), um das Schärfengebiet einzuschränken und auf diese Weise das Gesicht vom Hintergrund abzuheben. Eine kürzere Verschlusszeit ist die Folge. Zoomen Sie ein für das beste Ergebnis.

Sport
Für Sportfotos, aber auch für spielende Kinder: Die Kamera wählt eine kurze Verschlusszeit, welche die Bewegung scharf festhält. Benutzen Sie diese Einstellung nicht, wenn Sie Bewegungsunschärfe ins Bild hineinbringen möchten, beispielsweise einen bewegten Hintergrund. Wenn Sie an Ihrer Kamera nicht per Hand eine lange Verschlusszeit wählen können, um damit Bewegung zeigen zu können, probieren Sie die Einstellung Landschaft (bei Nacht, siehe unten) oder Feuerwerk.

Kinder
Die Kamera verwendet eine kurze Verschlusszeit, um die Bewegung von Kindern festzuhalten.

Tagsüber blitzen (Aufhellblitz)
Aufhellblitz: Kombination aus vorhandenem Licht und (wenig) Blitz. Diese Einstellung wird gebraucht, um beispielsweise Schlagschatten in Gesichtern aufzuhellen. Man kann sie auch in geschlossenen Räumen einsetzen. Ein Vorteil des Aufhellblitzes ist, dass der Hintergrund auch gut belichtet wird. Bei der Einstellung mit normalem Blitz ist dies nicht immer der Fall.

Porträt bei Nacht
Blitzen im (Halb-)Dunkel. Dabei wird der Blitz mit einer langen Verschlusszeit kombiniert, wodurch

auch der Hintergrund gut belichtet wird (vergleichbar mit der vorherigen Einstellung). Halten Sie die Kamera ruhig und bitten Sie die Personen, die Sie fotografieren, sich auch direkt nach dem Blitzen noch nicht zu bewegen. Oder Sie unterlassen diese Bitte, denn das ergibt einen originellen Effekt. Dieser Blitz wird auch »Low sync flash« genannt, deshalb das S.

Schnee und Lichtflecken
Wenn das Objekt viele Weißanteile hat (oder Lichtflecken), dann schraubt sich die automatische Belichtung der Kamera oft zu weit zurück. Dadurch werden die Fotos unterbelichtet und Schnee wird nicht weiß, sondern grau. Mit dieser Einstellung wird dies verhindert. Tatsächlich führt das zu einer geringen Überbelichtung. Auch nützlich für andere Situationen mit großen Kontrasten.

Strand
Die Temperatur ist unterschiedlich, aber hier gilt das Gleiche wie bei Schnee. Aus Schnee ist jetzt Sand geworden.

Gegenlicht
Das Gesicht der Person ist im Schatten, weil die Sonne hinter ihr steht. Durch Überbelichtung wird das Gesicht klarer, doch das Foto als Ganzes kann überbelichtet werden. Alternativen: Aufhellblitz oder zu Hause am Computer mit Photoshop bearbeiten. Siehe dafür Kapitel 6.

Landschaft bei Nacht
Kein Blitz, dafür eine lange Verschlusszeit. Deshalb die Kamera ruhig halten.

Feuerwerk
Die Kamera stellt auf eine lange Verschlusszeit ein, um Lichtstreifen des Feuerwerks auf das Foto zu bekommen. Kamera ruhig halten. Identisch mit der vorhergehenden Einstellung.

Stille!
Geräuschlose Einstellung ohne Blitz oder Ton (piep!), einsetzbar, wenn Sie Kinder oder andere nicht stören wollen.

Selbstporträt
Die Kamera stellt sich selbst auf eine Aufnahme aus geringer Entfernung mit Weitwinkel oder Makro ein.

Kinderfest
Ideale Einstellung für das Fotografieren bei einer Feier. Entdeckt bei Kodak. Eine Erklärung konnte nicht gefunden werden. Vorschläge bitte an: mail@peterderuiter.nl

Nahaufnahme/Makro
Für Aufnahmen aus sehr geringer Entfernung. Das Objektiv stellt ausschließlich auf ein Gebiet scharf, das ganz nah an der Kamera ist. Für Porträts nicht geeignet.

Essen
Für Speisenaufnahmen (Pentax).

Blumen
Für Blumenaufnahmen (Pentax).

Unterwasser
Für Unterwasseraufnahmen (Pentax).

SYMBOLE

Wenn Sie im Menü die Einstellungen verändern wollen, muss dieser Auswahlschalter auf »Ansehen« stehen, wenn Sie an den Möglichkeiten der Bildbetrachtung basteln möchten. Stellen Sie ihn auf »Fotografieren«, wenn Sie Einstellungen für Ihre Fotos verändern möchten. In beiden Fällen werden Ihnen verschiedene Möglichkeiten angeboten. Logisch, wird aber leicht vergessen.

Einzoomen (mit dem Objektiv) in die Tele-Einstellung.

Auszoomen (mit dem Objektiv) in die Weitwinkel-Einstellung.

Einzoomen (auf ein bereits gemachtes Foto).

BLITZEN, BELICHTEN, EMPFINDLICHKEIT

Blitz (an).

Blitz aus.

Einstellen der Blitzstärke.

Vorblitz: Er soll rote Augen verhindern. Es dauert lange, bis das Foto wirklich aufgenommen wird; deshalb fatal für das Timing.

Belichtungskorrektur (Über- oder Unterbelichten), wenn die Kamera in der Automatik-Einstellung über- oder unterzubelichten droht.

Nur Plus oder Minus gibt es bei Kameras nicht, nur in diesem Buch, um »verstärken« oder »vermindern« anzugeben. Siehe Kapitel 1.

ISO Stellen Sie die Empfindlichkeit des Bildsensors ein, beispielsweise 100 oder 400 ISO/ASA.

ISO↑ ISO↓ ISO mit Pfeilen gibt es nur in diesem Buch.

BULB Die Blende wird abhängig von der Dauer des gedrückten Auslösers offen gehalten.

AUTOMATISCHE UND EINSTELLUNGEN PER HAND

A/Av Einstellung der Blende per Hand (Linsenöffnung, a = aperture). Die Kamera wählt die passende Verschlusszeit selbst.

S/Tv Einstellung der Verschlusszeit per Hand (s = shuttertime). Die Kamera wählt selbst die passende Blende.

M »Manuell«. Einstellung von Verschlusszeit und Blende ausschließlich per Hand.

A AE AUTO Automatisch, die Kamera bestimmt selbst alle nötigen Einstellungen. Sie halten die Kamera auf das Objekt und drücken ab.

Alles automatisch (Pentax).

Wählen Sie den Punkt, auf den scharf gestellt werden soll.

AF Autofokus, die Kamera stellt selbst scharf.

Ganz automatisch: Die Kamera regelt alle Einstellungen (Canon).

FUNC Funktion, wechselt zwischen Sätzen mit persönlichen Einstellungen.

Selbstauslöser.

Einstellen der Helligkeit der Aufnahmen (unter oder überbelichten).

Set-up. Einstellungen für die Kamera insgesamt.

BATTERIEN

Batterie ganz voll.

Batterie fast leer (kann blinken).

Batterie ganz leer (kann blinken).

LICHTMESSUNG

Belichtungsmethode, bei welcher der Mittelbereich bevorzugt wird.

Punktmessung: Die Kamera misst für die Belichtung nur den Mittelpunkt des Bildes.

Partielle Lichtmessung. Eine Form der Punktmessung, aber mit einem größeren »Punkt« in der Mitte, in dem das Licht gemessen wird.

Matrix-Lichtmessung. Die Kamera berechnet die Belichtung, indem die Bildfläche in Bereiche geteilt wird. Das Licht jedes Teilbereichs wird gemessen und mit einer internen Datenbank von Belichtungsdaten verglichen. Canon nennt dies Evaluationsmessung.

WEISSABGLEICH

Einstellen des Weißabgleichs.

Einstellung des Weißabgleichs bei Tageslicht (auch: Einstellung für die Aufnahme von Fotos tagsüber in Freien).

Licht von Glühbirnen.

Neonlicht (oft in verschiedenen Farbtönen).

Im Schatten.

Einstellen des Weißabgleichs per Hand.

Bewölktes Wetter.

Blitzen.

SEPIA Verleiht dem Foto einen braunen Sepiaton. Kann auch nachträglich am Computer gemacht werden. Was besser ist, denn so erhalten Sie sich das farbige Originalbild.

B/W Black and white oder
S/W Schwarzweiß.

MEHRFACH- UND ANDERE AUFNAHMEN

Einstellung für die Aufnahme eines Einzelfotos.

Aufnahme einer Serie von Fotos direkt nacheinander (continuous).

BKT Bracketing: Serienaufnahme mit kleinen Unterschieden zwischen den Fotos.

Serienaufnahme mit verschiedenen Belichtungen.

Serienaufnahme mit verschiedenen Scharfeinstellungen.

Tonaufnahme, bei einem bestimmten Foto oder auch nicht.

Einstellung für Filmaufnahmen.

SPEICHERKARTEN, SPEICHER, QUALITÄT, BILDER

CARD Speicherkarte nicht vorhanden oder vorhanden.

CF CompactFlash-Karte, vorhanden/nicht vorhanden oder funktioniert nicht.

JPG Speicherformat JPG (komprimiert).

TIF Speicherformat TIF (unkomprimiert, also größer).

RAW Speicherformat RAW (unbearbeitet).

★★★ Der Kompressionsgrad wird oft in Sternen angegeben. Je mehr Sterne, desto weniger wird das Foto komprimiert und desto höher ist die Qualität (und desto mehr Speicherplatz wird benötigt). Siehe Kapitel 3.

Niedriger Kompressionsgrad (Canon).

Höherer Kompressionsgrad (Canon).

Foto löschen.

Einzoomen (auf ein bereits gemachtes Foto).

Zeigt eine große Anzahl Bilder in kleinem Format (Index).

Schützt ein Foto vor unbeabsichtigtem Löschen.

Panoramafoto (Hilfe beim Aufnehmen).

Kontrasteinstellung: höher oder geringer.

Einstellen »Farbraum«, beispielsweise sRGB oder RGB. sRGB (rot, grün, blau) kennt etwas weniger mögliche Farben, aber nur wenige sehen den Unterschied.

Einstellen der Sättigung: die Farben »kräftiger« oder weniger kräftig machen. Diese Korrekturen lassen sich jedoch am besten am PC ausführen.

EIN- UND AUSGÄNGE

Ausgang für normales TV-/Videosignal.

NTSC TV-Standard für Nordamerika und Japan.

PAL TV-Standard für Westeuropa außer Frankreich (SECAM).

Input externe Stromquelle.

Ausgang via USB-Kabel (eventuell auch Eingang).

Anschluss an TV oder Videogerät mit S Videokabel.

FireWire, auch i.Link oder IEEE 1394 (Apple).

VERSCHIEDENES

Unendlich (Scharfstellung des Objektivs).

Monitor.

Beleuchtung des Displays.

Einstellen der Sucherlinse (Dioptrin).

Fernbedienung.

Bluetooth. Drahtlose Verbindung verschiedener Geräte, vor allem Druckern, zum Senden von Fotos und anderen Dateien.

Verschluss, für das vollständige Ausschalten der Bedienung (Canon).

Digital Print Order Format (DPOF). In Digitalkameras ein Standardformat zur Vorfestlegung von Kopieanzahl und Datumsangabe für den späteren Ausdruck digitaler Fotos.

Ein Foto für den späteren Versand als E-Mail markieren.

Ton an/aus.

Begriffe

DIE HÄUFIGSTEN FACHBEGRIFFE UND IHRE BEDEUTUNG

ADSL
Asymmetric Digital Subscriber Line. Die schnellste Internetverbindung im privaten Bereich, wobei ein Teil der Telefonverbindung (analog oder ISDN) für die Datenübertragung reserviert wird. *Asymmetric* bedeutet, dass die Datenübertragungsraten in Sende- und Empfangsbereich unterschiedlich sind, und zwar sind sie fast ausschließlich vom Teilnehmer aus gesehen in Empfangsrichtung (*downlink*) erheblich größer als in Senderichtung (*uplink*).

Attachment
Engl. für »Anlage«. Als Attachment wird der Anhang einer E-Mail bezeichnet, z.B. ein Foto.

Auflösung
Begriff für die Detailgenauigkeit, die eine Kamera, ein Projektor oder Beamer wiedergeben kann. Die Messgrößen hierfür sind Pixel (in der Breite und Höhe) oder per inch (ppi) / Zentimeter (ppc) oder dots. Je höher die Auflösung, desto besser die Details.

Auslöseverzögerung
Bei den meisten Digitalkameras vergeht etwas Zeit zwischen dem Betätigen des Auslösers und dem Moment, in dem die Kamera das Foto tatsächlich aufnimmt. Bei Spiegelreflexkameras ist die Auslöseverzögerung am geringsten; Kameras der neueren Generation bringen allerdings auch immer bessere Leistungen.

Beamer
Ein Projektor, der Daten aus einem visuellen Ausgabegerät (Computer, DVD-Player, Videorekorder) vergrößert auf eine Projektionsfläche wirft.

Bestellsoftware
Wollen Sie Ausdrucke Ihrer Fotos online (via Internet) bestellen, gibt es dafür zahlreiche Bilderdienste. Die haben meist spezielle Bestellsoftware, die Sie auf Ihrem Computer installieren können. Solche Programme vereinfachen die Bestellung, oft können Sie zudem auch einfachere Bildbearbeitungen damit ausführen.

Bildsensor
Eine Fläche mit lichtempfindlichen Zellen, welche Licht in elektrischen Strom umsetzen und so das digitale Foto bilden.

Blende
Linsenöffnung. Die Blende in einem Objektiv besteht aus Stahllamellen, die bei wenig Licht geöffnet und bei viel Licht geschlossen werden, um die korrekte Lichtmenge zum Bildsensor durchzulassen.

Bluetooth
Drahtlose (Funk-)Vernetzung von Geräten über kurze Distanz für die Übermittlung von Fotos und anderen Daten, vor allem zwischen Telefonen und Druckern.

Bracketing
Schnell mehrere Aufnahmen nacheinander machen mit kleinen Unterschieden, beispielsweise hinsichtlich Belichtung und Farbbalance. Der Unterschiedsgrad kann meist eingestellt werden, die Ausführung geschieht automatisch nach einmaligem Drücken des Auslösers. Die schönsten Aufnahmen der Serie wählt der Fotograf am besten am Computer aus. Bracketing verzögert immer.

Brennpunktabstand
Ein Maß (mm) dafür, wie weit das Objektiv Ihrer Kamera das Bild optisch heranholt oder entfernt. Ein langer oder hoher Brennpunkt holt das Bild näher heran. Dies wird auch »Tele-Einstellung« oder »(Ein-)zoomen« genannt. Ein kurzer oder niedriger Brennpunkt entfernt das Bild optisch.
Das Objektiv einer Kleinbildkamera hat auf eine digitale Kamera einen Tele-Effekt, da der Bildsensor einer Digitalkamera meist kleiner ist als das Format eines Kleinbildfilms. Der Brennpunkt eines Objektivs einer digitalen Kamera wird manchmal mit Werten bezeichnet, wie sie für das Kleinbildformat gelten. Dies wird dann Kleinbildäquivalent (kbe) genannt. In diesem Buch wurde diese Bezeichnung (35 mm) gewählt, wenn dies gemeint war. Der Umrechnungsfaktor liegt meist zwischen 1,5 und 1,7, manchmal bei 2. Siehe Kapitel 2.

Bridge-Kamera/bridge camera
Siehe Prosumer.

Cartridge
Tintenpatronen und Tonerkartuschen von Druckern werden als Cartridge bezeichnet.

CCD
Charge Coupled Device (lichtempfindliche Halbleiterdetektoren). Der gebräuchlichste Typ von Bildsensor. Andere Typen sind: CMOS und Foveon.

Dots/DPI
Dots heißen die mikroskopisch kleinen Pünktchen, die ein Drucker zu Papier bringt. Je mehr Punkte, desto detailgenauer und desto höher die Auflösung. Das Maß hierfür ist dpi, dots per inch (Punkte per Zoll, 1 Zoll = 2,54 cm). Der Begriff dpi wird fälschlicherweise oft anstelle von ppi verwendet. Siehe Auflösung.

Downloaden
Fotos oder andere Datenbestände auf einen Computer transportieren, meist aus dem Internet, aber das geht auch von der Kamera aus.

Downstream
(engl. flussabwärts) Datenfluss von einer Quelle zum Verbraucher.

DPOF
Digital Print Order Format. System, bei dem man bereits in der Kamera die Bestellung späterer Ausdrucke (Anzahl, Format) so ordnet, als würde man einen Bestellumschlag im Fotogeschäft ausfüllen.

Dye Sublimationdrucker
Fotodrucker, der mit »Filmen« eine Farbe nach der anderen auf das Foto bringt; ein System, welches vor allem bei tragbaren Druckern und einigen Druckern in Fotogeschäften eingesetzt wird. Die Qualität unterscheidet sich nicht sehr gegenüber Ausdrucken auf normalem Fotopapier.

Exif
Das Exchangeable Image File Format ist ein Standard für das Dateiformat, in dem moderne Digitalkameras ihre Daten speichern. Informationen zum Foto (Kameratyp, Verschlusszeit, Blende, Weißabgleich etc.) werden in den Header (Bereich am Anfang der Bilddatei noch vor der eigentlichen Bildinformation) geschrieben.

File-Sharing
Gemeinsamer Dateizugriff. Das Weitergeben von Dateien (z.B. Fotos) zwischen Benutzern des Internets. Tauschbörsen-Computernetzwerke ermöglichen das Herunterladen von Dateien über das Internet, vergleichbar der Datei-Freigabefunktion innerhalb eines lokalen Netzwerkes.

Fill flash
Aufhellblitz: ein »bisschen« blitzen. Der Blitz und das vorhandene Licht tragen gemeinsam zur Belichtung des Fotos bei. (Siehe Seite 152.)

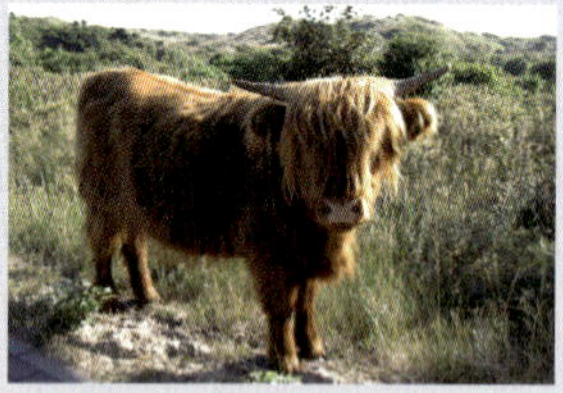

▲ Schottisches Hochlandrind ohne Blitz.

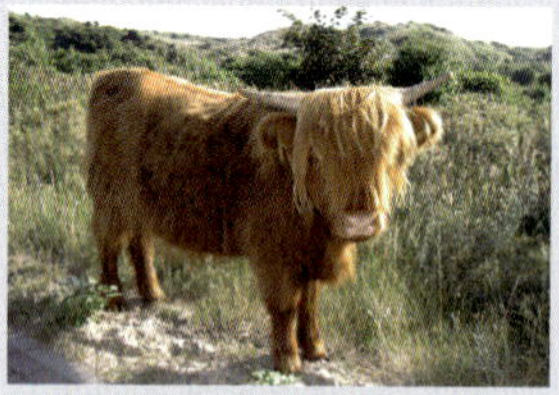

▲ Mit Aufhellblitz: Die Schatten sind aufgehellt, die Nase schimmert. Der Aufhellblitz ist vor allem für das Aufhellen von Schlagschatten bei vollem Sonnenlicht nützlich.

Firmware
Software in einer Kamera oder einem anderen Gerät, die durch den Hersteller eingebaut wurde, unter anderem für die Bedienung und die Bearbeitung von Fotos. Manchmal bringen die Unternehmen nach einiger Zeit eine verbesserte Version der Firmware heraus. Sie können Ihre Kamera optimieren, wenn Sie diese in Ihre Kamera einsetzen lassen.

Fixfokus
Bei preiswerteren Kameras kann man nicht scharf stellen. Das Objektiv hat nur eine (durchschnittliche, feste) Schärfe: Fixfokus.

Fokus
Schärfe/Schärfeneinstellung.

Four Thirds Standard
Durch Olympus und Kodak entwickelter Standard für: die Größe der auswechselbaren Objektive, das Objektivbajonett der Spiegelreflexkamera und die Ausmaße des Bildsensors. Dieser Standard garantiert unter anderem die Auswechselbarkeit von leichten, speziell für die Digitalfotografie entworfenen Objektiven. Siehe auch unter www.four-thirds.org.

GB/Gigabyte
Einheit, in der Speicherkapazität gemessen wird. Rund 1.000.000.000 (Milliarde) bytes. Siehe MB.

Image Tank
Bezeichnung für (mobile) Zwischenspeicher mit Steckplätzen für Wechselspeicherkarten.

Index print
Ein Druckbogen mit Ihren ganzen Fotos, so klein wie Briefmarken (Thumbnails); zur Übersicht und für die Archivierung.

Interpolation
Den Computer »Pixel hinzurechnen zu lassen«, wenn es zu wenige gibt. Die Schärfe des Fotos nimmt dabei ab.

ISO
International Organisation for Standardization. Die (einstellbare) Empfindlichkeit des Bildsensors wird in ISO-Werten ausgedrückt, die mit den früheren ASA-Werten übereinstimmen (100 ISO = 100 ASA). Die frühere Bezeichnung DIN ist ungebräuchlich geworden.

JPG/JPEG
JPG ist ein Verfahren zur Kompression digitaler Bilder und das am meisten verbreitete Grafikformat für Fotos. Siehe Kompression im Kapitel über Pixel, S. 55.

Kalibrierung
Nur gute Bildschirme geben die Farben eines Fotos (sowie Kontraste und Helligkeit) richtig wieder. Ist das nicht der Fall, dann sieht der Ausdruck oder Abzug anders aus als erwartet. Aber auch (gute) Bildschirme müssen kalibriert werden: die Farben werden »geeicht«. Dafür gibt es Farbkalibrierungsprogramme. Mehr Informationen über Bildschirme von Eizo siehe S. 156.

KB/Kilobyte
Rund 1000 Bytes. Siehe auch MB.

Kleinbildäquivalent
Kbe, siehe Brennpunktabstand.

Komprimieren
Auch Packen, Verkleinern von digitalen Daten, also z. B. auch eines Fotobestandes (in MB, nicht in Pixeln), wobei einige Details verloren gehen. Siehe Kapitel 3.

Makro
Fotografieren von sehr nah. Das Objektiv stellt sich darauf ein.

MB/Megabyte
Rund 1.000.000 (1 Million) Bytes. Ein Byte ist die Maßeinheit für eine Anzahl von Nullen und Einsen, die Basiseinheit, mit der ein Computer arbeitet. Ein Foto kann einen Umfang von beispielsweise 1 oder 3 MB haben, es können aber auch viel weniger oder mehr sein.

Microdrive
Bezeichnung für eine sehr kleine Festplatte, in der Digitalfotografie in der Bauform einer CompactFlash-Karte.

Mp/Megapixel
Rund 1.000.000 Pixel.

Objektiv
Das System aus Glaselementen, durch welche Licht in die Kamera fällt und mit dem man zoomt und scharf stellt. Wird auch »Linse« genannt.

Perspektivkorrektur
Bei einem Foto mit einem hohen Gebäude scheint das Gebäude durch die Perspektive oft nach hinten zu kippen. Durch Perspektivkorrektur am Computer kann es wieder gerade gerückt werden. Siehe Kapitel 6. (Fotos oben rechts.)

Photoshoppen
Die Bearbeitung oder das Manipulieren von Digitalfotos, so genannt nach dem populären Bildbearbeitungsprogramm Photoshop.

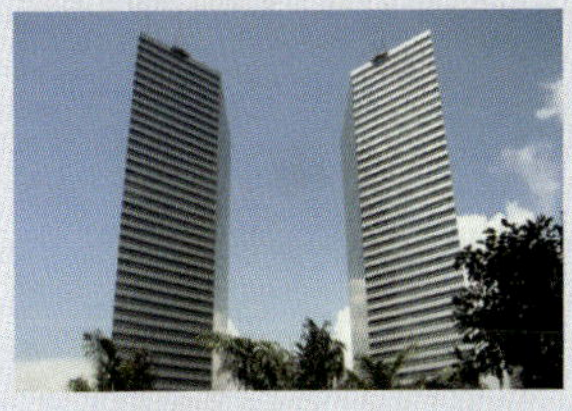

▲ Hochhaus in Singapur, das durch die Perspektive nach hinten kippt.

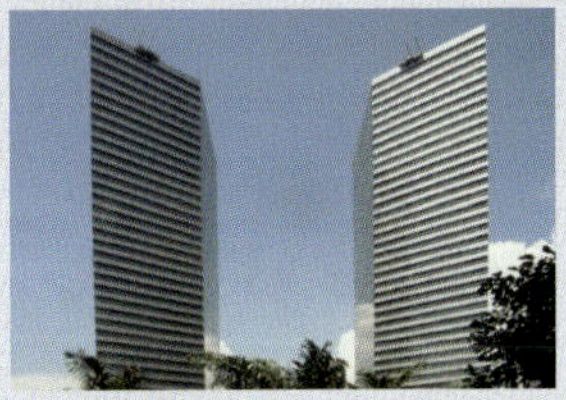

▲ Die stürzenden Linien wurden mit Photoshop begradigt.

PictBridge
Ein Standard, welcher den Direktdruck von Bildern von einer Kamera aus ohne den Einsatz eines Computers ermöglicht. In der Regel wird hierzu die Digitalkamera über ein USB-Kabel direkt mit dem Drucker verbunden.

Pixel
(Picture Elements) Bildpunkte. Ein digitales Foto ist aus Pixeln aufgebaut. Siehe Kapitel 3.

Point & shoot
Begriff, der für einfache Kameras gebraucht wird, bei denen man nichts oder kaum etwas einstellen kann und das Fotografieren nur aus »Draufhalten und knipsen« besteht.

Prosumer
Zusammenziehung der Wörter »professional« und »consumer«, womit ausgedrückt werden soll, dass diese Kameras zwischen Amateur- und Profibereich angesiedelt sind, tatsächlich zwischen Kompakt- und Spiegelreflexkameras. Siehe Kapitel 3. Eine andere Bezeichnung ist bridge camera (Bridge-Kamera).

Prozessor
Digitalkameras ähneln Computern und haben auch einen Prozessor, die zentrale Recheneinheit, die den Datenstrom (das Foto) schneller oder langsamer verarbeitet.

RAW
Speicherformat für Fotos, bei dem die Bildinformation erst im Computer verarbeitet wird, was mehr Möglichkeiten zur Manipulation bietet. Jede Marke hat ihre eigene Art von RAW-Speicher (mit einer anderen Extension), liefert jedoch die Software gratis dazu. RAW ist kleiner als TIF, doch gibt es auch hierbei je nach Marke Unterschiede. Der Raw-plug-in (Hilfsspeicher) für Photoshop kommt mit den meisten Arten zurecht.

Sättigung/Saturation
Farbsättigung, mit anderen Worten: intensive oder schwache Farben. Bei einigen Kameras lassen sich intensivere Farben einstellen, beispielsweise bei trübem Wetter. Lässt sich auch leicht am Computer verändern.

Slot
(engl. Schlitz, Platz) Steckplatz bei elektronischen Geräten, in den beispielsweise eine Speicherkarte gesteckt werden kann.

Spiegelreflexkamera
Kameratyp, bei dem man mit Hilfe eines kleinen Spiegels direkt durch die Linse sieht. In dem Moment, in dem das Foto gemacht wird, klappt der Spiegel nach oben, und das Licht trifft auf die lichtempfindliche Fläche, die dahinter liegt. Diese Fläche kann ein Kleinbildfilm sein oder ein Bildsensor. Der Begriff Spiegelreflex wird für analoge und digitale Fotografie gebraucht. Eine kennzeichnende Eigenschaft von Spiegelreflexkameras ist die Austauschbarkeit des Objektivs. Der englische Begriff ist SLR, Single Lens Reflex.

Standby-Modus, Bereitschaftsbetrieb
Eine Einstellung, bei der Kameras wenig Energie verbrauchen und mit einem Knopfdruck direkt wieder einsatzbereit sind. Oft lässt sich die Zeit einstellen, nach der die Kamera in den Bereitschaftsmodus übergehen soll.

TB/Terabyte
Etwa 1.000.000.000.000 (1 Billion) Bytes, oder auch 1000 Gigabytes. Siehe MB.

Thumbnail
Engl., »Daumennagel«, auch »Briefmarke« oder »Miniatur« genannt (Apple). Miniaturversion eines Fotos, worauf man meist klicken kann, um eine größere Version anzusehen. Das »b« wird nicht ausgesprochen.

TIF/TIFF
Speicherformat, bei dem die Bildinformation nicht komprimiert wird. Dadurch wird (viel) mehr Speicherplatz benötigt, aber die Bildqualität ist etwas besser als bei JPG.

Triple play
Alles geschieht über eine Telefonverbindung: Telefonieren, Fernsehen und Ins-Internet-Gehen.

Uploaden
(engl. hochladen) Datenübertragung an einen anderen Computer, meist einen Internetserver, d. h. Rechner, der rund um die Uhr Verbindungen herstellt, Nachrichten übermittelt und gespeicherte Inhalte abrufbar hält. Siehe auch: Downloaden.

Upstream
(engl. flussaufwärts) Senderichtung. Datenverkehr vom Teilnehmer in das Netzwerk.

USB
Universal Serial Bus, »universales Leitungssystem« (Bussystem) zur Verbindung eines Computers mit Zusatzgeräten, wie Kamera und Drucker. Die USB-2.0-Spezifikation ist schneller als die von Typ 1.0.

USB-Sticks
»Digitale Schlüsselanhänger«, Speicher-Stifte mit einem internen Speicher, auf denen man (Foto-)Daten speichern kann, beispielsweise um sie mit Hilfe des USB-Anschlusses schnell zwischen Computern auszutauschen (Windows und Mac). Es gibt sogar USB-Sticks, mit denen man fotografieren kann.

Verschlusszeit
Sekunden(bruchteile), in denen Licht auf den Bildsensor fällt.

Vorblitz
»Rote-Augen-Blitz«: Vorblitz, der verhindert, dass Menschen auf dem Foto rote Augen bekommen.

Weißabgleich
Die Augen korrigieren von sich aus Kunstlicht zu weißem Licht, obwohl es eigentlich gelb ist. Kameras machen das auch, und dann heißt es Weißabgleich. Dieser kann automatisch oder per Hand eingestellt werden.

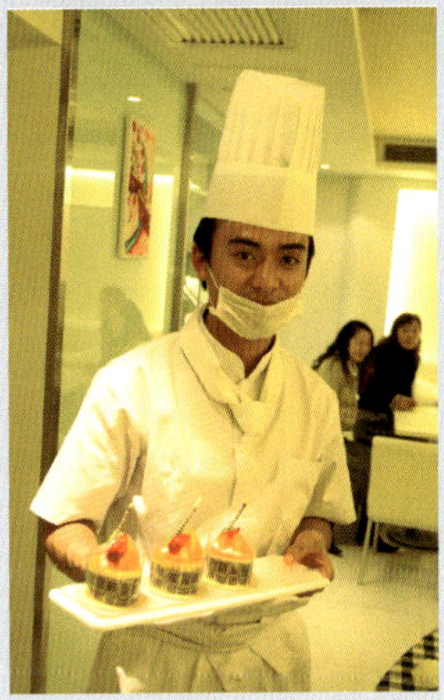

▲ Tatsächliche Situation mit gelbem Licht der Glühlampen. Auf einer Filmrolle würde das Foto so rüberkommen.

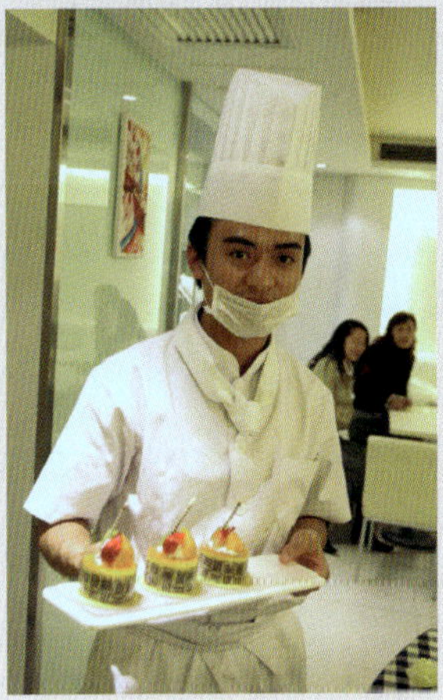

▲ Eine Digitalkamera macht gefärbtes Licht automatisch weiß, genau wie unsere Augen das tun. Bon appétit!

Zoomen
Das Bild näher heranholen oder weiter wegrücken. Macht man dies »optisch«, dann passiert das Zoomen im Objektiv, indem die Linsen gegeneinander verschoben werden. Dadurch verändert sich auch die Perspektive. Beim digitalen Zoom vergrößert die Kamera einfach einen Ausschnitt des Bildes, wodurch nicht nur das Bild näher rückt, sondern auch die Pixel größer werden.

The making of...

BRILLANTE FOTOS UND WIE SIE GEMACHT WURDEN

Fotografieren Sie so lange, bis Sie das perfekte Foto haben

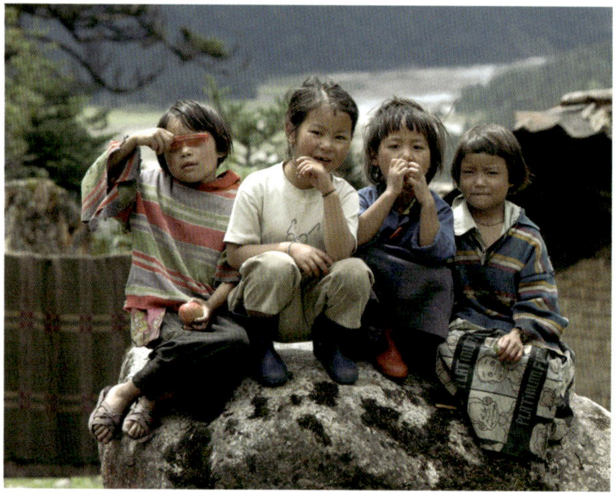

Wenn Sie ein schönes Motiv sehen, fotografieren Sie es dann gleich. Denken Sie nicht: Das hat Zeit bis morgen. Denn morgen regnet es vielleicht, oder die Kamera ist defekt oder kein Mensch mehr in Sicht. Und wenn Sie einmal dabei sind, hören Sie erst auf, wenn Sie das perfekte Foto gemacht haben. Sonst bleibt immer das nagende Gefühl im Hinterkopf: Dieses Foto ist nicht das Wahre! Es brauchte beispielsweise etwa dreißig Fotos, bis diese Kinder, im indischen Himalaya aufgenommen, allesamt gut zur Geltung kamen.

Es beginnt mit zwei Kindern auf einem Felsen. Ständig kommt noch eins dazu. Natürlich sollen alle Kinder gut wirken. Also kostet das eine Menge Scherze, Winken, seltsame Geräusche und Bewegungen meinerseits. Bemerken Sie, dass nur das erste Foto mit Weitwinkel

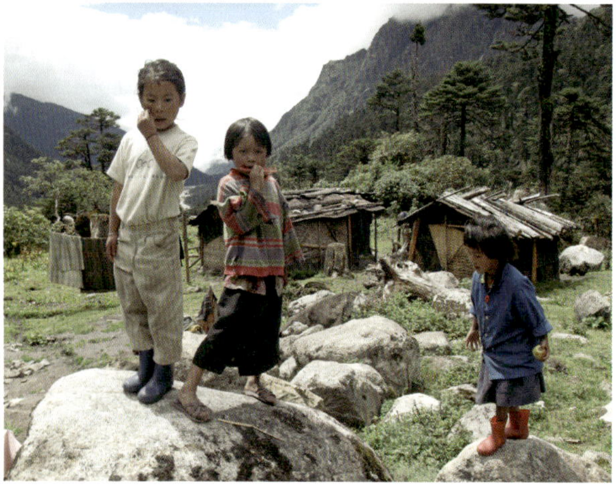

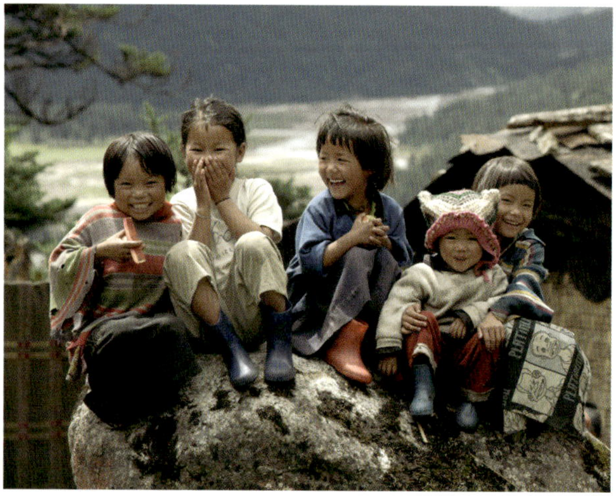

aufgenommen wurde. Die späteren Fotos wurden mit einem Teleobjektiv gemacht, wodurch der Hintergrund

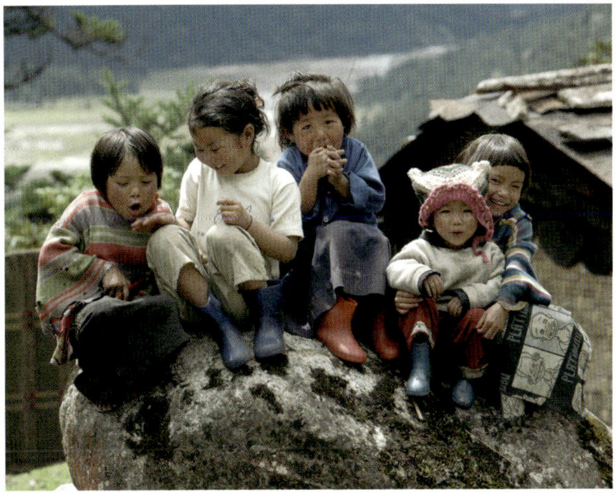

unscharf wird und die Kinder besser in den Vordergrund treten (siehe Seite 16). (Foto Olympus E-330)

Halten Sie die Kamera immer bereit

Hängen Sie sich die Kamera über die Schulter oder legen Sie sie in Ihrer Tasche ganz nach oben. Versetzen Sie sie in Standby-Modus, so dass sie mit einem sanften Knopfdruck zum Leben erweckt werden kann. Schöne Augenblicke

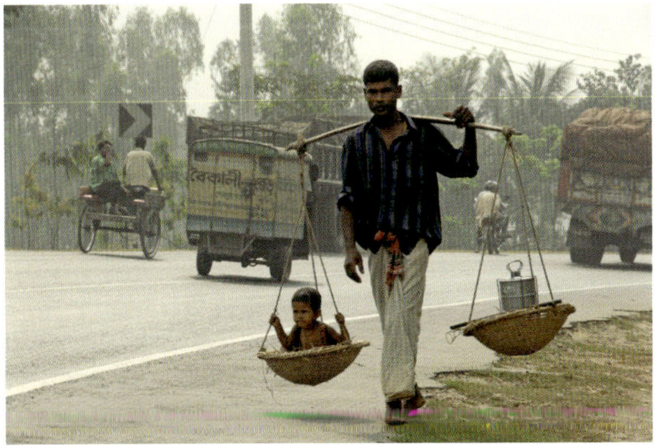

ergeben sich nämlich plötzlich und unerwartet, und Sie bekommen nur eine Chance! Dieser Mann lief mir mit seinem Kind in Bangladesch über den Weg. Ich sah die beiden, bat den Bus, in dem ich fuhr, zu stoppen, und legte meine Kamera mit dem Teleobjektiv an. (Die Erfahrung lehrt, bei Fahrten im Auto oder Bus am besten ein Teleobjektiv an der Kamera zu haben.)

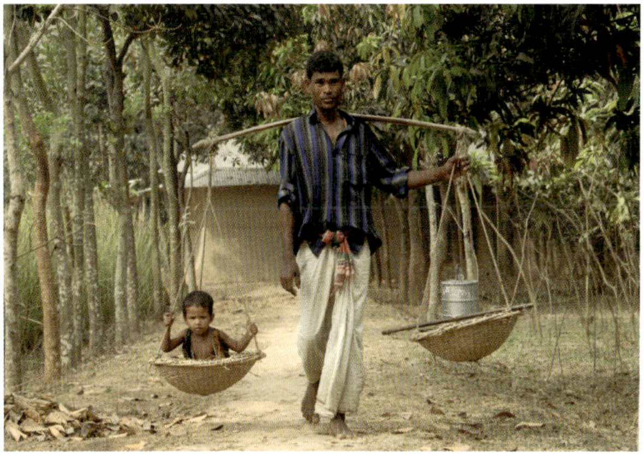

Das Foto war schnell gemacht. Aber ich fand den Hintergrund nicht schön. Mit umständlichen Worten (Bengalisch ist eine schwierige Sprache) machte ich dem Vater deutlich, dass ich dieses Foto noch einmal machen wollte, jedoch mit schönerem Hintergrund. Das Ergebnis: Man sieht, dass es nicht echt ist. Schlussfolgerung: Fotos in Szene zu setzen funktioniert nicht, das Original ist immer authentischer. Entscheidend ist der richtige Augenblick zum Drücken des Auslösers. (Foto: Nikon D200)

Worauf wollen Sie sich fokussieren?

In Valletta, der Hauptstadt von Malta, wird für den neu ernannten Präsidenten ein Gottesdienst in der St.-Johns-Co-Kathedrale abgehalten. Was ist wichtig? Der Präsident? Den hat jeder in ein paar Jahren vergessen. Man kann ihn näher heranzoomen (er steht ganz links), aber dann hat

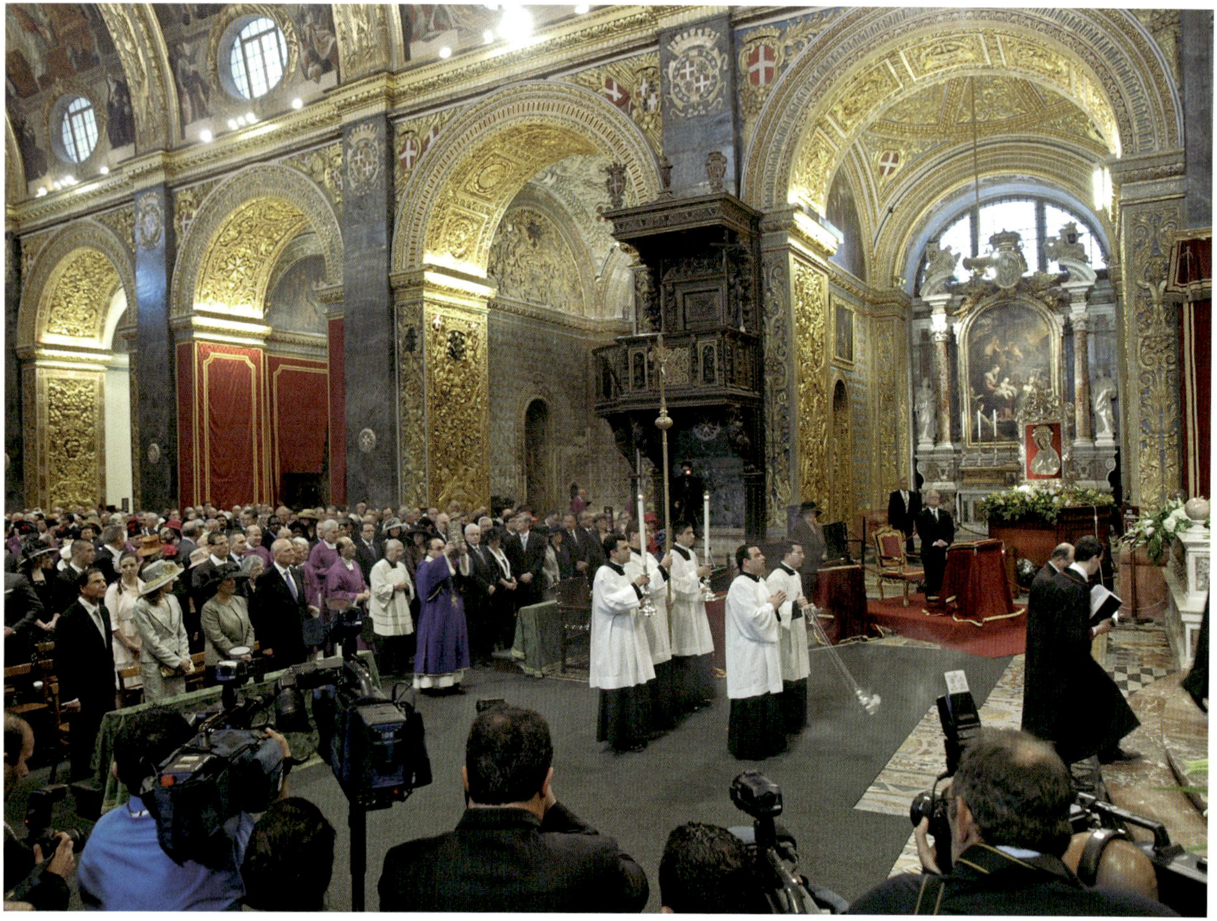

man ein Foto, das überall in einem beliebigen Augenblick entstanden sein könnte. Außerdem ist es fraglich, ob man das Teleobjektiv überhaupt ruhig genug würde halten können, denn es gibt wenig Licht, so dass die Verschlusszeit lang sein müsste (siehe Seite 21).

Auf diesem Foto spielt alles zusammen: die Öffentlichkeit (mit dem Präsidenten), die Chorknaben, das großartige Kircheninterieur, die Atmosphäre und die anderen Fotografen, die unten im Bild die Komposition ‚abrunden'.

Das Foto konnte dank des ausklappbaren und zur Seite drehbaren Monitors mit in die Höhe gereckten Armen geschossen werden. Dadurch steht die Kirche auch ‚gerade' (siehe Seite 91). (Foto: Olympus E-3)

Gleich um die Ecke und unkompliziert

Müssen Sie nach Malta, Bangladesch oder Indien für ein schönes Foto? Nein, die schönsten Fotos machen Sie gleich um die Ecke. Sie müssen nur aufmerksam sein für das, was Ihnen begegnet, und lernen, ein schönes Bild zu erkennen. Die Sonne steht tief und scheint sanft durch die Kelche der Narzissen, die hierdurch aufgehellt sind. Die diagonalen Linien geben dem Foto Dynamik. Es ist ein bisschen diesig, wodurch der Hintergrund Tiefe bekommt. Die Spaziergänger bringen Leben in die Landschaft.

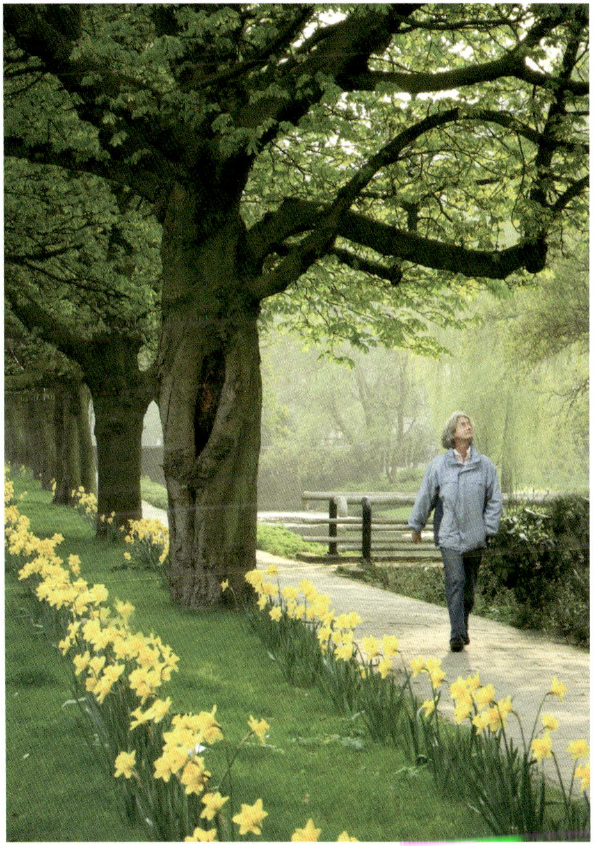

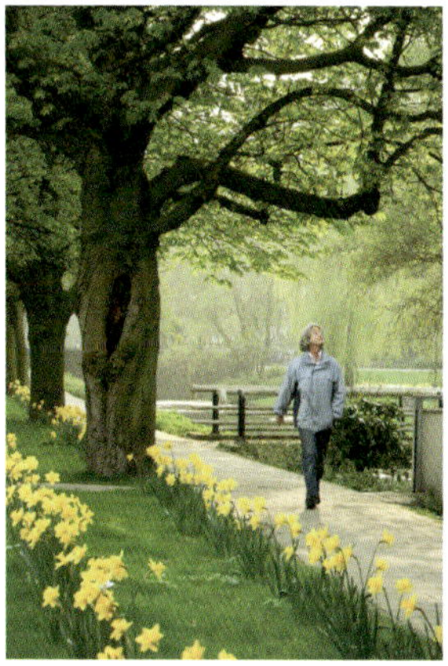

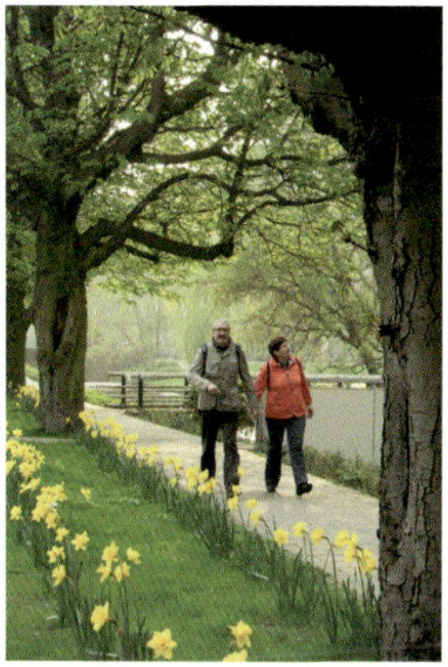

Brauchen Sie eine teure Kamera, um ein schönes Foto zu machen? Nein, denn dieses wurde mit einem Apparat für 130 Euro aufgenommen. Mit Hilfe von Photoshop Elements wurden einige Elemente weggearbeitet, um das Foto ‚grüner' zu machen (siehe Seite 131). Auch wurde der Passant gewählt, der am besten passt. Es wurde ein klein wenig herangezoomt. (Foto: Fujifilm FinePix Z100pf)

Lassen Sie sich nicht von den Regeln einengen

Ich hoffe, dass ich Ihnen mit diesem Buch meine Begeisterung für das Fotografieren vermitteln konnte. Als

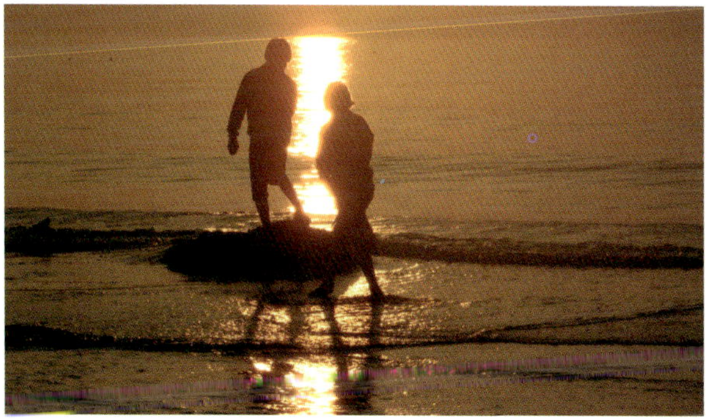

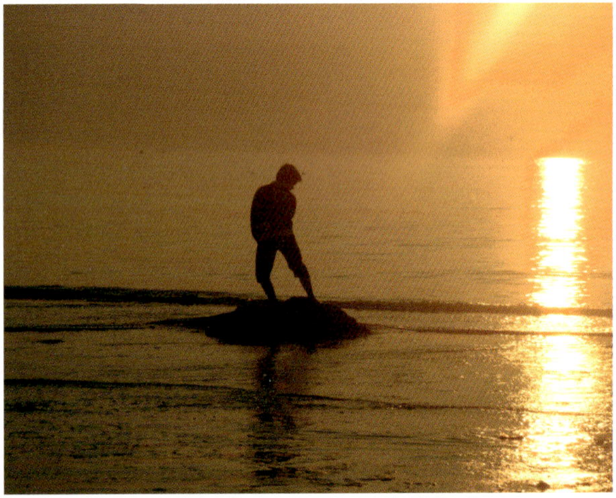

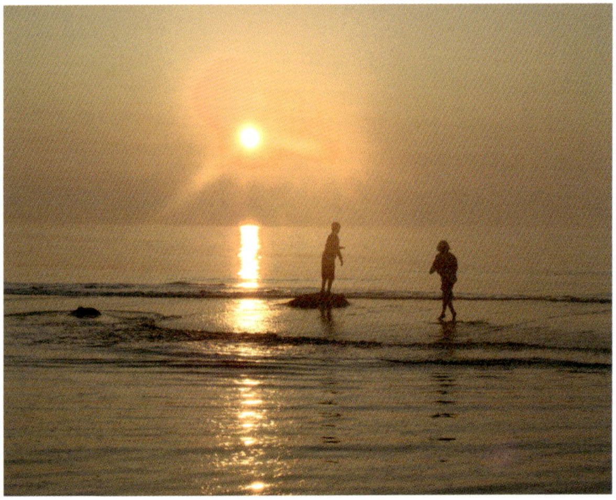

letztes Foto eines, das dem auf der Rückseite ähnelt. Jenes wurde in Jordanien gemacht, dieses am niederländischen Strand. Fünf Kinder spielten auf einem Inselchen bei einsetzender Flut. Als ich nahe genug an sie herangekommen war, waren noch zwei da. Es scheint, als ob sie tanzen. Und dann noch eines. Das letzte traute sich nicht allein ans Ufer, und so kam das andere es abholen und nahm es Huckepack.

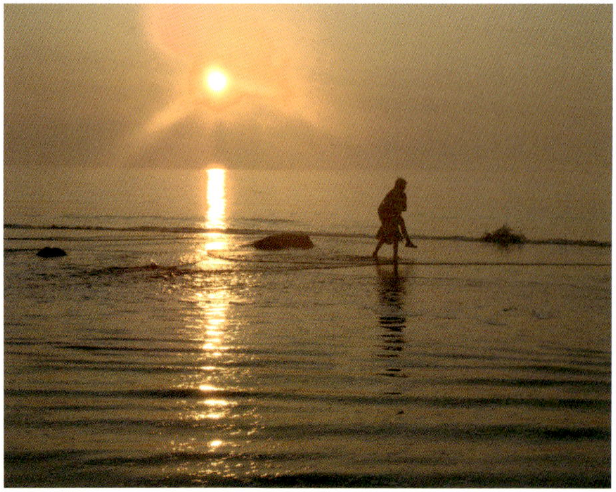

Die Fotos wurden genau gegen die Sonne gemacht. Viele von Ihnen haben gelernt, dass man das nicht „darf". Experimentieren Sie jedoch nach Herzenslust, denn Sie gewinnen überraschende Ergebnisse. Es ist zwar nützlich, wenn man die Regeln kennt, aber lassen Sie sich nicht in Ihrer Kreativität einengen. (Foto: Fujifilm FinePix Z100pf)

PETER DE RUITER